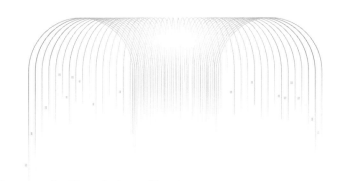

価値共創のための
統合報告

－情報開示から情報利用へ－

伊藤 和憲

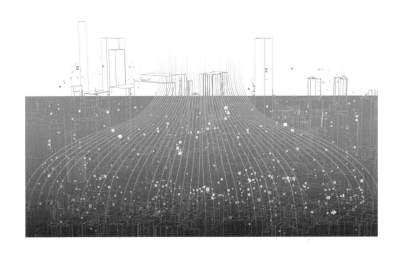

同文舘出版

はじめに

　会計は，元々，経営に役立つために用いられてきた。元NEC副社長だった小池明氏が，入社当時に経理担当として馬の棚卸をしたときの話を櫻井通晴先生主催の管理会計研究会で，我々にしてくれたことがある。小池氏は，帳簿通り馬がありましたと上司に報告したところ，どの馬も体調を崩していないかどうかを問われ，棚卸の神髄は経営管理にあることを知った。

　企業史によれば，1760年代のイギリスで産業革命が起こった。その結果，企業は大規模化して行き，巨額の資金が必要となり，事業形態としては株式会社が求められるようになった。所有と経営が分離した株式会社制度の下では，取締役会が経営を監督し，その取締役の選任などは株主総会で決定されるようになった。株主や投資家に対する公正な情報開示として，財務会計が求められた。財務会計の目的は，外部利害関係者に対して，企業の財政状態や経営成績に関する情報の提供である。一方，管理会計の目的は，経営者に対する経営管理情報の提供である。このような目的の違いによって，会計は財務会計と管理会計に分離して研究されるようになった。

　1964年に開発されたIBMのSystem/360によって，事務機器としてのコンピュータ利用が始まり，会計に大きく影響を及ぼした。その後，アメリカ会計学会から1966年にASOBAT（A Statement of Basic Accounting Theory: 基礎的会計理論）が発表された。ASOBATは財務会計と管理会計の情報による統合を目指した。ここでの統合とは，決算と予算は過去データか将来データかという違いだけで，基本的に同じ情報システムで作成できるというものである。ところが，その後，財務会計も管理会計も歩み寄ることなく，独自に研究が進められてきた。管理会計では，Johnson and Kaplanが*Relevance Lost*で管理会計は1925年以降，実務に有用な研究成果を生み出せなかったと指摘し，管理会計研究者を大いに刺激した。一方，企業のグローバル化によって，財務会計でも国際会計基準が求められるようになった。特に日本では，1990年代後半から国際化・グローバル化によって，会計ビッグ

バンとして国際的な会計基準が求められるようになった。

1990年代には，インタンジブルズと呼ばれる無形の資産が経営戦略上，価値ある資産と考えられるようになった。まず，戦略論として，外部の競争要因との力学を問題視するPorterの競争戦略が多くの研究者から支持されていた。これに対して，内部にある資源にも競争優位の源泉があるとして，資源ベースの経営を求める研究が現れた。こうして認識されるようになった無形の価値創造の源泉は，インタンジブルズと呼ばれるようになった。

財務会計では，いち早くインタンジブルズを問題視して，これをオンバランスするにはどうすべきかが議論された。10年以上にもわたってたくさんの研究が行われたが，最終的にはオンバランスは困難であることがわかった。たとえば，Blair and Wallmanの研究では，インタンジブルズは，すでに知的財産権としてオンバランスされているものもあるが，オンバランスするだけの客観的評価ができなかったり資産性そのものがないものもあることがわかった。

管理会計では，財務業績を向上させるインタンジブルズは何かを特定する研究が進められた。これに対してKaplan and Nortonは，インタンジブルズをいかにマネジメントすべきかを問題視した。その結果，バランスト・スコアカード（balanced scorecard: BSC）によってインタンジブルズを戦略と結びつけて管理することが提唱された。この研究はその後，伊藤の2014年の著書によって発展を遂げ，戦略課題の認識程度でマネジメントの仕方が異なることも明らかにされた。

このように，インタンジブルズ研究でも財務会計はオンバランスを追求し，管理会計はマネジメントを求めて，お互いに歩み寄ることはなかった。その後，2011年に国際統合報告審議会（International Integrated Reporting Committee: IIRC）から，財務情報だけではステークホルダーの意思決定に有用ではないとして，IIRCディスカッションペーパーが提出された。財務情報と非財務情報を統合した報告書の提案である。この統合報告書は外部への情報開示であり，財務会計の研究テーマとして進められた。しかし，報告する内容が，価値創造プロセスであり，戦略やビジネスモデルといった管理

会計のテーマでもある。また，統合報告書を情報開示して，ステークホルダーとのエンゲージメントから得られる情報は経営者の経営管理にとっても有用になる。そのため，統合報告は財務会計研究者と管理会計研究者がともに研究を進めていく必要がある。その意味で，統合報告は財務会計にとっても管理会計にとってもエポックメイキングといえる。

　統合報告を研究しようと思った動機は，専修大学で毎週月曜日に開催している管理会計研究会で，恩師の櫻井通晴先生から「統合報告を研究してみてはどうか」と提案されたことにある。恩師にはいつも感謝しきれないほどの恩を受けてばかりいる。ちょうどIIRCディスカッションペーパーが公表されたばかりであった。すぐに，櫻井先生の『バランスト・スコアカード』（同文舘出版）の著書で，BSCの役立ちとしてインベスターリレーションズ（IR）を取り上げていたことを思い出した。統合報告の研究は遅々として進まなかった。その頃，著者は，『BSCによる戦略の策定と実行：事例で見るインタンジブルズのマネジメントと統合報告への管理会計の貢献』（同文舘出版，2014年）の執筆を構想していたため，BSCと統合報告を並列して研究していた。

　統合報告はBSCと相性が良く，日本企業でも統合報告のためにBSCを再度検討すべきではないかという思いが強くなってきた。そこで，管理会計というアプローチで，統合報告書を作成すると何が良くなるのかを明らかにしようという研究を開始した。当初は戦略の可視化，価値創造や価値創造プロセスに戦略マップが効果的であると考えていた。それだけでなく，財務情報と非財務情報の結合性についてBSCは効果的である。そのことを明らかにする研究書を著したいと考えるようになった。その結果生まれた本書は，統合報告にBSCがいかに効果的であるかについて研究した著書なのである。

　2013年にIIRCフレームワークが公表されてからは，統合報告の研究論文が少しずつ出てきたこともあり，統合報告研究に専念できるようになった。会計学会統一論題では小菅正伸先生（座長）による報告をはじめ，同僚の椎田龍三先生が主催する会計・IR研究会での報告，古賀智敏先生（会長）の日本知的資産経営学会での統一論題報告，花堂靖仁先生のお世話による

WICI Japan総会での報告，青山学院大学小西範幸先生のお世話による日本政策投資銀行設備投資研究所での報告，國部克彦先生主催の環境管理会計研究所での報告，尾畑裕先生の推薦で経営関連学会協議会での報告の機会を得た。また，早稲田大学伊藤嘉博先生の「統合報告と管理会計の相互的影響に関する多面的研究」の共同研究者に加えていただいたり，明治大学﨑章浩先生主催の管理会計普及研究会で研究の場を提供していただいた。さらに，玉川大学小酒井正和先生主催の玉川研究会で研究報告の場を設けていただいた。これらの先生およびそのメンバーの先生方に，ここに記して感謝申し上げたい。

　本書の各章は，2013年から書き溜めた論文を2019年から2020年に滞在したデンマークのコペンハーゲン・ビジネス・スクールで書き直してきた。その後，全体の章を再整理して，例年であれば開催している管理会計研究会で1章ずつをメンバーに検討していただける予定であった。しかし，コロナ禍のため研究会そのものを開催できなかった。脱稿する前だけでなく，脱稿してからも校正をしっかりやらなければならないと思っていた。そこで，私の強力なサポーターに無理をお願いする形になった。ビジネス・ブレークスルー大学院の西原利昭専任講師，東京農業大学の松村広志准教授，東京国際大学の奥倫陽教授，北海学園大学の関谷浩行教授，高崎経済大学の梅田宙准教授，金沢星稜大学の梅田充講師からいろいろなコメントをいただいた。さらに，専修大学修士課程在籍の古川原駿君にも校正の手伝いをしていただいた。本書はサポーターたちとの共創の産物である。

　最後に，本書の出版を温かく見守っていただいた同文舘出版㈱代表取締役・中島治久氏に感謝したい。また，極めて丁寧かつ精緻に校正していただき，読者の立場で的確なコメントをしていただいた同社編集部・青柳裕之氏にもお礼を申し上げたい。本書が，統合報告の実務と研究の進展につながれば望外の幸せである。

　　2021年5月

　　　　　　　　　　　　　　　　　　　　　　　　　　伊藤　和憲

第2章 **ステークホルダーへの情報開示と
経営者の情報利用**

第3章 **統合思考による統合報告書の開示**

第4章　情報の結合性の文献レビュー

第5章　価値創造と価値毀損の抑制

日本企業の統合報告書の開示

エーザイの BSC による情報の結合性

第**8**章
統合報告時代の戦略的意思決定

終章　結論と指導原則との関係

略語一覧表

略語	英語名称	日本語名称
ABC	activity-based costing	活動基準原価計算
ASSC	Accounting Standards Steering Committee	会計基準運営委員会〔英国〕
BSC	balanced scorecard	バランスト・スコアカード
CSA	Corporate Sustainability Assessment	企業評価
CSR	corporate social responsibility	企業の社会的責任
CSV	creating shared value	共有価値
DJSI	Dow Jones Sustainability Index	ダウ・ジョーンズ・サステナビリティ・インデックス
ERM	enterprise risk management	全社的リスクマネジメント
ESG	environment, social, governance	環境・社会・ガバナンス
FRC	Financial Reporting Council	英国財務報告評議会
GMI	Governance Metrics International	ガバナンス・メトリックス・インターナショナル
GRI	Global Reporting Initiative	グローバル・レポーティング・イニシアティブ
GSSB	Global Sustainability Standards Board	グローバルサステナビリティ基準審議会
IIRC	International Integrated Reporting Committee	国際統合報告審議会
IIRC	International Integrated Reporting Council	国際統合報告評議会
KPI	key performance indicators	重要業績評価指標
KPQs	key performance questions	重要業績検討項目
PBR	price book-value ratio	株価純資産倍率
QCD	quality, cost, delivery	品質・コスト・納期
RBV	resource-based view	資源ベースの視点
ROE	return on equity	自己資本利益率
ROIC	return on invested capital	投下資本利益率
RONA	return on net assets	純資産利益率
SASB	Sustainability Accounting Standards Board	サステナビリティ会計基準審議会
SDGs	Sustainable Development Goals	持続可能な開発目標
TQM	total quality management	総合的品質管理／総合的品質マネジメント
WICI	The World Intellectual Capital/Assets Initiative	―

序 章

統合報告における
管理会計の課題

▶ はじめに

統合報告の価値創造プロセスは，国際統合報告評議会（International Integrated Reporting Council: IIRC）のIIRCフレームワークでは通称オクトパスモデルとして可視化されている。オクトパスモデルは，内外環境とビジネスモデルに関わる内容項目を網羅的に可視化している。それだけでなく，内容項目と資本との関係，および価値創造されていくプロセスが巧妙に図示されている。概念的には完璧といってよいほどの図が描かれている。ところが，このオクトパスモデルは，統合報告書で企業[1]の価値創造プロセスを可視化しようとする実務家を悩ませてきた。

統合思考と情報の結合性の定義があいまいで，これらをどのように可視化すべきかわからない。また，価値創造の定義がはっきりしないため，価値毀損の抑制まで可視化すべきなのかがわからない[2]。マテリアリティは社会的課題だけを扱うべきかどうかもはっきりしない。さらにいえばこのように，IIRCフレームワークは原則主義（a principles-based approach）を採っているために，どこまで参考にすればIIRCフレームワークに準拠したことになるのかがわからない（IIRC, 2013, p.4）。つまり，理論的にも実務的にも，統合報告書作成の肝である価値創造プロセスの可視化は大きな課題である。

価値創造プロセスの可視化には，いかに情報開示すべきかという課題がある。しかしこれだけでなく，情報開示した内容に対して，ステークホルダー・エンゲージメントの情報を，経営者の統合思考に基づく経営管理のために情報利用することもできる。本書は，まさに経営管理のための情報提供である管理会計として統合報告を研究する。そのため，価値創造プロセスの可視化

---

1) IIRCでは公的組織でも使えるようにorganizationと指摘している。しかし，本書は企業のみを対象に検討している。

2) IIRCフレームワーク（2021）でもこの点は明確になっていない。企業内部にとっての価値と企業外部にとっての価値に区分しているだけである。価値毀損の抑制は，必ずしも企業外部にとっての価値というわけではないため，価値創造の定義に問題があると考えられる。したがって，価値創造と価値毀損の抑制を同時に扱うべきである。

を取り上げるが，可視化する目的は単に情報開示のためではなく，ステークホルダー・エンゲージメントによってステークホルダーと経営者の価値共創と，経営者の情報利用を促進するためである。

1 統合報告における管理会計研究のニーズ

　統合報告研究は，2011年当初は，IIRCディスカッションペーパー（IIRC, 2011）の解釈に終始していた。財務会計研究は，統合報告の企業価値とは何か，財務報告書（アニュアルレポートや決算報告書など）とサステナビリティレポート（環境報告書やCSRレポートなど）をどのように統合して報告書を作成すべきか，といった研究であった。また，統合報告書は投資家にとって有用か，定性的なナラティブ（narrative）情報は監査できるのか，といった研究であった。いずれにしても，情報開示のみを問題視していた。

　統合報告書をOne Reportという著書で提案したEccles and Krzus（2010, p.151）は，統合報告の情報開示機能だけでなく，経営者の意思決定にとっても有用であると指摘した。ところが，管理会計研究者の多くは，このEcclesらの提案を支持せず，管理会計研究として統合報告を扱う研究をしてこなかった。その理由の1つには，統合報告書が情報開示のテーマであり，経営者の経営管理への情報利用という管理会計のアプローチとの関係性は弱いと感じたためであろう。現在，統合報告の研究課題は，図表序-1に示すように，ステークホルダーへの情報開示だけでなく，経営者による戦略の策定と実行，あるいは意思決定への情報利用として活用する研究がなされるべきである。

　第1章で検討するが，古賀（2015）の文献研究によれば，文献研究当時の

図表序-1　統合報告における研究課題の移行

ステークホルダーへの情報開示 経営者の情報利用

出典：著者作成。

統合報告に関する管理会計研究は，Giovannoni and Pia Maraghini（2013）と Stubbs and Higgins（2014）しかなかった。Giovannoni らの研究は，ケーススタディによって，業績管理システムの中に統合報告書で開示する情報を統合すべきであるという提案を導き出した。また Stubbs らの研究は，インタビュー調査によって，統合報告書を作成することで組織変革が起こるという仮説を検証した。これらの研究は，統合報告を理論的に深耕するという研究ではなく，統合報告書を前提とした経営管理の変化に焦点を当てるものであった。このように，統合報告書に対する管理会計研究はほとんど問題視されることがなかった。

　これらの研究が行われていた同じときに，IIRC から IIRC フレームワーク（IIRC, 2013）が公表された。この報告書は価値創造する企業の活動を可視化すべきであると主張した。ここに，統合報告における管理会計研究の意義があると認識できる。このように考えて，管理会計研究者として戦略マップによる価値創造プロセスの可視化を提案した（伊藤，2014）。著者の管理会計による統合報告研究の提案は一部の管理会計研究者によって支持され，研究が少しずつ進められるようになった（内山，2015; 伊藤（嘉），2016; 平岡，2017）。ところが，実務家には戦略マップによる価値創造プロセスの可視化はなかなか受け入れてもらえなかった。我が国ではバランスト・スコアカード（balanced scorecard：BSC）を導入している企業が少なかったことが大きな理由の1つであろう。また，統合報告書作成の主管である IR 部は，戦略管理の BSC に対する馴染みがなかった点もその理由の1つである。統合報告研究が，一部の管理会計研究者にとっては，CSR とほぼ同義に解釈されてしまい，経営管理や戦略を軽視した研究となってしまった可能性もある（Brondoni and Mosca, 2017; Gokten and Gokten, 2017）。

2 IIRCフレームワークの管理会計上の課題

　既述したように，統合報告書の作成は財務会計研究者によって情報開示と

して扱われてきた。IIRCフレームワークを管理会計研究として解釈し直して，とりわけBSC研究からアプローチする必要があるというのが本書の主張である。具体的には，IIRCフレームワーク（IIRC, 2013）の統合思考（integrated thinking），基本概念（fundamental concepts）である価値創造・資本・価値創造プロセス，7つの指導原則（guiding principles），および内容項目（content elements）を管理会計の課題として検討することである。本書ではこのように統合報告を管理会計として研究して，BSCが統合報告書の作成にいかに機能するのかを明らかにする。

　基本概念については，IIRCの見解がどのように推移したのか，それはなぜかを明らかにする必要がある。また，経営者の立場で，企業価値とはどうあるべきかを検討する必要がある。企業価値は6つの資本（財務，製造，知的，人的，社会・関係，自然資本）だけですべてを表すことができるのかについても検討を加える必要がある。また，価値創造プロセスとしてIIRCではオクトパスモデルを提案しているが，これで問題ないのかについても検討する。価値創造をいかに考え，どのようなプロセスで行うかは経営にとっては極めて重要な概念だからである。経営者にとってもステークホルダーにとっても価値創造プロセスを明らかにしておくことは，重要であると考えられる。このような基本概念の検討を行う。

　指導原則については，IIRCフレームワークの定義を解釈するだけでは，その意義がわかりにくい。戦略への焦点と将来志向，情報の結合性，ステークホルダーとの関係性，マテリアリティ，一貫性と比較可能性は，情報開示だけでなく，経営者の情報利用にも密接に関わる原則である。それ以外の簡潔性および信頼性と完全性は，主として情報開示に関わる指導原則である。同じ指導原則といっても違いがあるので，本書では，すべての章で必要に応じて指導原則を検討する。各章と指導原則の関係がはっきりわかるように，終章で両者の関係を表にまとめる。つまり，指導原則の多くは，管理会計研究の課題とも深く関わりあっていることを明らかにする。

　内容項目とは，価値創造プロセスを構成する内容のことである。そのため，価値創造プロセスを考察する本書では，明示するか否かは別にして，すべて

の章で内容項目を扱うことになる。企業の内外環境とは，企業概要と外部環境，およびガバナンスである。また，ビジネスモデル関係では，ビジネスモデル，リスクと機会，戦略と資源配分，実績，将来見通しを明らかにしなければならない。ビジネスモデルは，さらに，インプット，事業活動，アウトプット，アウトカムとして明示する必要がある。IIRCフレームワークには，それ以外の内容項目として，作成と表示の基礎（basis of preparation and presentation）および一般報告ガイダンス（general reporting guidance）がある。

作成と表示の基礎で取り上げるべき点は，マテリアリティの決定プロセス（materiality determination process）と報告の範囲（reporting boundary）である。マテリアリティの決定プロセスについては，戦略的投資案件のマテリアリティなのか，社会的課題のマテリアリティなのかについても検討する。また，報告の範囲は，価値創造が企業外に影響を及ぼす場合，これらも対象に含めて報告内容とするということである。この報告の範囲はリスクの影響という点から検討する。

一般報告ガイダンスで取り上げるべき点は，定量的指標の特徴，短期・中期・長期の時間軸，集約と細分化である。定量的指標の特徴（characteristics of quantitative indicators）とは，一貫性と比較可能性という指導原則と関わるため，第7章で検討する。短期・中期・長期の時間軸（time frames for short, medium and long term）と集約と細分化（aggregation and disaggregation）は統合思考と関係がある。このような統合思考に対して管理会計の知見を第3章で明らかにする。

管理会計研究として価値創造プロセスを研究対象とするとき，経営者とステークホルダーにより価値共創するためには，価値創造プロセスの内容項目をステークホルダーに理解させる必要がある。この内容項目は，価値共創のために共有すべき内容である。経営者がエンゲージメントによって得たい情報内容は，統合思考，情報の結合性，価値創造に関するステークホルダーの意見である。つまり，統合思考という点から，企業戦略や事業戦略に対してステークホルダーはどのように考えるかである。また，そうした戦略を実行

図表序-2　IIRC フレームワークと本書の違い

比較基準＼比較の対象	IIRC フレームワーク	本書の主張
報告対象	主として財務資本の提供者	経営者とステークホルダー
役立ち	情報開示	情報開示と情報利用
価値創造の意味	価値創造	価値創造と価値毀損の抑制

出典：著者作成。

するには，情報の結合性として財務情報と非財務情報の因果関係をどのように仮定しているのかである。さらに，そうした戦略と情報の結合性の結果として，いかに価値が創造されると仮定しているのかである。このような情報開示のキーワードについて日本企業の優れた報告書ではどのように開示しているのかを検討する。

　統合報告書を作成するようになると，これが原因となって経営意思決定に影響を及ぼす。つまり，環境・社会・ガバナンス（environment, social, governance: ESG）の意思決定に統合報告書が密接に結びついているので，統合報告書を使ってステークホルダーが望むようにESG投資をするというアイディアである。このような経営意思決定の課題を検討する。

　最後に，本書のタイトルを『価値共創のための統合報告－情報開示から情報利用へ』とした理由を明らかにする。IIRC フレームワークによれば，統合報告書の目的は投資家への情報開示である。これに対して本書では，もっと拡張された概念であると捉えている（図表序-2参照）。第1に，報告対象は投資家だけでなく，**ステークホルダー**も含まれると考えている。第2に，統合報告書は投資家やステークホルダーへの情報開示として捉えるだけでなく，むしろ経営者による戦略の策定と実行への**情報利用**としても捉えている。第3に，価値創造とは経営者の事業戦略による価値創造だけでなく，ステークホルダーと経営者が価値創造と価値毀損の抑制を求めて**価値共創**するものと捉えている。要するに，IIRC フレームワークの見解とは異なる統合報告書の3つの視点を持って研究することをタイトルに込めた。

▶ まとめ

　本書の研究テーマは，管理会計として統合報告を研究することである。具体的には，ステークホルダーへの情報開示を前提として，ステークホルダーと経営者との価値共創をいかに図るべきかについて考察する。すでに明らかにしたように，本書ではIIRCフレームワークの基本概念，指導原則，内容項目のすべてを扱っている。ただし，単にIIRCフレームワークの解釈をするのではなく，いかにステークホルダー・エンゲージメントのための情報開示を行い，ステークホルダーと経営者がエンゲージメントを取り，その結果の情報を経営者の戦略の策定と実行および意思決定に利用するかを検討する。

　本書は，基本概念の価値創造プロセスに焦点を当てて研究する。その他の基本概念である価値創造と資本は，価値創造プロセスの源泉が資本であり，価値創造プロセスの結果が価値創造であるという関係にある。したがって，価値創造プロセスに焦点を当ててはいるが，実際には基本概念全体を検討する。また，その価値創造プロセスは内容項目によって可視化されるため，すべての章で内容項目を取り扱うことになる。さらに，価値創造プロセスを情報開示するには，指導原則に準拠する必要があるという意味で，価値創造プロセスと指導原則は密接な関係にある。どの課題解決が指導原則のどこと関わるのかについては，終章で明らかにする。その結果，各章で取り扱う課題と指導原則の対応関係を明らかにする。つまり，価値創造プロセスの可視化を研究対象にして，IIRCフレームワークを網羅的に検討する。

参考文献

Brondoni, S. M. and F. Mosca (2017) Ouverture de 'Integrated Corporate Social Responsibility', *Symphonya, Emerging Issues in Management*, No.1, pp.1-6.

Eccles, R. G. and M. P. Krzus (2010) *One Report: Integrated Reporting for a Sustainable Strategy*, John Wiley & Sons（花堂靖仁監訳（2012）『ワンレポート：統合報告が開く持続可能な社会と企業』東洋経済新報社）.

Giovannoni, E. and M. Pia Maraghini (2013) The Challenges of Integrated Performance

Measurement Systems: Integrating Mechanisms for Integrated Measures, *Accounting, Auditing & Accountability Journal*, Vol.26, No.6, pp.978-1008.

Gokten, S. and P. O. Gokten（2017）Value Creation Reporting: Answering the Question 'Value to Whom' according to the International Integrated Reporting Framework, *Theoretical Journal of Accounting*, Vol.91, No.147, pp.145-170.

IIRC（2011）*Towards Integrated Reporting: Communicating Value in the 21st Century*, International Integrated Reporting Committee.

IIRC（2013）*The International <IR> Framework*, International Integrated Reporting Council.

IIRC（2021）*International <IR> Framework*, International Integrated Reporting Council.

Stubbs, W. and C. Higgins（2014）Integrated Reporting and Internal Mechanisms of Change, *Accounting, Auditing & Accountability Journal*, Vol.27, No.7, pp.1068-1089.

伊藤和憲（2014）「管理会計における統合報告の意義」『會計』Vol.185, No.2, pp.160-172。

伊藤嘉博（2016）「統合報告が管理会計研究・実践に及ぼす影響」『早稲田商学』No.446, pp.29-51。

内山哲彦（2015）「統合報告における Connectivity と統合思考：管理会計の観点から」『経済研究』Vol.30, No.1, pp.31-45。

古賀智敏（2015）「統合報告研究の課題・方法の評価と今後の研究アジェンダ」『會計』Vol.188, No.5, pp.515-529。

平岡秀福（2017）「統合報告と価値創造の人間主義経営」『創価経営論集』Vol.41, No.1, pp.69-81。

第1章

統合報告の
研究フレームワークと
価値創造の課題

▶ はじめに

　昨今，企業報告書は財務業績だけの開示ではなく，環境・社会・ガバナンス（environment, social, governance: ESG）というサステナビリティの開示がいっそう重視されている[1]。いまや企業は多様な企業報告書を任意に開示する状況にある。そのような中で，本書の関心事は統合報告に対する管理会計研究を行うことである。

　統合報告書の情報開示については，国際統合報告評議会（International Integrated Reporting Council: IIRC）から2013年に統合報告フレームワーク（以下，IIRCフレームワークという）が公表された。この報告書は，統合報告書を作成する企業にとっても研究者にとってもバイブルとして利用されている。このIIRCフレームワーク（2013b）をベースとして，主として管理会計というアプローチから統合報告研究を行うのが本書の狙いである。

　IIRCフレームワーク（2013b）に対しては擁護論文や批判論文などを含めて少しずつ研究が増えてきている。そのような中で，本章では，IIRCフレームワーク（2013b）に関する文献サーベイを行い，未解決の研究課題を提示する。第1節では，IIRCフレームワーク（2013b）の課題について検討する。第2節では，統合報告と価値創造に関わる文献に基づいて，最近の統合報告研究のフレームワークを提示する。第3節では，管理会計研究にとって重要な統合報告の価値創造プロセスの可視化について検討する。可視化の狙いについては，ステークホルダーとのエンゲージメントを取るための価値創造プロセスの情報開示だけでなく，経営者の戦略や経営管理への情報利用に

---

1) GRI(Global Reporting Initiative)，国連ビジネスと人権に関する指導原則報告フレームワーク（UN Guiding Principles on Business and Human Rights Reporting Framework），サステナビリティ会計基準委員会（Sustainability Accounting Standards Board: SASB），気候変動情報開示フレームワーク（Climate Disclosure Standards Board Framework: CDSB Framework），Future-Fitビジネス・ベンチマーク（Future Fit Business Benchmark），気候変動関連財務情報開示タスクフォース（The FSB Task Force on Climate-related Financial Disclosures: TCFD）などに関心が持たれている（Dumay et al., 2017）。他にも,ISO26000, 持続可能な開発目標（Sustainable Development Goals: SDGs），国際会計基準審議会（International Accounting Standard Board: IASB）といった企業報告が話題である（久禮・野村・中村, 2019）。

ついても焦点を当てる。第4節は，価値創造プロセスの可視化に関わる未解決の課題を明らかにする。最後に，本章をまとめる。

1 IIRCフレームワークの課題

　本章では，IIRCフレームワーク（2013b）で提案された統合報告について検討する[2]。IIRCフレームワーク（2013b）は，統合報告書の作成を中心として，基本概念（fundamental concepts），指導原則（guiding principles），内容項目（content elements）について解説している。そのため，企業が統合報告書を作成するときの優れた指南書となっている。ところが，Dumay et al.（2017）によれば，IIRCフレームワークは，統合報告の課題にもなっていると指摘されている。第1の課題は統合報告書の開示対象，第2の課題は統合思考と価値創造の定義，第3の課題は経営管理の検討不足に関わるものである。

　第1の開示対象に関わる課題について明らかにする。IIRCの財政支援団体には大手監査法人が関わっている。このことから，IIRCフレームワーク（2013b）の提案には，監査法人の意向が少なからず影響を及ぼす可能性がある。この点についてDumay et al.（2017）も，「大手会計事務所やGrant Thorntonなどの中堅を含めて，12以上の会計事務所が代表となっている。会計事務所が主要な財政支援者であり続けているために，IIRCフレームワークの構築に影響を及ぼすことは間違いない」と批判している。

　たとえば，IIRCが公開したディスカッション・ペーパー（IIRC, 2011）では開示対象はステークホルダーであった。一方，2013年のIIRCフレームワーク（2013b）では，開示対象が財務資本の提供者に限定されてしまった。これは財政支援団体の影響が少なからずあったと考えられる事例である。統

---

2)　統合報告といえば，IIRCを指すのが一般的である。ところが，その前に同類の提案として，南アフリカのKingレポート（IoDSA, 2009）とアメリカではEccles and Krzus（2010）のOne Reportもある。本書は，IIRCに限定して統合報告と呼称する。

合報告書の報告対象が財務資本の提供者ということは，投資家の投資決定のために開示情報には比較可能性が求められよう。そうでなければ，投資家にとって有用な情報とはいえない。開示情報が企業の希望的予測であってはならず，監査に耐え得るような強制力が加えられなければならない。ところが，「強制力がないために，IIRCの提案は企業報告という実務にはほとんど影響を及ぼさない」（Flower, 2015）という厳しい指摘もある。

以上より，統合報告書の報告対象が投資家であれば，企業間での比較可能性が担保できるように，法的強制力を持って作成されなければならない。統合報告書の報告対象がステークホルダーであれば，価値創造プロセスを正しく把握できるように，企業が任意に作成しても問題はない。要するに，統合報告書の報告対象を投資家としながら任意開示としてしまった点はIIRCフレームワークの矛盾点である。

第2の統合思考と価値創造の定義に関する課題を明らかにする。IIRCフレームワーク（2013b）の統合思考と価値創造の定義はあいまいである。IIRCフレームワークでは，「統合思考とは，さまざまな業務部門ないし機能部門と，企業が使用または影響する資本との関係性による体系だった積極的な考察のことである。統合思考は，短期・中期・長期にわたる価値創造を考慮した統合的な意思決定および行動に導く（IIRC, 2013b, p.3）。」と定義されている。

この定義だけでは，どのように体系だった開示をすれば統合思考といえるのかがはっきりしない。統合思考と密接に関係する情報の結合性という概念がある。この情報の結合性については，IIRCの支援団体であるThe World Intellectual Capital/Assets Initiative（WICI, 2013）のバックグラウンドペーパー[3]で解説されている。このWICIの結合性の解説によれば，2つの情報の結合性があるという。第1は，活動間の財務情報と非財務情報の結合性である。第2は，活動と資本の結合性である。これらをどのように解釈すべ

---

[3] http://integratedreporting.org/wp-content/uploads/2013/07/IR-Background-Paper-Connectivity.pdf （2019/6/10）。また，日本語の翻訳版も以下でダウンロードできる。http://integratedreporting.org/wp-content/uploads/2013/03/2018-02-15_Connectivity_Background-Paper-_clean.pdf （2019/6/10）。

きかについては，特に明らかにされているわけではない。要するに，どのように開示したら統合思考や情報の結合性を満足できるのかがはっきりしない。そのため，Dumay et al. は，「現在のIIRCフレームワークに含まれている統合思考は，大雑把で解釈が決まっておらず，新たに考案された抽象的な概念である（Dumay et al., 2017, p.466）」と指摘している。

　同様に，価値創造という概念についても，IIRCフレームワーク（2013b, p.33）は，価値創造を「企業の事業活動とアウトプットによって引き起こされる資本の増加，減少，変換（transformation）をもたらすプロセス」と定義している。この定義には，事業戦略による企業内部の価値創造だけでなく，環境負荷の削減といった社会的課題の解決に貢献する企業外部にとっての価値創造も含まれる。ところが，情報漏洩のようなレピュテーション・リスクに関わる企業内部にとっての価値毀損を抑制する活動を含めるのか否かが不明である（Dumay et al., 2017, p.466）。また，価値創造に影響を及ぼすと考えられる内容項目として外部環境，ガバナンス，戦略と資源配分，リスクと機会，実績，将来見通しがあるが，これらを対象とするのか対象外とするのかも不明である。

　第3の経営管理の検討不足という課題に関わるDumay et al.（2017, p.473）の指摘を明らかにする。彼らは，「統合報告の主な目的の1つは，意思決定の支援に関わる内部プロセスを変更することである（Dumay et al., 2017, p.473）」と指摘している。たとえば，統合報告書を作成し，ステークホルダーとのエンゲージメントを図った結果として，資源配分の意思決定や原価低減の仕方を変えたり，ビジネスモデルを再検討したり，戦略を修正したりすることが考えられる。このような経営管理に関わる統合報告の役立ちについてはほとんど議論してこなかった。

　ところで，経営管理に対する統合報告の役立ちに関係して，Stubbs and Higgins（2014, p.1068）は興味深い提案を行った。彼らはアニュアルレポートからサステナビリティレポートに変更したオーストラリアの15社23人へのインタビューを行った。その調査結果から，アニュアルレポートからサステナビリティレポートには変化したが，経営管理に利用するという価値観変革

までには至らなかったという。ただし，サイロであった組織が，組織横断的になったことは発見した。このように，統合報告によって，従業員の意識の変化が起こるという提案がある。こうした提案も統合報告研究としては有益である。

以上，IIRCフレームワーク（2013b）の課題について検討した。その結果，情報の開示対象，統合思考・情報の結合性・価値創造の定義，経営管理の検討不足に関わる課題があることが明らかとなった。

2 統合報告研究のフレームワーク

統合報告の研究フレームワークについて，古賀（2015）は，3つの研究フレームワークがあると指摘している[4]。第1は，統合報告の地域区分である。ヨーロッパ，オーストラリア，イギリスなどといった地域別に統合報告の研究を整理する分類である。第2は，研究方法による区分である。この区分を採用したde Villiers et al.（2017）は，規範論とケーススタディといった研究方法で先行研究を区分している。第3は，研究対象領域による区分である。これには，①外部報告，②監査，③アカウンタビリティ／ガバナンス，④マネジメント・コントロール／戦略，⑤業績測定，⑥その他による分類に区分できるという。

第1の区分は，地域別にどのような違いがあるのか，あるいは国別類似性があるのかを研究するときの分類である。たとえば，南アフリカのように統合報告書の開示を強制している国があるかと思えば，日本など多くの国は任意開示である。このように，地域別区分は，各国の法制度やその有無を比較したり，文化の違いを比較したりするだけでなく，国ごとの類似性を特定す

---

4) Accounting & Finance誌に掲載されたde Villiers et al.（2017）の文献レビューによれば，統合報告の研究は，①規範研究と②ケーススタディに体系づけられている。これ以外にも，IIRCの擁護研究と批判研究，投資家視点の研究，IIRCの活動研究，コンテンツ分析の研究，統合報告導入の決定要因の研究，経済学に基づく文献研究，に分類している。また，Dumay et al.（2016）でも同様の分類をしている。

図表1-1　古賀（2015）の統合報告研究フレームワーク

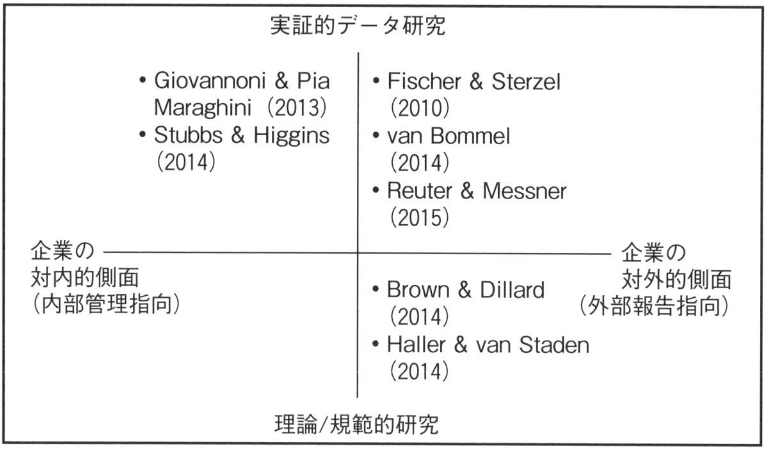

実証的データ研究

• Giovannoni & Pia Maraghini（2013） • Stubbs & Higgins（2014）	• Fischer & Sterzel（2010） • van Bommel（2014） • Reuter & Messner（2015）
企業の対内的側面（内部管理指向）	• Brown & Dillard（2014） • Haller & van Staden（2014）　企業の対外的側面（外部報告指向）

理論／規範的研究

出典：古賀（2015）。

る研究（Vaz et al., 2016）もある。しかし，管理会計による統合報告研究は緒に就いたばかりで，グローバルな研究ができるほどの展開は見せていない。

　古賀（2015）は，第2と第3の区分に基づいて興味深い研究フレームワークを明らかにした。古賀（2015）によれば，一方では機能的役立ちという点から経営管理目的と外部報告目的に区分し，他方では研究方法論から実証的データ研究と理論／規範的研究に区分する。そして，機能的役割を横軸に，研究方法論を縦軸とするマトリックスを用いて研究フレームワークを提示し，先行研究を整理した。このマトリックスを図表1-1に示す。

　図表1-1より興味深いことがいくつかわかる。まず，経営管理目的の理論研究という象限に区分される文献が存在していないことである。経営管理目的の研究が存在しないという点は，Dumay et al.（2017）のIIRCフレームワークの第3の課題として検討した主張と符合する。

　次に，経営管理目的の統合報告研究については，2本の実証的研究を取り上げている。イタリアとオーストラリアのインタビュー調査である。古賀が文献研究した時点では，これに該当する研究は2本しかなかった。

　イタリアの調査研究は，Giovannoni and Pia Maraghini（2013）の論文で

ある。この論文は，イタリアの中規模の同族企業であるMonnalisa社の38人へのインタビュー調査である。その結果によると，財務情報と非財務情報の統合型業績測定システム（performance measurement systems: PMS）を採用していたという論文である。バランスト・スコアカード（balanced scorecard: BSC）のスコアカードと統合報告を採用して，これらを統合したPMSの存在を事例紹介していた。PMSがテーマだったために，財務指標と非財務指標を一覧することで統合報告書に有用であると指摘している。財務情報と非財務情報の統合については検討していない。したがって，PMSの構築はBSCの適用例であって，統合報告書を開示した後のステークホルダー・エンゲージメント（対話）によって得た情報を経営に利用することは想定していない論文だった。

オーストラリアの調査研究は，Stubbs and Higgins（2014）の論文である。この論文は，オーストラリアの15社23人へのインタビュー調査である。アニュアルレポートを作成していた企業がサステナビリティレポート[5]を作成するようになったケースである。当初は経理がサイロ志向でアニュアルレポートを作成していた。こうした企業が，サステナビリティレポートを作成するために組織横断的な協力体制に移行したことを明らかにした論文である。サステナビリティレポートを作成すると価値観変革が起こるという仮説を検証しようとしたが，証明はできなかった。この論文は，サステナビリティレポートによる内部管理を志向した管理会計の論文とはいえるが，統合報告を直接扱った論文とはいえない。つまり，統合報告書の開示によってステークホルダーから得た情報を経営に利用するといった論文ではなかった。

要するに，古賀（2015）が企業の対内的側面として提示した論文は，管理会計の論文ではあるが，統合報告を直接問題視した論文とはいえない。一方，伊藤・西原（2017）は，統合報告研究をステークホルダーへの情報開示と経営者によるエンゲージメント情報の利用に区分した。この区分のうち前者の情報開示は，古賀（2015）の対象領域区分でいえば，企業の対外的区分，す

---

5) Stubbs and Higgins（2014）によれば，サステナビリティレポートは統合報告書の前段階という認識である。

なわち外部報告，監査，アカウンタビリティ／ガバナンスなどに関わる研究である。この情報開示では，投資家の意思決定のための情報開示やその他のステークホルダーへの情報開示といったように，企業外部者への情報開示に関わる研究テーマが含まれる。一方，情報利用とは，古賀（2015）の区分でいえば，企業の対内的側面，すなわち戦略の策定と実行，戦略的意思決定，マネジメント・コントロールのために経営者が情報利用することに関わる研究である。

　古賀（2015）の研究フレームワークの横軸は報告目的による区分である。この研究フレームワークには統合報告という縛りがあってのことであるが，この区分名称だけを取り出せば，統合報告と無関係の管理会計研究もすべて経営管理の区分に含まれてしまう危険がある。たとえば，Giovannoni and Pia Maraghini（2013）の論文は，スコアカードと統合報告を連動させたPMSの構築に焦点が当てられていた。PMSの構築に焦点が当てられたために，統合報告書によるエンゲージメント情報を経営者が経営管理にどのように利用するのかについては検討していない。そのため，統合報告の情報利用を直接的に扱ったとは考えられない。そこで，伊藤・西原（2017）の研究フレームワークでは，情報を機能別に区分した。経営管理でも統合報告書の開示という外部報告を前提にした点が古賀（2015）の区分との違いともいえよう。つまり，伊藤・西原（2017）の研究フレームワークは，情報開示だけを扱うか，情報開示によるステークホルダー・エンゲージメントの結果を内部管理に情報利用するかという分類である。以下では，この区分を**ステークホルダーへの情報開示**と**経営者の情報利用**と表現する。

3 価値創造プロセスの課題

　価値創造プロセスの課題については，情報開示に関わる課題と情報利用に関わる課題がある。これらを順に取り上げて，これらの課題を克服する研究を検討する。

3.1 情報開示に関わる研究

統合報告は，短期，中期，長期の価値創造についての簡潔なコミュニケーションであるとIIRCフレームワークで明らかにされている（IIRC, 2013b, p.3）。言い換えれば，統合報告は情報開示によるコミュニケーション・ツールである。そこでの報告対象は，主に財務資本提供者である。つまり，IIRCフレームワークは，投資家への情報開示を目的としたフレームワークの提案であると解釈できる。ただし，IIRCフレームワークでは，同じ統合報告書がステークホルダーにも有益であると指摘している（IIRC, 2013b, p.3）。

一方，2017年までの価値創造プロセスに関わる統合報告の論文をEBSCOhostでIntegrated Reportingをキーワードとして検索したところ，投資家を対象とした論文として見つかったのは，統合報告と投資家との関係について実証研究したSerafeim（2014）の研究のみである。それ以外の論文は，理論研究と実証研究のいずれの研究でも，ステークホルダーを対象にした情報開示の研究であった。そこで，投資家に限定せず，ステークホルダー志向の情報開示を議論した文献をレビューする。

たとえば，Brondoni and Mosca（2017）は，長期的な価値創造を求める統合CSRを提唱した研究である。昨今，グローバリゼーションによって，ステークホルダーとの共創や協調が重要視されるようになってきた。グローバルな取引によって原価引き下げができるだけでなく，環境に影響を及ぼす問題も発生している。また，情報技術の進展により，企業はより透明性を持ち説明責任を果たさなければならない。要するに，Brondoni and Mosca（2017）の統合CSRは，企業は単にCSRだけを追求するべきではなく，長期的な価値創造にも解決策を求める必要があるという提案である。価値創造とCSRの関係を統合すべきであるという興味深い提案である。統合報告という点から統合CSRを解釈すれば，価値創造すべき価値として，事業戦略と社会的課題をともに含めるべきであると提案した研究である。

また，Adams（2017）もステークホルダー志向の価値創造プロセスを提案している。Adamsによれば，今日の企業報告プロセスは，取締役会の監

視を強化し，複雑性を管理するようにESGと戦略の知覚された（perceived）関係性に影響を及ぼしている。その結果，投資家には関心が低いとしても，ESGプロセスの影響に対して関心を高めていく必要があり，そうしたステークホルダーの価値創造プロセスが重要である。つまりAdams（2017）は，価値創造プロセスとしてESGへの対応についても考慮すべきであると提案した。

さらに，Gokten and Gokten（2017）は，価値創造する時期によって，対象とするステークホルダーが異なることを指摘した。バリューチェーンは，企画構想段階から生産を通って，最終消費者へ提供され，使用後最終的に処分されるまで，製品やサービスに必要な活動の全範囲を表す。ここで，短期的な価値創造として利益追求が行われるが，そこでのステークホルダーは，サービスプロバイダー，バリューチェーン関係者，銀行などのバリューチェーンに関わるステークホルダーであり，「ステークホルダーにとっての価値」を示すことになる。また，中期的な価値創造のステークホルダーは投資家を指す。そのため，資本の期待公正価値を示す必要があり，「投資家にとっての価値」を表す必要がある。さらに，長期的な価値創造のステークホルダーは社会であり，コミュニティ，エコシステム，将来の世代，労働力，人類，研究能力などに対する価値からなる「社会への価値」を開示する必要がある。

要するに，Gokten and Gokten（2017）は，短期の価値創造のためにはバリューチェーンのステークホルダー，中期の価値創造には投資家，長期の価値創造には社会一般が情報開示の報告対象になるという主張を行った。この時間軸によるステークホルダーの違いは興味深い提案である。ところで，IIRCフレームワーク（2021）は，アウトカムを短期・中期・長期に区分するよう提案した。このアウトカムによる時間軸の提案は，Gokten and Gokten（2017）と類似した主張であることが理解できる。

3.2　情報利用に関わる研究

すでに明らかにしたように，IIRCフレームワーク（2013b）は，定義のあいまいさから，情報の結合性がはっきりしないという課題があった（Dumay et al., 2017)。そこで，価値創造プロセスの可視化として，IIRCフレームワークに代わる提案が求められよう。ここでは，情報利用のために価値創造プロセスを研究したAdams（2017），Smith（2017），Massingham et al.（2019）を取り上げる。

3.2.1　Adams（2017）の価値創造モデル

　Adams（2017）の価値創造モデルは，IIRCフレームワーク（2013b）の価値創造モデルとは無関係に，価値創造の概念を独自に構築したものである。Adams（2017）は，価値創造に関わる要因を取締役へのインタビューを中心に特定して概念化した。Adams（2017）はまた，サステナビリティレポートは外部環境要因に偏っていると批判した。そこで，自らのケーススタディ経験に基づいて，内部環境要因を取り入れて，外部環境と内部環境の相互関係として，価値創造プロセスの構成要素による価値創造モデルを概念化した。

　Adams（2017）の価値創造モデルは，図表1-2の通りである。このモデルでは，外部環境としての影響要因によってESGのリスクと機会を提示して

図表1-2　Adamsの価値創造モデル

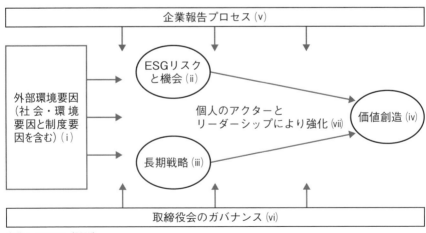

出典：Adams（2017）.

いる。一方，企業は，取締役会からのガバナンスの影響を受けながら戦略を策定する。その戦略を実現するために経営者のリーダーシップに従って従業員が活動を行い，企業の価値創造を実現する。このような価値創造プロセスをステークホルダーにも報告する必要があると Adams（2017）は指摘する。

　Adams（2017）の価値創造プロセスは，事業戦略による価値創造と社会的課題であるESGへの配慮の両者を問題視したという点で，興味深い研究成果である。Adams（2017）の価値創造モデルの課題は，外部環境と内部環境の相互作用については考慮しているが，事業活動にまで掘り下げて価値創造プロセスを可視化したわけではない点にある。戦略とESGの両方の要因を考慮するという意味では，価値創造は明確である。価値創造と社会的課題を扱っているという意味での完全性（completeness）を満たしている。ところが，企業戦略と事業戦略の統合思考や，財務情報と非財務情報による情報の結合性については問題視していない。したがって，Dumay et al.（2017）がIIRCフレームワーク（2013b）で問題視した統合思考と情報の結合性という課題は，このAdams（2017）の価値創造モデルにも当てはまる。

3.2.2　Smith（2017）の価値創造モデル

　One Reportという著書の中で，Eccles and Krzus（2010, p.151）は統合報告の機能として意思決定への有用性を取り上げた。この提案は，Smith（2017）の戦略的意思決定構想に基づく価値創造モデルで明らかにされた。Smith（2017）の価値創造モデルは，サステナビリティとガバナンスのイニシアティブに関わる戦略的意思決定によって，資本（すなわち価値）が影響を受け，それがサステナビリティ・インデックスとガバナンス・インデックスのスコアに反映されるというアイディアである。このSmithの問題意識は，企業がダウ・ジョーンズ・サステナビリティ・インデックス（Dow Jones Sustainability Index: DJSI）[6]のようなインデックスに取り上げられて，なお

---

6)　DJSIは，1999年に誕生したESGインデックスの老舗である。DJSIは，財務に影響を及ぼす持続可能性についてはRobeco Switzerland Ltd.の企業評価（Corporate Sustainability Assessment: CSA）に基づいて，これにS&P DJIのインデックス・メソドロジーを採用してインデックスのスコアを割り当て，毎年銘柄変更を行っている。CSAも毎年評価基準が更新されている。

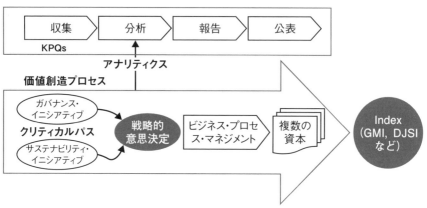

図表1-3　Smith（2017）の価値創造モデル

出典：伊藤（2019）。

かつ高いスコアになるように，戦略的意思決定を行う必要があるという点である。こうした関係を図示したのが図表1-3である。

　図表1-3の価値創造プロセスもしくはインデックスのスコアの向上を実現する戦略的意思決定構想のためには，一方では，分析のために重要業績検討項目（Key Performance Questions: KPQs）に従って情報収集し，他方では，アナリティクスという高度な分析ツールを開発して，意思決定と資本の関係性をモデル化する必要がある。この価値創造プロセスの可視化は，ステークホルダーとの対話をするわけではなく，インデックス情報を取り入れて，これを経営者が戦略的意思決定に利用するという，まさに経営者の情報利用としての価値創造モデルの提案である。

　Smith（2017）の価値創造モデルは，Eccles and Krzus（2010）の提案を概念化したものである。この概念化は，外部環境と内部環境を概念化しただけの Adams（2017）とは異なって，戦略的意思決定と関連づけて，価値創造のための意思決定，ビジネスプロセス，資本の関係性を明らかにしている点で優れた研究といえる。また，これらの関係性をアナリティクス[7]という

---

[7]　アナリティクスについては，第８章で詳述する。ここでは，ビッグデータを取り込むことで，予測の精度を高めた分析ツールと捉えていただきたい。

分析ツールで解明することを求めている点にも先駆的研究成果が表れている。

　ところが，Smith（2017）の価値創造モデルでは，ビジネスプロセスを具体的な活動まで落とし込んでいるわけではない。そのため，企業戦略と事業戦略の統合思考や，財務情報と非財務情報といった情報の結合性については問題視していない。社会的課題の意思決定を問題視しており，これらはすべてアナリティクスによって自動的に特定してくれる部分で，経営者にはブラックボックスとなっている。つまり，Smith（2017）の価値創造モデルもIIRCフレームワーク（2013b）と同様に，定義のあいまいさという課題が残されたままである。

3.2.3　Massingham et al.（2019）の価値創造モデル

　情報の結合性を問題視するには，財務情報と非財務情報の因果関係を特定する必要がある。そのためには，価値創造に関わるアクターとしての活動にまで踏み込んで価値創造プロセスを可視化しなければならない。管理会計研究では，BSCの展開の中で，Kaplan and Norton（2004）によって戦略マップが提案されている。

　戦略マップとは，戦略目標間の因果関係によって戦略を可視化したものである。戦略目標とは，戦略を実現するために達成しなければならない戦略を構成する目標のことである。一方，戦略目標の達成度を測定するためにスコアカードがある。このスコアカードでは，現在の実績値と将来の目標値，そのギャップを埋める戦略的実施項目が設定されなければならない。実績値も目標値もすべて指標で測定される。この指標には，財務に関わる指標だけでなく，非財務に関わる指標が設定される。このとき，非財務情報はパフォーマンス・ドライバー（performance driver: 業績推進要因）と考えられており，非財務情報が原因となって財務情報という結果が達成されるという因果関係が構築される。したがって，戦略マップを構築すればその因果関係によって財務情報と非財務情報の結合性が構築されることになる。

　こうした戦略マップのメリットは統合報告の価値創造プロセスの可視化にも応用できる。そのように考えたMassingham et al.（2019）は，図表1-4の

価値創造モデルを提案した。彼らの価値創造モデルは，Kaplan and Norton（2004）の戦略マップを取り入れることで，情報の結合性を克服しようという研究である。具体的には，学習と成長の視点のインタンジブルズ（無形の価値創造源泉）から，内部プロセスの視点と顧客の視点までの非財務情報によって，財務の視点で設定される財務情報へと関連づけられている。

Massingham et al.（2019）の価値創造モデルは，戦略マップによる戦略目標間の因果関係という特長を捉えたものである。この価値創造プロセスを可視化することで，情報の結合性という課題を克服したという点に大きなメリットがある。また，人的資本，社会・関係資本，知的資本をインタンジブルズとして学習と成長の視点で捉えた点は，興味深い指摘である。

ところが，Massingham et al.（2019）の価値創造モデルは，企業外部にとっての価値創造である社会的課題の解決への貢献と価値毀損の抑制については問題視していない。また，企業と事業部の統合思考についても問題視し

図表1-4 Massingham et al.（2019）の価値創造モデル

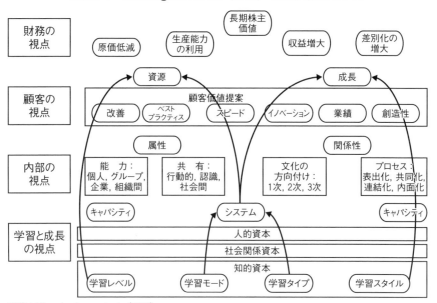

出典：Massingham et al.（2019）.

ていない。さらに，情報の結合性では，財務情報と非財務情報の結合性だけ
でなく，活動と資本の結合性という課題もある。Massingham et al.（2019）
は，活動と資本の結合性を問題視していないという課題がある。

　Massingham et al.（2019）の価値創造モデルは，インタンジブルズを学
習と成長の視点だけで捉えたために，コーポレート・レピュテーションやブ
ランドといった顧客の視点のインタンジブルズ，イノベーションといった内
部の視点のインタンジブルズを無視することになってしまった。知的資本と
社会・関係資本は学習と成長の視点の組織資産もしくは情報資産で捉えるだ
けでなく，知的資本は内部プロセスの視点のビジネスプロセスの構築との関
係で捉えたり，社会・関係資本は顧客の視点で捉える必要もある。

　以上，経営者の情報利用に関わる価値創造プロセスの可視化として，3つ
の提案を検討してきた。いずれのモデルも価値創造プロセスの提案として優
れた探究ではあるが，大きな課題があることもわかった。Adams（2017）
とSmith（2017）の価値創造モデルは，価値創造の中に社会的課題の解決を
取り込んでおり，企業内部と企業外部の価値創造を扱っているというメリッ
トがあった。ところが，価値毀損の抑制については問題視していないという
デメリットがあった。また，企業戦略と事業戦略といった統合思考も，財務
情報と非財務情報の結合性といった情報の結合性も問題視していないという
デメリットがあった。一方，Massingham et al.（2019）の価値創造モデル
は，情報の結合性のうち財務情報と非財務情報の結合性という課題を克服す
る提案であるというメリットがあった。ところが，価値創造として企業外部
の価値創造である社会的課題の解決も価値毀損の抑制も含めていない。また，
企業戦略と事業戦略の統合思考を考慮外にしている。さらに，活動と資本の
結合については問題視していないというデメリットが見つかった。

 ## 価値創造に関わる未解決の課題

　統合報告の価値創造プロセスについて管理会計として研究する場合，これ

までの検討からいくつかの未解決の課題が見つかった。価値創造プロセスの可視化に関わる未解決の課題を整理すると以下の7つにまとめられる。

第1の課題は，統合報告書はアニュアルレポートの発展形なのか，それともサステナビリティレポートの発展形なのかである。パラダイムシフトが起こっていることは事実であるが，どのようにシフトしたのかを検討する必要がある。これは統合報告の本質に関わる部分である。その意味でも，統合報告書に対するIIRCフレームワーク（2013b）の主張を正確に理解しておく必要がある。統合報告はIIRCフレームワーク（2013b）で定義された概念である。この統合報告書の報告対象，報告目的に見解の相違がある。既述したように，Dumay et al.（2017）は，IIRCディスカッションペーパー（2011）とIIRCフレームワーク（2013b）で報告対象が異なっていることを問題視していた。報告対象がステークホルダーから投資家へと変わってしまった。こうしたIIRCフレームワークの見解を明らかにするとともに，その結果として価値創造プロセスの可視化に混乱が生じている。統合報告書の本質を議論することで，こうした混乱に対するあるべき報告対象と報告の狙いを探索する必要がある。

第2の課題は，IIRCの統合思考がはっきりしていないという点である。統合思考に対する管理会計研究の成果を明らかにする必要がある。短期・中期・長期の価値創造プロセスの下で，統合思考が重要とされるが，本書では統合思考とは戦略策定と実行を統合するという意味で用いる。IIRCフレームワーク（2013b）のオクトパスモデルではこれらの統合思考を可視化できていない。オクトパスモデルに代わる価値創造プロセスの可視化についての研究が求められる。IIRCフレームワーク（2021）ではアウトカムの時間軸による統合が指摘されている。アウトカムに限定することなく，戦略による価値創造の時間軸の違いというように価値創造プロセス全体で時間軸を考える必要がある。

ところで，古賀（2015）が文献研究したところによれば，内部管理指向の理論研究がまったく存在しないという結果が判明した。ここに，統合報告を管理会計として研究する必要がある。また，Dumay et al.（2017）で指摘さ

れたように，統合思考と価値創造の定義が不明である。統合思考とは何か，また企業の価値創造とは何かを明らかにしておかなければならない。統合思考は戦略に結びつけて明らかにする必要がある。それには，管理会計研究の成果として，価値創造を大きく左右するインタンジブルズは戦略と結びつけて管理すべきである（Kaplan and Norton, 2004, p.29; 櫻井，2011, p.25; 伊藤，2014, p.59）。統合思考の定義，価値創造の定義，価値創造に及ぼすインタンジブルズの影響，戦略との関わりについての研究が求められている。さらに，統合思考と一緒に議論されることが多い情報の結合性について，統合思考との違いを明らかにすることも重要である。

　第3の課題としては，ステークホルダー・エンゲージメントとは何か，ステークホルダーにとってのマテリアリティとは何かを明らかにすることである。ステークホルダー重視は，言い換えればESGに対する認識の高まりである。企業は社会的課題の解決に貢献する活動をどのように可視化すべきかが問題視されるようになってきた。そのためのステークホルダー・エンゲージメントとは何かが不明確となったままである。Brondoni and Mosca（2017）とGokten and Gokten（2017）は統合報告書の報告対象を投資家だけでなく，ステークホルダーとしていた。しかし，ステークホルダーと利害関係者は何が異なるのかが不明確であり，用語だけが独り歩きしている感がある。また，ステークホルダーへの情報開示として付加価値計算書が提案されることがある（Haller and van Staden, 2014; 牟禮，2015）。付加価値計算書がステークホルダー・エンゲージメントとして十分な情報開示といえるのかについての検討も必要である。さらに，そもそもステークホルダー・エンゲージメントとは何かが定義されていない。ステークホルダー・エンゲージメントについてのもっと突っ込んだ検討が必要である。

　第4の課題としては，情報の結合性に関わるものがある。IIRCディスカッションペーパー（2011）では多様な企業報告書があり情報が錯綜しているとして，統合報告書によって情報の結合性を確保すべきであると指摘されている。ところが，情報の結合性についての研究がほとんど行われていない。IIRCフレームワークの指導原則（guiding principles）として情報の結合性

があるが，Dumay et al.（2017）は，情報の結合性とは何かが定義されていないと批判する。また，情報の結合性を検討したWICIのバックグラウンドペーパーでもはっきりしないと指摘している。このことから，まず，情報の結合性を明らかにするという課題がある。次に，情報の結合性を扱った先行研究で情報の結合性は確保できているのかを検討する必要がある。さらに，IIRCドラフト（2013a, p.31）では，マテリアリティについて事業戦略を実現するための事象のリスク発生可能性を問題視しているが，GRIのグローバルサステナビリティ・スタンダード・ボード（GSSB, 2016, p.11）ではステークホルダーの評価への影響を問題視している。マテリアリティの違いはどこから来るのか，またこれらをどのように取り扱うべきかについても検討する必要がある。

　第5の課題は，古賀（2015）とDumay et al.（2017）が指摘したように，経営者が情報利用するための価値創造プロセスの検討が不足していることである。本章では，Adams（2017），Smith（2017），それにMassingham et al.（2019）が提案する経営者の情報利用のための価値創造プロセスについての文献レビューを行った。その結果，Adams（2017）は事業戦略に関わるリスクや機会を通じた価値創造を可視化していた。Smith（2017）は，社会的課題の解決に貢献するサステナビリティ・インデックスやガバナンス・インデックスを考慮に入れた価値創造モデルを可視化していた。さらに，Massingham et al.（2019）は，インタンジブルズを事業戦略と結びつけた価値創造を可視化していた。これらの文献の中で，社会的課題の解決を扱っているのはSmith（2017）だけである。しかし事業戦略による価値創造と価値毀損の抑制の関係が不明確である。そこで，日本企業の実態はどうなっているのかについて統合報告書の事例研究に基づいて価値創造プロセスの可視化を取り上げて，価値創造と価値毀損の抑制の可視化を比較検討する必要がある。

　第6の課題として，価値創造プロセスの可視化は研究論文で検討するだけでなく，統合報告書によっても具体的に検討する必要がある。Massingham et al.（2019）は戦略マップによる価値創造プロセスの可視化を提案した。

同様の趣旨で，伊藤（2014, pp.236-246）も管理会計研究の成果として戦略の修正ができる戦略マップは統合報告書でも効果的であることを指摘した。そこで，我が国企業の優れた統合報告書によって，統合思考，情報の結合性，価値創造の実態把握をする必要がある。統合思考については，企業戦略と事業戦略の統合をいかに可視化しているのかを検討する。また，情報の結合性として，財務情報と非財務情報の結合性，活動と資本の結合性について検討する。さらに，価値創造については，価値創造と価値毀損の抑制の可視化について検討を加える必要がある。

　第7の課題は，伊藤・西原（2017）が問題視した統合報告による経営者の情報利用という役割に関係して，社会的課題を問題視した戦略的意思決定という新たなテーマについてである。IIRCフレームワーク（2013b, 2.4）では，企業価値は企業のために創造される価値だけでなく，社会的課題を解決するという企業以外のためにも創造されると指摘している。しかし価値毀損の抑制に対して，企業の意思決定がどのように関わるのかについては何も記述していない。Eccles and Krzus（2010, p.151）は，統合報告の役立ちとして意思決定があると指摘しているが，具体的な記述はない。企業外部にとっての価値創造に関わる意思決定の1つの解答として，Smith（2017）は，戦略的意思決定による価値創造プロセスの可視化を提案した。Smith（2017）の研究を紹介するとともに，IIRCフレームワーク（2013b）との関係を究明する必要がある。

▶ まとめ ─ 価値創造のための課題と章の構成

　本章では，統合報告の価値創造プロセスに関わる文献レビューに基づいて，統合報告研究のフレームワークを検討した。その結果，統合報告の研究は，統合報告書の開示とは無関係な管理会計研究を排除するためには，外部報告か経営管理かという分類よりも，情報開示と情報利用という2つのテーマに区分すべきであることを明らかにした。また，価値創造には，事業戦略によ

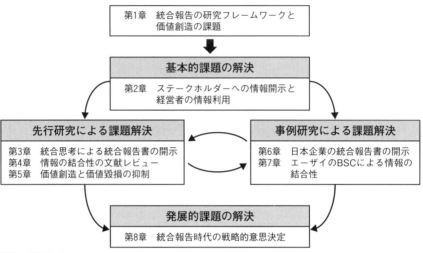

図表1-5　価値共創のための統合報告－情報開示から情報利用へ－

第1章　統合報告の研究フレームワークと
　　　　価値創造の課題

基本的課題の解決

第2章　ステークホルダーへの情報開示と
　　　　経営者の情報利用

先行研究による課題解決

第3章　統合思考による統合報告書の開示
第4章　情報の結合性の文献レビュー
第5章　価値創造と価値毀損の抑制

事例研究による課題解決

第6章　日本企業の統合報告書の開示
第7章　エーザイのBSCによる情報の
　　　　結合性

発展的課題の解決

第8章　統合報告時代の戦略的意思決定

出典：著者作成。

る価値創造だけでなく，社会的課題の解決に貢献することも含めることで，価値毀損の抑制にも対処すべきであることを明らかにした。それ以外にも多様な未解決の課題が山積していた。そこで，これらを7つの未解決の課題として特定した。これらの7つの課題は，統合報告に関わる価値創造プロセス研究の**基本的課題**，価値創造プロセスの可視化の**先行研究による課題**，価値創造プロセスの可視化の**事例研究による課題**，価値創造プロセスの**発展的課題**からなる4つのテーマに再整理できる。この4つのテーマとそれを解決するための章の構成との関係を図示すれば，図表1-5となる。

　第1の未解決の課題とは，統合報告研究の価値創造プロセスに関わる基本的課題である。つまり，統合報告の価値創造プロセスに対して管理会計というアプローチで研究する意義である。統合報告を情報開示に限定して捉えると管理会計研究の出番はない。管理会計にとっては，統合報告書の情報開示によるステークホルダー・エンゲージメントの結果を，経営者の戦略の策定と実行に利用するという視点に立って検討する必要がある。また，IIRCフレームワークはステークホルダー志向であるかどうかの正しい理解が必要で

ある。Dumay et al.（2017）が指摘するように，IIRCは報告対象がステークホルダーから投資家へと限定されてしまった。そのために，IIRCフレームワークには混乱した記述がある。経営者への役立ちという点から，IIRCフレームワークを理解する必要がある。この**基本的課題の解決**については第2章で検討する。

　第2の未解決の課題とは，統合思考，情報の結合性，価値創造である。これらの課題を順に取り上げる。

　統合思考は，IIRCフレームワークの記述だけでは抽象的な概念であり，どうなることが統合思考といえるのかがわからない。Dumay et al.（2017）の指摘を待つまでもなく，IIRCフレームワークの記述だけでは統合思考が十分理解できるとはいえない。統合思考とは，戦略の策定と実行を統合したマネジメントシステムのことである。価値創造のために戦略を業務に落とし込んで実行した結果，環境が変化したときにこれに適応できるように修正行動を取ることが統合されることである。このような統合思考は戦略の策定と実行を統合することであるという管理会計の成果を明らかにする必要がある。併せて，統合思考の下で統合報告書の情報開示の可視化についても明らかにする必要がある。とりわけ企業戦略と事業戦略の可視化がステークホルダー・エンゲージメントにとって重要であり，この結果として経営者はエンゲージメントから得られた情報を戦略修正に利用することができる。

　また，情報の結合性については，IIRCフレームワークの定義があいまいであることもあって，ほとんど検討されてこなかった。情報の結合性とはIIRCフレームワークでは，オクトパスモデルに示された内容項目（content elements）と資本の間の関係を結合させることである。この結合性は2つの結合性に区分できる。第1の情報の結合性は，内容項目間の結合であり，財務情報と非財務情報の結合性と呼ぶことができる。第2の情報の結合性は内容項目と資本の結合性であり，実質的には活動と資本の関係である。そこで，この結合性を活動と資本の結合性と呼ぶことができる。これら2つの情報の結合性を確保する必要がある。

　さらに，価値創造については，IIRCフレームワーク（2013b）では，価値

毀損の抑制を含むのかどうかがはっきりしていなかった。この点をDumay et al.（2017）は問題視していた。その後，IIRCフレームワーク（2021）には価値創造だけでなく価値毀損の抑制についての記述が追加された。ところが，価値創造と価値毀損の抑制は，自社のための価値創造と他者への価値創造との関係がはっきりしない。つまり，他者のための価値創造は価値毀損の抑制なのかが不明であった。他者のための価値創造，言い換えれば社会的課題の解決はどのような意味を持っているのかを検討する必要がある。

Dumay et al.（2017）がIIRCフレームワーク（2013b）に対して問題視した統合思考，情報の結合性，価値創造という3つの課題について，**先行研究による課題解決**を第3章，第4章，第5章で行う。

第3の未解決の課題とは，先行研究で取り上げた統合思考，情報の結合性，価値創造という3つの課題について日本企業はどのように可視化しているかである。とりわけ価値創造プロセスとの関係で，日本企業がいかに情報開示しているのかを検討する。また，これらの課題はBSCに関連づけるとほとんど解決する。ただし，情報の結合性のうち，第2の活動と資本の結合性についてはBSCの導入だけでは解決できない。インタンジブルズをレディネス評価することで解決の道が開かれる。これらをアクションリサーチによって克服する。**事例研究による課題解決**は，第6章と第7章で行う。

最後の第4の未解決の課題は，統合報告の発展的課題である。IIRCフレームワークでは記述されていないが，社会的課題を解決するための意思決定は統合報告とどのように関わるのかはっきりしない。今日，ESGの重要性はますます高まっている。とりわけ国連のSDGsが設定されたことで，社会的課題の解決に企業もどのような貢献をすべきかという問題が提示されている。経営者にとってサステナビリティ・イニシアティブやガバナンス・イニシアティブへの投資意思決定が戦略的にも重要となってきた。IIRCフレームワークでは経営者の戦略的意思決定への情報利用についてまったく記述されていない。こうした**発展的課題の解決**は第8章で検討する。

参考文献

Adams, C. A. (2017) Conceptualising the Contemporary Corporate Value Creation Process, *Accounting, Auditing & Accountability Journal*, Vol.30, No.4, pp.906-931.

Brondoni, S. M. and F. Mosca (2017) Ouverture de 'Integrated Corporate Social Responsibility', *Symphonya, Emerging Issues in Management*, No.1, pp.1-6.

Brown, J. and J. Dillard (2014) Integrated Reporting: On the Need for Broadening Out and Opening Up, *Accounting, Auditing & Accountability Journal*, Vol.27, No.7, pp.1120-1156.

de Villiers, C., E. R. Venter and P. K. Hsiao (2017) Integrated Reporting: Background, Measurement Issues, Approaches and an Agenda for Future Research, *Accounting & Finance*, Vol.57, No.4, pp.937-959.

Dumay, J., C. Bernardi, J. Guthrie and P. Demartini (2016) Integrated Reporting: A Structured Literature Review, *Accounting Forum*, Vol.40, No.3, pp.166-185.

Dumay, J., C. Bernardi, J. Guthrie and M. L. Torre (2017) Barriers to Implementing the International Integrated Reporting Framework: A Contemporary Academic Perspective, *Meditari Accountancy Research*, Vol.25, No.4, pp.461-480.

Eccles, R. G. and M. P. Krzus (2010) *One Report: Integrated Reporting for a Sustainable Strategy*, John Wiley & Sons (花堂靖仁監訳 (2012)『ワンレポート：統合報告が開く持続可能な社会と企業』東洋経済新報社).

Flower, J. (2015) The International Integrated Reporting Council: A Story of Failure, *Critical Perspectives on Accounting*, Vol.27, pp.1-17.

Giovannoni, E. and M. Pia Maraghini (2013) The Challenges of Integrated Performance Measurement Systems: Integrating Mechanisms for Integrated Measures, *Accounting, Auditing & Accountability Journal*, Vol.26, No.6, pp.978-1008.

Gokten, S. and P. O. Gokten (2017) Value Creation Reporting: Answering the Question 'Value to Whom' according to the International Integrated Reporting Framework, *Theoretical Journal of Accounting*, Vol.91, No.147, pp.145-170.

GSSB (2016) *GRI Standards*, Global Sustainability Standards Board.

Haller, A. and C. van Staden (2014) The Value Added Statement: An Appropriate Instrument for Integrated Reporting, *Accounting, Auditing & Accountability Journal*, Vol.27, No.7, pp.1190-1216.

IIRC (2011) *Towards Integrated Reporting: Communicating Value in the 21st Century*, International Integrated Reporting Committee.

IIRC (2013a) *Consultation Draft of the International <IR> Framework*, International Integrated Reporting Council.

IIRC (2013b) *The International <IR> Framework*, International Integrated Reporting Council.

IIRC (2021) *International <IR> Framework*, International Integrated Reporting Council.

Institute of Directors in Southern Africa (IoDSA) (2009) *King Report on Governance for*

South Africa（*III*）, Institute of Directors in Southern Africa, Johannesburg.

Kaplan, R. S. and D. P. Norton（2004）*Strategy Maps: Converting Intangible Assets into Tangible Outcomes*, Harvard Business School Press（櫻井通晴・伊藤和憲・長谷川惠一監訳（2005）『戦略マップ：バランスト・スコアカードの新・戦略実行フレームワーク』ランダムハウス講談社）.

Massingham, R., P. R. Massingham and J. Dumay（2019）Improving Integrated Reporting: A New Learning and Growth Perspective for the Balanced Scorecard, *Journal of Intellectual Capital*, Vol.20, No.1, pp.60-82.

Reuter, M. and M. Messner（2015）Lobbying on the Integrated Reporting Framework, *Accounting, Auditing & Accountability Journal*, Vol.28, No.3, pp.365-402.

Serafeim, G.（2014）Integrated Reporting and Investor Clientele, *Harvard Business School Working Paper*, No.14-069, pp.1-43.

Smith, S. S.（2017）*Strategic Management Accounting: Delivering Value in a Changing Business Environment Through Integrated Reporting*, Business Expert Press, LLC（伊藤和憲・小西範幸監訳（2018）『戦略的管理会計と統合報告』同文舘出版）.

Stubbs, W. and C. Higgins（2014）Integrated Reporting and Internal Mechanisms of Change, *Accounting, Auditing & Accountability Journal*, Vol.27, No.7, pp.1068-1089.

Vaz, N., B. Fernandez-Feijoo and S. Ruiz（2016）Integrated Reporting: An International Overview, *Business Ethics*, Vol.25, No.4, pp.577-591.

van Bommel, K.（2014）Towards a Legitimate Compromise?: An Exploration of Integrated Reporting in the Netherlands, *Accounting, Auditing & Accountability Journal*, Vol.27, No.7, pp.1157-1189.

WICI（2013）*Connectivity Background Paper for <IR>*, World Intellectual Capital/Assets Initiative.

伊藤和憲（2014）『BSCによる戦略の策定と実行：事例で見るインタンジブルズのマネジメントと統合報告への管理会計の貢献』同文舘出版。

伊藤和憲（2019）「IIRCフレームワークと戦略的意思決定の両立」『ディスクロージャー&IR』Vol.9, pp.174-185。

伊藤和憲・西原利昭（2017）「エーザイの統合報告書による情報開示と情報利用」『会計学研究』Vol.43, pp.1-26。

久禮由敬・野村嘉浩・中村良佑（2019）「企業価値を高める統合報告書のつくり方」『旬刊経理情報』No.1544, pp.7-22。

古賀智敏（2015）「統合報告研究の課題・方法の評価と今後の研究アジェンダ」『會計』Vol.188, No.5, pp.515-529。

櫻井通晴（2011）『コーポレート・レピュテーションの測定と管理：「企業の評判管理」の理論とケース・スタディ』同文舘出版。

牟禮恵美子（2015）「統合報告における付加価値会計情報の役割」『ディスクロージャーニュース』Vol.28, pp.152-156。

第2章

ステークホルダーへの
情報開示と
経営者の情報利用

▶ はじめに

　統合報告書の情報開示では，企業によっては統合報告書という名称を用い
ずに，これまで通りアニュアルレポートとして統合報告書を開示する企業が
ある。またサステナビリティレポートとして統合報告書を開示する企業もあ
る。統合報告書の作成も任意であるし，報告書の名称も企業の自由である。
一方，企業報告書の情報開示の目的が財務情報中心だったり，財務情報と非
財務情報の開示はしていても環境負荷や社会貢献に関連する情報の解説が中
心だったりする。このような企業報告書だけでは，株主や投資家，あるいは
その他のステークホルダーの期待に応える情報開示となっていない可能性が
ある。

　アニュアルレポートのような財務報告書は，財務情報の開示が目的である
のに対して，サステナビリティレポートは主として非財務情報の開示に関心
がある。また，統合報告書は財務情報と非財務情報を結合して開示するもの
である。このように，開示する情報は，3つの企業報告書の間で大きな違い
がある。ここに，3つの企業報告書の本質的な違いは何かを検討する必要が
ある。こうした検討により，企業報告書にパラダイムシフトが起こったこと
を明らかにする。

　本章の目的は，統合報告書の本質的な議論として，報告対象と報告の役立
ちを明らかにすることである。もう少し具体的にいえば，報告対象が投資家
であり，報告の役立ちが投資家への情報開示にあるのか，それとも報告対象
がステークホルダーであり，報告の役立ちがエンゲージメント（対話）にあ
るのかを明らかにすることである。また，ステークホルダー・エンゲージメ
ントの狙いはステークホルダーへの情報開示にあるのかそれとも経営者の戦
略の策定と実行のための情報利用までも含むのかを明らかにする。

　第1節では，統合報告書の課題を明らかにする。第2節では，IIRCフレ
ームワークにおける統合報告書の狙いを検討する。第3節では，財務報告書
と統合報告書の類似性を議論したFasanとBarker and Kasimの見解，統合

報告書の経営者にとっての意義を指摘したStubbs and Higginsの見解を明らかにする。第4節は，報告対象と報告書作成の役立ちを検討して統合報告書のあるべき姿を提案する。最後に本章の発見事項をまとめる。

1 統合報告書の課題

　企業の外部報告書（以下，企業報告書という）は，アニュアルレポートに代表されるように，財務報告書が中心であった。この財務報告書は財政状態と経営成績を客観的に報告しながらガバナンス情報を開示しているが，今日問題視されている社会や環境については対応していないという課題がある。そこで多くの企業は，財務報告書とは別に任意に環境報告書，CSR（corporate social responsibility: 企業の社会的責任）レポートあるいはサステナビリティレポート（以下，これらすべてをサステナビリティレポートという）を作成し公表してきた。財務報告書とサステナビリティレポートを開示しているが，両者の情報に一貫性がないために，投資家の意思決定に有用ではないとか，ステークホルダーにとって必要な情報が開示されていないといった課題がある。

　これを解消するために，IIRC（International Integrated Reporting Council: 国際統合報告評議会）から財務報告書とサステナビリティレポートを統合する統合報告フレームワーク（IIRC, 2013）が公表された（以下，このフレームワークをIIRCフレームワークという）。統合報告書を開示する企業では，報告書の名称はアニュアルレポートもしくはサステナビリティレポートのまま財務情報だけでなく，非財務情報も併せて開示しているところがある。また，IIRCフレームワークが提案する価値創造モデルにできるだけ準拠して，統合報告書を開示しようと努力する企業もかなりの数に上る。そのような中で，統合報告書の報告対象と情報開示の役立ちについては必ずしも意見の一致を見ていない。

　統合報告書の本質として，統合報告書の報告対象が投資家であるとして財

務報告書と同類と捉える見解（Fasan, 2013; Barker and Kasim, 2016）がある。他方，統合報告書による情報開示の役立ちがステークホルダー・エンゲージメントにあるとして，財務報告書と統合報告書は異なる目的を持っており，統合報告書はサステナビリティレポートの発展であると捉える見解（Stubbs and Higgins, 2014）がある。これらの矛盾した見解が存在することから，報告対象と情報開示の役立ちには，検討の余地があることがわかる。

　報告対象と情報開示の役立ちについての見解の不一致を別の視点から取り上げる。統合報告書を作成するメリットとデメリットに関する多様な見解を整理して，それぞれが想定する報告対象と情報開示の役立ちを検討してみよう。まず，統合報告書作成のメリットとしては，少なくとも以下の4つが考えられる。

　①投資家に対して将来情報を提供できる（Adams and Simnett, 2011; Watson, 2011）

　②経営者はレピュテーション・リスクを抑制した意思決定が行える（Hampton, 2012）

　③経営者は業務活動とその報告システムやプロセスが改善できる（Roberts, 1992）

　④経営者による資源配分が改善する（Frias-Aceituno et al., 2014）

　　また，統合報告書を作成するデメリットは，以下の課題が挙げられる。

　ⅰ統合報告書は，投資家以外のステークホルダーに不利益をもたらす（Cheng et al., 2014）

　ⅱ統合報告書の作成には時間とコストがかかる

　以上のメリットとデメリットについて，統合報告書の報告対象と情報開示の役立ちという点から考察する。まず，統合報告書の報告対象に関する指摘として，①が投資家であるのに対してⅰはステークホルダーも取り上げている。また，情報開示の役立ちについては，①が投資家への役立ちであるのに対して，②から④とⅱは経営者の経営管理への役立ちである。要するに，統合報告書の報告対象は投資家なのかステークホルダーなのかが明確ではないという課題である。この課題は，統合報告書による情報開示の役立ちとも密

接に絡んでいて，投資家への情報開示か，それともステークホルダーとのエンゲージメントなのかという課題でもある。さらに問題を複雑にしているのは，統合報告書の作成はステークホルダー・エンゲージメントにその狙いがあるのか，それとも経営者の経営管理や戦略の策定と実行にも役立つと考えるべきかという課題もある。

2 IIRCにおける統合報告書の狙い

　IIRCフレームワークによれば，統合報告書の報告対象は，「主として財務資本の提供者（IIRC, 2013; 2021, 1.7)」としながらも，「従業員，顧客，サプライヤー，事業パートナー，地域社会，立法者，規制当局，それに政策立案者（IIRC, 2013; 2021, 1.8)」といったステークホルダーにも有益であるとしている。また，情報開示の役立ちについては，「統合報告書は企業の戦略，ガバナンス，実績および見通しが外部環境の下でどのように短期・中期・長期の価値創造・維持・毀損を導くかについての簡潔なコミュニケーションである（IIRC, 2021, 1.1)」と明らかにしている。これらのことから，IIRCフレームワークでは，統合報告書は投資家への情報提供が主体であるが，投資家だけを限定的に扱っているわけではないことがわかる。価値創造について経営者とステークホルダーとがエンゲージメントを取って価値共創することも想定していることが理解できる。

　IIRCフレームワークは，これまでの投資家を中心とした財務報告書にはいくつかの限界があると指摘している。たとえば，財務報告書は過去の財務情報が中心であるとか，財務報告書とサステナビリティレポートとの関連性がないといった批判である。そこでIIRCフレームワーク（2013; 2021, p.2)は，統合報告の狙いとして4つの役立ちを明記している。財務資本提供者への情報の質の改善，複数の報告書をまとめる効率的アプローチ，資本間の理解，統合思考である。

　第1の財務資本提供者への情報の質を改善するとは，財務情報だけでなく

非財務情報を関連づけることで投資家の意思決定に資する情報を入手できるようにすることである。財務報告書は，規制により投資家への情報が過去の財務情報を開示することに限定されていた。しかし，財務報告書による財務情報だけでなく，将来の財務業績に影響を及ぼす非財務情報として，たとえば環境・社会・ガバナンス（environment, social, governance: ESG）情報を開示することが求められている。また，価値創造と価値毀損の抑制への資源配分によって，将来見通しにどのような影響を及ぼすのかについての情報開示も求められている。要するに，経営者とステークホルダーの意思決定に資する情報を提供する必要がある。

　第2の複数の報告書をまとめる効率的アプローチとは，これまで財務報告書やサステナビリティレポートが一貫性を持たずに報告されてきたことと関係がある。統合報告書では，これらを関連づけて価値創造プロセスを開示させる必要がある。そのために統合報告書は，指導原則の簡潔性（conciseness）および一貫性と比較可能性（consistency and comparability）を求めている。財務報告書とサステナビリティレポートを関連づけて統合報告書として情報開示できるので，統合報告書が厚くならないように，「統合報告書は簡潔なものでなければならない（IIRC, 2013; 2021, 3.36）」。また，簡潔な報告書であれば，統合報告書を利用するステークホルダーや企業にとっても効率的である。同時に，「統合報告書の情報は，報告された情報の質が変化しない限り複数の期間にわたって首尾一貫しなければならない。このことは，報告期間を超えて重要であり続けるなら，同一の重要業績評価指標（key performance indicators: KPI）で報告しなければならない（IIRC, 2013; 2021, 3.55）」。そのため，統合報告書は投資家が企業間比較できるように，比較可能性を高める必要がある。

　統合報告書はステークホルダーにとっても有用である。たとえば，特定の企業の戦略を実行することによって影響を受ける株主や金融機関，顧客，地域社会，従業員などがいる。そうしたステークホルダーは自らの意思決定のために，その企業の戦略情報を知りたいと思うし，必要であればその企業とエンゲージメントを取りたいと望むであろう。また，価値創造や価値毀損の

抑制をするのに企業がどのような資源配分をするのかをステークホルダーは知りたいと望むであろう。戦略と資源配分に関わるリスクや将来見通しについての情報を関連づけて情報開示できれば，ステークホルダーにとっても有用で，情報を効率的に活用できる可能性が出てくる。したがって，簡潔性は保持しつつステークホルダーまで利用できるような統合報告書を作成するには，一貫性と比較可能性は限定的とならざるを得ない。

　第3の資本間の理解とは，企業の経営活動の結果を6つの資本（財務，製造，知的，人的，社会・関係および自然資本）として開示することで，資本間の相互関係を明らかにすることである。財務報告書であれば，期首の資本が期末の資本となったことを開示することで株主や投資家への受託責任を果たすことができるし，そのことで会計責任を解除できる。しかし統合報告書はそれだけでは終わらない。価値創造の構成員であるステークホルダーと経営者がともに価値共創するためにステークホルダー・エンゲージメントを取って，説明責任（accountability）を遂行して，経営責任（stewardship）を果たさなければならない。つまり，資本間の相互関係を明らかにすることで，株主や投資家に限定した会計責任と受託責任という概念を拡大して，経営者はステークホルダーとともに価値共創によって経営責任を果たし，その説明責任を遂行する必要がある。

　第4の統合思考とは，企業の短期・中期・長期の価値創造に焦点を当てて情報開示をすることである。財務報告書は主に過去の財務情報を開示するだけであった。他方，統合報告書は，財務情報の財務報告書と非財務情報のサステナビリティレポートを短期・中期・長期にわたる価値創造プロセスの中で関連づけて開示することを求めている。この統合思考については，管理会計研究の知見が大いに有用と考えられるので，第3章で詳細に検討する。

　要するに，IIRCフレームワークでは，財務報告書には課題があり，非財務情報を取り入れるだけでなく，財務情報と非財務情報を密接に結合すべきであるという。ここにIIRCフレームワークは統合報告書の作成を提案して，投資家への情報提供だけでなく，情報開示してステークホルダー・エンゲージメントを取ることも統合報告書の役立ちであるとしたことが理解できる。

3 企業報告書の比較研究

統合報告書と財務報告書は投資家への情報開示である，という点で本質的に同じ見解を持っている研究にFasan（2013）とBarker and Kasim（2016）がある。また，統合報告書は財務報告とは異なって，サステナビリティレポートの発展したものであるという見解にStubbs and Higgins（2014）がある。これらの主張を明らかにして検討を加える。

3.1 Fasanによる企業報告書の比較研究

統合報告書の本質は何かを明らかにするために，Fasan（2013）は財務報告書，サステナビリティレポート，それに統合報告書を比較検討した。比較する項目は，報告対象，強制／任意，規制／ガイドライン，比較可能性，業種別カスタム化，保証レベル，視点の7つである。これらをまとめたのが図

図表2-1　Fasanによる3つの企業報告書の比較

報告書／項目	財務報告書	サステナビリティレポート	統合報告書
報告対象	特定のステークホルダー（株主と投資家）	多様なステークホルダー（社会・環境の視点）	主として財務資本の提供者
強制/任意	強制	任意（例外はデンマークとスウェーデン，フランス）	任意（例外は南アフリカ）
規制/ガイドライン	国内・国際法およびGAAP（あるいはIAS/IFRS）	グローバル・レポーティング・イニシアティブ（GRI）	IIRCフレームワーク
比較可能性	高い	中	低い
業種別カスタム化	低い	中（業種補足資料）	低い
保証レベル	高い	低い	低い
視点	財務報告実体（企業と企業グループ）	財務報告実体よりは広い（サプライチェーン，LCAアプローチ）	財務報告実体よりは広い（サプライチェーン，LCAアプローチ）

出典：Fasan（2013, p.50）.

表2-1である。

　財務報告書は，株主や投資家への情報開示であり，他社と比較できるように会計基準で規制されており，保証レベルは高い。ところが，財務報告書には経済状況が変化したとしてもそれが反映できず，信頼性と明瞭性を欠いている（Cox, 2007）という批判がある。たとえば，2010年にメキシコ湾原油流出事故を起こしたBPは，事故発生までその危険を知らせる情報を財務報告書に掲載していなかった。この事例から，企業の複雑性が高まっている状況下では財務報告書の信頼性が低下していることが理解できる。また，財務報告書では，経営品質，顧客満足度，環境と社会業績といった非財務情報をほとんど提供してこなかった。

　非財務情報は将来の財務業績に影響を及ぼす可能性が高いために，企業の財務業績に関心のある投資家にとっても有用である。また，財務報告書だけでは企業の将来業績を予想することができないという限界もある。財務報告書は過去の財務業績を報告するものであり，将来の業績見通しについての情報開示はしないことが一般的である[1]。一方，Fasan (2013, p.42) は，財務報告書が投資家だけでなく，経営者による資源配分の意思決定にも用いられるという興味深い指摘をしている。確かにFasanが指摘するように，経営者が将来の業績見通しを正しく行うためには資源配分の意思決定と関連づけなければならない。資源配分の意思決定には，現在の財務業績である財務報告書をベースとして，いろいろなシミュレーションが用いられよう。

　サステナビリティレポートは，環境，コミュニティ，従業員と顧客に関わる課題に対して，企業の活動，熱意，公的イメージとなる情報を提供する。サステナビリティレポートにはエネルギー使用量，雇用の機会均等，フェアトレード[2]，コーポレート・ガバナンスといったたくさんの詳細な問題が含まれている。ステークホルダーという概念によって，長期の社会的な価値創造についての企業の能力に影響を及ぼす問題点にも関心が持たれている。こ

---

[1]　我が国企業では決算短信で業績予想を開示することが義務化されているため，財務報告書だからといって決して将来見通しを開示しないわけではない。

[2]　フェアトレードとは，適正価格で取引することによって弱者の生活と自立を守る運動のことである。

うしたサステナビリティレポートの枠組みを設定するためにGRI（Global Reporting Initiative）が1997年に創設された。

　現在のGRIでは，サステナビリティ・レポーティング・スタンダードとして，共通スタンダード（GSSB, 2016）と経済・環境・社会の項目別スタンダード（GSSB, 2018）が発表されている。このサステナビリティ・レポーティング・スタンダードに基づいて報告書を作成する場合，コアか包括かの選択ができる。コアとは，共通スタンダードのすべてと項目別スタンダードの1つ以上の項目からなる最小限の情報開示のことである。共通スタンダードとは，一般開示事項である企業プロフィール，戦略，倫理と誠実性，ガバナンス，ステークホルダー・エンゲージメント，報告実務の一部とマネジメント手法に記載されている報告事項のことである。一方，包括とは共通スタンダードと項目別スタンダードのすべての情報を開示することである。どちらを選択して情報開示するかは企業の任意である。

3.2　Barker and Kasimによる企業報告書の比較研究

　Owen（2013, p.342）によれば，統合報告書の起源は1970年代に遡るという。イギリス会計基準運営委員会（UK Accounting Standards Steering Committee）による1975年の『企業報告書（The Corporate Report)』（ASSC, 1975）[3]は，株主もしくは財務上の受託責任（stewardship）という視点ではなく，利用者の視点を強調していた。この利用者の視点とは，金融機関，従業員，顧客，仕入先，地域住民，一般大衆などの利害関係者のことである。利用者視点の報告書には，環境報告書，CSR報告書，サステナビリティレポートといったものが挙げられる。その中でも，GRIは，この種の報告書として最も普及した基準である（Barker and Kasim, 2016, p.84）。

　Barker and Kasim（2016）は，EBSCOhost Business Source Complete，Elsevier SD Freedom Collection，それにProQuest ABI/INFORM Globalのデータベースを用いて，「統合報告」，「IRフレームワーク」，「IIRC」をキー

---

3)　この報告書は以下からダウンロードできる。https://www.icaew.com/-/media/corporate/files/library/subjects/corporate-governance/corporate-report.ashx?la=en(2019/11/11)。

ワードとして検索した。その結果35本の論文が見つかり，これらをサーベイ
した結果，財務報告書，統合報告書それにサステナビリティレポートには，
いくつかの違いがあることを明らかにした。Barker and Kasim（2016）は，
35本の論文を参考にして，①企業価値（value），②マテリアリティ
（materiality: 重要性），③ステークホルダー・エンゲージメント，④報告目
的，⑤社会資本と自然資本への影響を含む10項目について比較した（図表
2-2参照）。

　企業価値は，財務報告書が財務資本の関数であるのに対して，統合報告書
が６つの資本の関数，サステナビリティレポートが自然資本のみマイナスの
関数として開示する。サステナビリティレポートの開示に関しては，CO_2の
排出量を問題視しているためにマイナスという表現を用いたと考えられる。
なお，財務報告書が財務資本に限定されるという点で，財務報告書と統合報
告書は企業価値が大きく食い違っているが，統合報告書とサステナビリティ
レポートの企業価値は近似していることがわかる。

　マテリアリティ（materiality: 重要性）とは開示するのに重要な事実であ

図表2-2　Barker and Kasimによる３つの企業報告書の比較

項目 ＼ 報告書	財務報告書	サステナビリティレポート	統合報告書
企業価値	財務資本の関数	自然資本はマイナスの関数	６つの資本の関数
マテリアリティ	なし	自然に関わるマテリアリティ	財務上のマテリアリティ
サステナビリティの範囲	持続可能な利益（earnings）	理想的な持続可能性	統合的持続可能性
企業戦略	財務戦略	社会的責任企業	持続可能戦略
ステークホルダー・エンゲージメント	なし	対話型会計（Dialogic Accounting）	統合的意思決定
専門家の価値	戦略的会計担当者	社会・環境会計の専門性	戦略的会計担当者
報告目的	投資家の情報ニーズ	ステークホルダーの維持	長期的投資家の魅了
財務資本への影響	財務および資本市場の業績	「全部原価」会計（３つの償却法：triple depreciation line）	財務および資本市場の業績
社会資本と自然資本への影響	なし	社会的および環境負荷	ESG（環境・社会・ガバナンス）業績
規制への影響	制度決定	社会的・政治的分析	制度決定

出典：Barker and Kasim（2016, pp.97-101）に基づいて著者作成。

る。財務報告書は金額的な重要性があれば一項目として情報開示する価値が
あるが，事象や社会的課題についてのマテリアリティは特に取り扱ってはい
ない。一方，サステナビリティレポートは価値毀損の抑制が価値創造に影響
を及ぼす重要な要因を意図している。たとえば，サステナビリティレポート
では環境汚染，自然災害あるいは人権保護といった点での重要性を意図して
いる。他方，IIRCフレームワークでは，「統合報告書は，企業の短期・中期・
長期の価値創造能力に実質的な影響を及ぼす課題に関する情報を開示しなけ
ればならない（IIRC, 2013; 2021, 3.17）」と指摘する。また，マテリアリティ
の決定プロセスでは，事象が価値創造に影響を及ぼす可能性で優先順位づけ
するという。したがって，統合報告書では，事業戦略を実現するための事象
が将来の企業価値にどのような影響を及ぼすかというマテリアリティを意図
している。要するに，マテリアリティといっても，持続可能な社会にとって
のマテリアリティと事業戦略にとってのマテリアリティとは異なることが理
解できる。

　ステークホルダー・エンゲージメントについては，財務報告書ではまった
く関知していない。一方，サステナビリティレポートは対話型会計（dialogic
accounting）を目指すのに対して，統合報告書は統合的意思決定（integrated
decision making）を目指すという違いがある。この指摘は，Brown and
Dillard（2014）の文献を用いた見解だという。つまり，サステナビリティ
レポートを対話型会計としたのは，ステークホルダー・エンゲージメントに
よる対話を重視しているためである。他方，統合報告書を統合的意思決定と
しているのは，機関投資家の意思決定に有用な情報が統合されているためで
ある。

　報告目的，言い換えれば情報開示の役立ちについては，財務報告書は投資
家の情報ニーズへの対応を想定している。また，サステナビリティレポート
は持続可能な社会のためにステークホルダーの維持に関心がある。これらに
対して，統合報告書は機関投資家のような長期の投資家を魅了することに関
心がある。このように，財務報告書と統合報告書の報告目的がいずれも投資
家への情報開示ないし魅了であるというのが，Barker and Kasim（2016）

の主張である。また，サステナビリティレポートはステークホルダーの維持という経営者にとっての情報開示の役立ちのみを求めている。統合報告書は，財務情報と非財務情報を統合した情報によって長期投資家の意思決定のための情報開示という役割がある。Barker and Kasim（2016）によれば，統合報告書はステークホルダーを対象にしておらず，財務報告書と同様に投資家のみに限定した解釈をしている。

　社会資本と自然資本への影響について3つの企業報告書を比較する。財務報告書では社会資本と自然資本への影響についての報告は関知していない。これに対して，サステナビリティレポートは社会的および環境負荷といった社会資本と自然資本への影響を報告する必要がある。統合報告書でもESG業績を反映して，環境・社会・ガバナンス業績を開示する必要がある。以上のことからBarker and Kasim（2016）の主張がはっきりした。すなわち，サステナビリティレポートと統合報告書は，報告内容についてはかなり近似していることが理解できる。ところが，サステナビリティレポートと統合報告書では，報告対象と情報開示の役立ちが異なっていることが理解できる。つまり，サステナビリティレポートはステークホルダーに対するエンゲージメントであるのに対して，統合報告書は長期投資家の投資意思決定であるという違いがあった。

3.3　Stubbs and Higginsによる企業報告書の比較研究

　Stubbs and Higgins（2014）の統合報告書とサステナビリティレポートの違いは，Fasan（2013）やBarker and Kasim（2016）とはずいぶん違っている。彼らは，「統合報告書はサステナビリティレポートの次のフェーズである（Stabbs and Higgins, 2014, p.1086）」という。このことから，財務報告書からサステナビリティレポートのフェーズを過ぎて統合報告書へと進み，統合報告書が最終形態であると考えられる。また，サステナビリティレポートは途中の産物ということも理解できる。サステナビリティレポートの持続可能な社会を対象とした情報開示の役立ちとは異なって，統合報告書は事業戦略と社会的課題の解決の両方に結びついているため，「次のフェーズ」と

指摘したものと考えられる。

　Stubbs and Higgins（2014）は，統合報告書には財務報告書とは異なる役立ちがあると考えた。Stubbs and Higgins（2014）は，財務報告書についての指摘はないが，投資家への情報開示という役立ちを考えていると思われる。一方，統合報告書を作成する企業は組織変革が起こるというように経営目的の実現に役立つと仮定していた。この仮説を検証するためにインタビュー調査が行われた。調査対象はオーストラリアの大企業で，統合報告書のいろいろな導入段階にある15社23人へのインタビュー調査である。14名がサステナビリティ部長，1名が財務部長である。また，金融会社10人，工業6人，不動産4人，輸送機器3人という人員構成である。以下で，彼らのインタビュー結果を明らかにする。

　Stubbs and Higgins（2014）は，仮説検証のためのインタビューにより，①プッシュ／プルアプローチ，②クロスファンクショナルチーム，③サステナビリティ委員会，④統合報告書作成責任部署，⑤マテリアリティ，⑥統合された測定システムと尺度という6つの項目で新たな知見を得た。仮説検証の結果を報告する前に，それぞれで得た知見を明らかにする。Stubbs and Higgins（2014）が取り上げた6つの項目に従って，3つの企業報告書から得られた知見を整理すると図表2-3となる。以下では，図表2-3に基づいて，企業報告書の比較した結果から得た知見を検討する。

　①プッシュとプル　これらは，Schaltegger（2012）によるアウトサイドイン・アプローチとインサイドアウト・アプローチの分類と同じである。プル（アウトサイドイン・アプローチ）とは，外的な報告基準があり，それに基づいて情報開示することを意味する。一方，プッシュ（インサイドアウト・アプローチ）とは，経営者が経営管理に関わる情報を開示することをいう。つまり，会計基準が明確な財務報告書はプルであり，統合報告書はステークホルダーへの価値創造プロセスを開示するものであるためプッシュである。この意味で，サステナビリティレポートはGRIのG3.1まではプルだが，G4以降は任意選択となったためプルとプッシュの両方の性格を持つ。Stubbs and Higgins（2014）は，サステナビリティレポートをG3.1までを前提とし

図表2-3　Stubbs and Higgins に基づいた３つの企業報告書の比較

報告書 項目	財務報告書	サステナビリティ レポート	統合報告書
プッシュ／プル	プル・アプローチ	プル・アプローチ	プッシュ・アプローチ
クロスファンクショナルチーム	財務部門など単独	サステナビリティ室など単独	クロスファンクショナルチーム
サステナビリティ委員会	不要	サステナビリティ室を中心としたサステナビリティ委員会	IR室，戦略企画室，広報部などのメンバーによる統合報告委員会
作成責任部署	財務部門	サステナビリティ室	統合報告室
マテリアリティ	関知しない	自然環境や社会にとってのマテリアリティ	戦略的課題にとってのマテリアリティ
統合された測定システムと尺度	会計基準や規制に準拠した財務情報	ESGの非財務情報	価値創造プロセスに関わる財務と非財務の情報

出典：Stubbs and Higgins（2014）に基づいて著者作成。

ているために，図表2-3に示すようにプルと指摘している。統合報告書は，価値創造プロセスを情報開示することにより，ステークホルダーは戦略的課題について理解を深めることができるため，プッシュとしている。

　②クロスファンクショナルチーム　報告書作成のためのクロスファンクショナルチームは，財務報告書では特にその必要はない。ところが，統合報告書を作成するには組織横断的に関わる必要があり，クロスファンクショナルチームで行うことは必須である。サステナビリティレポートはその担当部門（たとえば環境室やCSR室といったサステナビリティ部門）が作成する。

　③サステナビリティ委員会　同様にサステナビリティ委員会は，サステナビリティレポートの作成では必要だが，財務報告書でも統合報告書でも不要である。統合報告書の場合は，サステナビリティではなく，事業戦略による価値創造に関わる組織横断的な統合委員会が求められよう。

　④統合報告書作成責任部署　財務報告書の作成責任部署は財務部，経理部，IR室である。サステナビリティレポートはサステナビリティ室やCSR室，あるいは広報といった担当部門が情報を作成して開示する。これらがサステナビリティ委員会のメンバーとして報告書作成の作業を進める。これに対して，統合報告書はIRもしくはCSR室が担当することが多いが，それ以外に

も事業部や戦略企画室などが組織横断的となり，統合報告室のような専担部門を設置する必要がある。

⑤マテリアリティ　マテリアリティについては，財務報告書では問題視されない。サステナビリティレポートと統合報告書ではマテリアリティという概念がキーワードの1つである。サステナビリティレポートは社会的課題が持続可能な社会に影響を及ぼすという意味でのマテリアリティであるのに対して，統合報告書は事業戦略による価値創造のために採択される事象と価値毀損の抑制によって価値創造に影響を及ぼすという意味でのマテリアリティである。既述したように，価値創造の概念がサステナビリティレポートと統合報告書では異なっている。サステナビリティレポートでは持続可能な社会の構成員として当然行うべきことを行わないことで価値毀損が発生することがある。価値毀損を抑制することで間接的に価値創造に貢献することもある。これに対して，統合報告書は事業戦略による価値創造を狙うが，事業戦略の実行では情報漏洩やリスクといった価値毀損を招くこともある。

⑥統合された測定システムと尺度　財務報告書は会計基準に準拠した財務情報の開示である。サステナビリティレポートは，ESGの非財務情報の開示であるが，財務情報と非財務情報を統合しているわけではない。これらに対して統合報告書は，価値創造に関わる財務情報と非財務情報の統合が図られた報告書である。

Stubbs and Higgins（2014）は，統合報告書を導入している15社へのインタビューの結果，どの企業も組織変革までは至っていなかったと報告した。その理由は，「統合報告書の初期導入段階にあるので，組織変革には時間が必要である（Stubbs and Higgins, 2014, p.1086）」と結論づけた。Stubbs and Higgins（2014）にとって統合報告書の初期段階とはサステナビリティレポートを作成する段階のことであり，統合報告書の作成には至っていないという意味である。統合報告書を作成するようになれば将来は組織変革する可能性があると仮定した。そのため，統合報告書の情報開示は始まったばかりで，組織変革と呼べるような価値観変革には至っていなかったと結論づけた。また，インタビュー調査した結果，財務報告書は財務部門単独のサイロ

として企業報告書を作成していた。これがサステナビリティレポートの作成では，複数の部門で構成されたサステナビリティ委員会のメンバーによってクロスファンクショナルに作業が行われていたことがわかったと指摘した。

　統合報告書の本質

統合報告書の本質を把握するには，統合報告書の報告対象とそこで開示される情報の役立ちについて，再度検討を加える必要がある。IIRCの見解，FasanとBarker and Kasimの見解，Stubbs and Higginsの見解を振り返りながら，私見を明らかにする。

4.1　報告対象

Fasan（2013），Barker and Kasim（2016），Stubbs and Higgins（2014）の企業報告書の比較研究に基づいて，統合報告書の報告対象を明らかにする。Fasan（2013）はIIRCフレームワークと同様に，統合報告書の報告対象を投資家であると主張した（Fasan, 2013, p.48）。Barker and Kasim（2016）は，彼らが引用したイギリス会計基準運営委員会の『企業報告書』で，財務報告書はもともと投資家に限定せず，利害関係者への報告であったという。つまり，財務報告書は利害関係者を対象にしていたと主張した。また，Stubbs and Higgins（2014）は，財務報告書についての指摘はないが，報告対象は投資家と考えられる。サステナビリティレポートは統合報告書に至る途中のフェーズであり，統合報告書の報告対象と同様にステークホルダーであると指摘した。

IIRCフレームワーク（2013）は，統合報告書の報告対象を主として財務資本提供者としているが，同じ情報がステークホルダーへの情報開示としても有益であるとも指摘している。なぜこのようなあいまいな立場を取ったかについては第1章で明らかにした。つまり，IIRCディスカッションペーパー（2011）では明確にステークホルダーと指摘していたが，IIRCの財政支

援団体の影響によって主として財務資本提供者というように限定されてしまった。報告対象を財務資本提供者とすることで監査法人の仕事を増やそうという野心があったためである。このように当初の理想から乖離したIIRCフレームワークが提案されたために，理論的にも実務的にも混乱する状況が生まれてしまった。

　報告対象を投資家に限定するとしたFasan（2013）とBarker and Kasim（2016）は，IIRCフレームワークの主張を正しく解釈した。しかしIIRCディスカッションペーパーの提案は，Stubbs and Higgins（2014）が指摘するようにステークホルダーを報告対象としたものであった。要するに，IIRCの見解がディスカッションペーパーとフレームワークで異なってしまい，本来ステークホルダーであるはずの統合報告書の報告対象が財務資本提供者に限定されてしまった。こうしてIIRCの見解に一貫性がなくなってしまった。

　報告対象に関わる課題が2つある。第1は，利害関係者とステークホルダーの違いである。第2は，統合報告書は財務報告書と類似するのか，サステナビリティレポートの発展と捉えるのかである。

　第1の課題は，Barker and KasimとStubbs and Higginsの報告対象が異なっていることから生まれた課題である。Barker and Kasim（2016）は，『企業報告書』における利用者志向としての利害関係者への情報開示を明らかにした。これに対して，Stubbs and Higgins（2014）は，サステナビリティレポートと統合報告書の報告対象をステークホルダーとしている。利害関係者とステークホルダーの違いはどこにあるのだろうか。詳細は第5章で検討するが，ステークホルダーの概念は利害関係者とは異なる。利害関係者が利益分配に関する利害調整を求める人々であるのに対して，ステークホルダーは価値創造に関心がある人々である。Dill（1975）は，「外部構成員（ステークホルダー，著者追加）は，製品価格と品質のような短期的な関心事から長期にわたる戦略的意味合いを持つ環境保全，海外投資政策，雇用問題についての行動へとその関心事がずいぶん変化している（Dill, 1975, p.58）」ことを指摘している。つまり，ステークホルダーのこうした関心事を理解して，経営者は戦略の策定と実行や価値毀損の抑制に対処して価値共創する役割がある

と考えられる。

　第2の課題は，統合報告書の原点が財務報告書にあるのかそれともサステナビリティレポートにあるのかである。Fasan（2013）は，財務報告書と統合報告書は投資家への情報開示であり，財務報告書を発展させたものが統合報告書であると指摘した。これに対して，Barker and Kasim（2016）は，財務報告書はもともと利害関係者を対象にしていたとして，統合報告書の起源が財務報告書であると指摘した。そのため，サステナビリティレポートから本来の利害関係者のための報告書に戻ったと指摘している。これに対してStubbs and Higgins（2014）は，サステナビリティレポートの発展したものが統合報告書であると指摘している。これらの関係を図示すれば図表2-4となる。

　Fasan（2013）とBarker and Kasim（2016）の主張は，報告対象に対する企業報告書の類似性を求めたものであり，統合報告書の理解もIIRCフレームワークそのものであった。つまり，企業報告書の報告対象という点を捉えると，Fasan（2013）とBarker and Kasim（2016）の見解は同一であり，

図表2-4　企業報告書の報告対象におけるパラダイムシフト

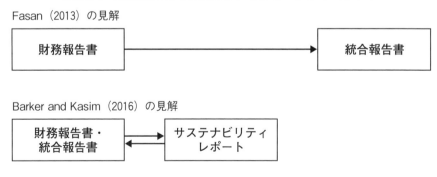

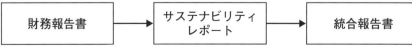

出典：著者作成。

IIRC フレームワークの主張とも整合している。ただし，Fasan（2013）とは違って，Barker and Kasim（2016）は，財務報告書と統合報告書は利害関係者を報告対象にしている。図表2-4のように，Fasan（2013）のパラダイムシフトは比較的わかりやすく，財務報告書が統合報告書にシフトしたとするものである。次に，サステナビリティレポートと統合報告書のパラダイムシフトをBarker and Kasim（2016）とStubbs and Higgins（2014）に基づいて検討する。

　Barker and Kasim（2016）がなぜサステナビリティレポートから財務報告書へパラダイムシフトが起こったと指摘しているのだろうか。イギリス会計基準運営委員会の『企業報告書』によれば，利害関係者ごとに情報ニーズが異なっている（ASSC, 1975, pp.19-27）。投資家と金融機関は投資や返済のための情報を必要とする。従業員は，雇用の保障を判断する情報を求めている。アナリストは投資家と同様の情報を必要とする。取引業者は支払能力だけでなく，長期存続性の情報も必要である。顧客は商品やサービスの提供に関わる情報を必要とする。政府は税の徴収への影響を見積る情報が必要である。地域住民は，企業が社会のために果たす情報を必要とする。要するに，企業と利害関係者との利害対立を解消するための情報を開示することが財務報告書の狙いであることがわかる。財務報告書が投資家以外の情報利用者を考えていたという点から，財務報告書と統合報告書は同根であると解釈できる。この『企業報告書』の主張があるために，Barker and Kasim（2016）は，サステナビリティレポートからもともとあった財務報告書・統合報告書へと戻ったと解釈した。

　Stubbs and Higgins（2014）は，統合報告書の報告対象がステークホルダーであるとした。この点はIIRCディスカッションペーパーの主張と同じである。ただし，その開示情報が，単にステークホルダーのためだけでなく，統合報告書の作成によって経営者が組織変革することも想定しており，情報開示以外にも経営者に視点が移行したことが理解できよう。統合報告書の作成が外部報告だけでなく経営者の情報利用としても有用としている点に大きな特長がある。その途中経過としてサステナビリティレポートがあるという

意味で，Stubbs and Higgins（2014）はサステナビリティレポートから統合報告書へとシフトすると指摘している。

　Barker and Kasim（2016）とStubbs and Higgins（2014）のパラダイムシフトの違いは，財務報告書と統合報告書が同根であるか否か，報告対象が利害関係者かステークホルダーか，報告書作成の役立ちとして経営者の組織変革まで含めているかどうかの3点にある。Barker and Kasim（2016）によれば，サステナビリティレポートはステークホルダーへの情報開示であるのに対して統合報告書は長期投資家への情報開示である。統合報告書の作成によって経営への役立ちまでは想定していない。一方，Stubbs and Higgins（2014）はサステナビリティレポートも統合報告書もステークホルダーへの情報開示であり，統合報告書の作成は経営者にとっても有用であるとしている。この比較により，財務報告書が利害調整に役立つのに対して，統合報告書はステークホルダーにとって有用なだけでなく，経営者にとっても有用であることがわかる。

　ところで，報告対象はIIRCディスカッションペーパーのステークホルダーからIIRCフレームワークの主として財務資本提供者に移行したことは既述した通りである。このことを前提として，財務報告書，サステナビリティレポート，統合報告書の関係を図示すると図表2-5になる。

　図表2-5より，IIRCフレームワークでは，投資家を対象にした財務報告書が同じく投資家を対象にした統合報告書へとパラダイムシフトしたことがわかる。このとき，統合報告書の役立ちには事業戦略による価値創造と価値毀損の抑制を情報開示するので，価値創造という概念をサステナビリティレポ

図表2-5　IIRCフレームワークのパラダイムシフト

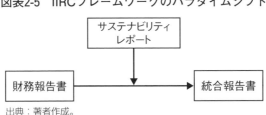

出典：著者作成。

ートによって大きく拡大したということになる。

　以上より，IIRC フレームワークの主張に従えば，財務報告書から統合報告書へとパラダイムシフトが起こったと考えられる。財務報告書は法律上，外部に情報開示しなければならない。ところが，主として過去情報の開示である財務報告書だけでは，投資家の意思決定ニーズに対応できなくなった。一方，財務報告書とは必ずしも直結せず，環境問題や社会的責任といった社会的課題の解決に貢献する企業の対応に対してステークホルダーが関心を寄せており，これをサステナビリティレポートとして任意に報告してきた。サステナビリティレポートは，財務報告書では開示できないCSR情報の開示を行ってきた。

　財務報告書とサステナビリティレポートを開示すれば課題が解決するかというとそうではなく，新たな課題が認識されるようになった。財務報告書とサステナビリティレポートの情報が一貫していないという点である。こうした複数の企業報告書の開示は投資家だけでなくステークホルダーのニーズにもマッチしておらず，企業報告書としての信頼性を失っていた。価値創造プロセスとして戦略を可視化したり，価値毀損の抑制への資源配分を可視化して，ステークホルダーとのエンゲージメントを取るニーズが出てきた。このような課題の解決として登場したのが統合報告書の開示である。要するに，財務報告書から統合報告書へのパラダイムシフトが起こり，それにはサステナビリティレポートが強く関わっていたというのがIIRC フレームワークの見解である。

4.2　統合報告書作成の役立ち

　サステナビリティレポートの情報開示は，報告目的から2つに区分できる（Burritt and Schaltegger, 2010; Schaltegger, 2012）という主張がある。アウトサイドイン・アプローチとインサイドアウト・アプローチである[4]。アウトサイドイン・アプローチは，外部の法律や規制に準拠していることを開

---

4)　ここでのアウトサイドインとインサイドアウトは，Stubbs and Higgins（2014）ではプルとプッシュと表現している。両者に基本的な違いはないと考えられる。

示するために報告することである。投資家への情報開示を目的とした財務報告書は会計基準に準拠しなければならず，アウトサイドイン・アプローチである。また，インサイドアウト・アプローチは経営管理情報をステークホルダーに情報提供することである。ステークホルダーとのエンゲージメントを目的としたサステナビリティレポートは内部情報の開示であり，インサイドアウト・アプローチである。

　統合報告書はアウトサイドイン・アプローチであろうか，それともインサイドアウト・アプローチと考えるべきであろうか。Fasan（2013）の主張によれば，統合報告書の作成はIIRCフレームワークに準拠しなければならないという意味でアウトサイドイン・アプローチである。また，Barker and Kasim（2016）にとっては，投資家の意思決定を歪めないために一貫性と比較可能性という指導原則が重要な要件となる。そうした比較可能な統合報告書の作成を想定すると，SASBのようなサステナビリティ会計基準が必要である。その会計基準はIIRCフレームワークとは異なる。したがって，Barker and Kasim（2016）はインサイドアウト・アプローチと考えられる。

　Stubbs and Higgins（2014）は，統合報告書の作成過程で組織変革が起こったという仮説を持ってインタビューを行っていた。このことから，Stubbs and Higginsは単に内部情報の開示ではなく，統合報告書作成プロセスで組織変革が起こるという意味では経営者の情報利用を考えていた。つまり，統合報告書の本質は，アウトサイドイン・アプローチとインサイドアウト・アプローチという外部への情報開示だけにあるのではない。統合報告書は企業の組織変革を考える経営者にとっても有用であり，その本質は情報開示と情報利用にあると考えられる。

　ステークホルダー・エンゲージメントという点から考えてみると，サステナビリティレポートのような内部情報の開示を目的としたエンゲージメントがこれまでのエンゲージメントの取り方だった。Burritt and Schaltegger（2010）はアウトサイドインとインサイドアウトという両方の機能を持つものとしてツイン・アプローチを指摘している。しかしそれでも，Burritt and Schaltegger（2010）の議論はすべて情報開示に限定されたものである。

統合報告書によるステークホルダー・エンゲージメントは，情報開示を前提にするが，価値創造の構成員であるステークホルダーに戦略の策定と実行の情報を理解し意見してもらうための対話である。そしてまた，価値創造と価値毀損の抑制に対する企業の対応についてステークホルダーに理解し意見してもらうための対話でもある。ステークホルダー・エンゲージメントといっても，外部への情報開示だけに留まらず，企業の組織変革への影響を考えたり，戦略の策定や実行への情報利用まで考えて開示する必要がある（伊藤・西原，2017）。

　最後に，統合報告研究のパラダイムシフトについて明らかにする（図表2-6を参照）。これまでの統合報告研究は，統合報告書の作成の役立ちを投資家やステークホルダーへの情報開示に求めており，アウトプットが議論の中心であった。財務会計研究やCSR研究は，情報開示という投資家やステークホルダーの情報ニーズへの対応に主眼があった。これに対して管理会計アプローチの下では，統合報告研究は情報開示の議論だけでなく経営者やステ

図表2-6　統合報告研究のパラダイムシフト

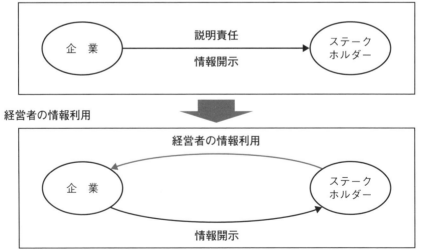

出典：著者作成。

ークホルダーの情報利用という視点を加えるべきである。すなわち，統合報告書の作成の役立ちは，一方では経営者の戦略の策定と実行や経営管理のための情報利用にあり，他方ではステークホルダーとの価値共創のための情報利用にある。いずれも情報利用というインプットの議論にシフトすべきであると考えている。

　経営者にとっての情報利用を想定することで，大きなメリットが生まれる。これまで戦略は策定するたけで実現できないことが多かった（Charan and Colvin, 1999; 清水, 2011, pp.36-37）。戦略を効果的に実現するためには，戦略を策定と実行とに断絶させず，統合することが必要である。つまり，戦略実行した結果，環境適応していない場合には，戦略を修正することが求められるようになってきた。Mintzberg et al.（1998, p.12）が提唱する創発戦略は，実行の結果を受けて戦略修正することであり，まさに実行による環境適応である。この実行の結果は，統合報告でいえば，ステークホルダーの声を受けたものであり，これを戦略の再構築に取り入れることができる。この意味で，統合報告におけるステークホルダー・エンゲージメントの結果を戦略の修正や再構築に利用できることは大きなメリットがあるといえよう。要するに，管理会計研究としては統合報告書の情報開示を前提として，経営者の戦略の策定と実行のために，またステークホルダーの価値共創のために情報利用することがより重要である。

▶ まとめ

　本章では，企業報告書のパラダイムシフトに関わる先行研究によって統合報告の本質とは何かを検討した。パラダイムシフトの仕方，統合報告書の報告対象，統合報告書の作成の役立ちという3つの点を中心に先行研究を検討した。その結果，3つの発見事項があった。

　第1の発見事項は，IIRCフレームワークに従えば，財務報告書から統合報告書へと企業報告書のパラダイムシフトが起こっていることがわかった。

企業報告書に関する先行研究をしたところ，Fasan（2013）は，財務報告書と統合報告書が投資家への情報開示であるという点から，財務報告書が統合報告書へとパラダイムシフトしていると解釈した。また，Barker and Kasim（2016）は，サステナビリティレポートから統合報告書へとパラダイムシフトしたと解釈する。これらに対してStubbs and Higgins（2014）は，財務報告書がサステナビリティレポートを経て統合報告書へとシフトすると解釈した。確かにサステナビリティレポートの社会的課題を解決するというニーズは重要である。ところが，IIRCフレームワークは主として財務資本提供者への情報開示であり，IIRCフレームワークを前提とすれば，財務報告書から統合報告書へとパラダイムシフトしたと考えることになろう。つまり，企業報告書は財務報告書から統合報告書へとパラダイムシフトしたが，そこにはサステナビリティレポートの影響があったということになる。これがIIRCフレームワークに立脚したパラダイムシフトの解釈である。

　第2の発見事項として，統合報告書の報告対象は投資家だけとする見解もあるが，ステークホルダーと捉えるべきであることがわかった。統合報告書の報告対象の先行研究により，Fasan（2013）は投資家と捉えていたが，Stubbs and Higgins（2014）はステークホルダーと捉えていた。統合報告書の作成は投資家への情報開示になることは間違いない。ところが，ステークホルダー・エンゲージメントによって価値毀損の抑制にどの程度貢献するかを情報開示することも重要である。このような社会認識を持ったIIRCの初志を貫徹して，統合報告書の報告対象はステークホルダーへの情報開示にあると捉えるべきである。

　第3の発見事項として，統合報告書の作成は投資家やステークホルダーへの情報開示だけでなく，経営者の情報利用にも有用である。統合報告書の役立ちについて先行研究したところ，Fasan（2013）とBarker and Kasim（2016）は投資家や利害関係者への情報開示と捉えていた。一方，Stubbs and Higgins（2014）は，ステークホルダー・エンゲージメントのための情報開示と捉えていた。それだけでなく，統合報告書を作成することで，サイロでの作業からクロスファンクショナルチームとしての作業へと経営プロセ

スが変化していたことを明らかにした。Stubbs and Higgins（2014）は，統合報告書に情報開示以外の狙いがあることを発見している。このことから，投資家への情報開示以外にも，統合報告書の作成の役立ちがあることがわかった。第3章で明らかにするように，統合報告書はステークホルダー・エンゲージメントの結果を経営者による戦略の策定と実行にも利用できる。このように，情報開示だけでなく，経営者の情報利用という役立ちがある。ステークホルダーへの情報開示だけでなく，経営者の情報利用にも有用という点が統合報告書の本質である。本書はまさにこのための統合報告研究である。

参考文献

Adams, S. and R. Simnett（2011）Integrated Reporting: An Opportunity for Australia's Not-For-Profit Sector, *Australian Accounting Review*, Vol.21, No.3, pp.292-301.

ASSC（1975）*The Corporate Report*, Accounting Standards Steering Committee.

Barker, R. and T. Kasim（2016）Integrated Reporting: Precursor of a Paradigm Shift in Corporate Reporting?, in Mio, C. Eds. *Integrated Reporting: A New Accounting Disclosure*, Palgrave Macmillan.

Brown, J. and J. Dillard（2014）Integrated Reporting: On the Need for Broadening Out and Opening Up, *Accounting, Auditing & Accountability Journal*, Vol.27, No.7, pp.1120-1156.

Burritt, R. L. and S. Schaltegger（2010）Sustainability Accounting and Reporting: Fad or Trend?, *Accounting, Auditing & Accountability Journal*, Vol.23, No.7, pp.829-846.

Charan, R. and G. Colvin（1999）Why CEO's Fail, *Fortune*, June 21.

Cheng, M., W. Green, P. Conradie, N. Konishi and A. Romi（2014）The International Integrated Reporting Framework: Key Issues and Future Research Opportunities, *Journal of International Financial Management & Accounting*, Vol.25, No.1, pp.90-119.

Cox, C. C.（2007）Speech by SEC Chairman: Closing Remarks to the Second Annual Corporate Governance Summit, https://www.sec.gov/news/speech/2007/spch032307cc.htm（2019/11/11）.

Dill, W. R.（1975）Public Participation in Corporate Planning: Strategic Management in a Kibitzer's World, *Long Range Planning*, Vol.8, No.1, pp.57-63.

Fasan, M.（2013）Annual Reports, Sustainability Reports and Integrated Reports: Trends in Corporate Disclosure, in Busco, C., M. L. Frigo, A. Riccaboni and P. Quattrone（Eds.）（2013）*Integrated Reporting: Concepts and Cases that Redefine Corporate Accountability*, Springer.

Frias-Aceituno, J. V., L. Rodríguez-Ariza and I. M. Garcia-Sánchez（2014）Explanatory Factors of Integrated Sustainability and Financial Reporting, *Business Strategy and the*

Environment, Vol.23, No.1, pp.56-72.

GSSB（2016）*GRI Standards*, Global Sustainability Standards Board.

GSSB（2018）*GRI Standards*, Global Sustainability Standards Board.

Hampton, R.（2012）Brace Yourself: More Regulatory Changes, *Accountancy SA*, May, pp.22-23.

IIRC（2011）*Towards Integrated Reporting: Communicating Value in the 21st Century*, International Integrated Reporting Committee.

IIRC（2013）*The International <IR> Framework*, International Integrated Reporting Council.

IIRC（2021）*International <IR> Framework*, International Integrated Reporting Council.

Mintzberg, H., B. Ahlstrand and J. Lampel（1998）*Strategy Safari: A Guide Tour Through the Wilds of Strategic Management*, Free Press, p.12（齋藤嘉則監訳（1999）『戦略サファリ：戦略マネジメント・ガイドブック』東洋経済新報社）.

Owen, G.（2013）Integrated Reporting: A Review of Developments and their Implications for the Accounting Curriculum, *Accounting Education: an International Journal*, Vol.22, No.4, pp.340-356.

Roberts, R. W.（1992）Determinants of Corporate Social Responsibility Disclosure: An Application of Stakeholder Theory, *Accounting, Organizations and Society*, Vol.17, No.6, pp.595-612.

Schaltegger, S.（2012）Sustainability Reporting in the Light of Business Environments: Linking Business Environment, Strategy, Communication and Accounting, *Discussion Paper*.

Stubbs, W. and C. Higgins（2014）Integrated Reporting and Internal Mechanisms of Change, *Accounting, Auditing & Accountability Journal*, Vol.27, No.7, pp.1068-1089.

Watson, A.（2011）Financial Information in an Integrated Report: A Forward Looking Approach, *Accountancy SA*, December, pp.15-17.

伊藤和憲・西原利昭（2017）「エーザイの統合報告書による情報開示と情報利用」『会計学研究』Vol.43, pp.1-26。

清水勝彦（2011）『戦略と実行：組織的コミュニケーションとは何か』日経BP社。

第3章

統合思考による
統合報告書の開示

▶ はじめに

　統合報告に関する報告書が，国際統合報告審議会や評議会（International Integrated Reporting Committee or Council: IIRC）から提出されている。その後，統合報告に関わる論文や特集が相次いで提出されてきた。我が国に限定してみると，これらの論文で検討された議論の焦点は，企業価値の概念，報告体系，財務情報と非財務情報の結合という 3 つの課題に大別できる。

　第 1 の企業価値の概念とは，誰のためのどのような企業価値の創造なのかという課題である。Dumay et al.（2017）が，IIRC フレームワークの価値創造という概念は定義がはっきりしないと指摘した点と符合する。財務報告書は投資家に限定して経済価値のみに焦点を当てて情報提供してきた。環境・社会・ガバナンス（environment, social, governance: ESG）が重要視されるようになり，ステークホルダー志向に移行してきているが，投資家に限定しても経済価値のみの追求だけでは許されなくなってきた（Amel-Zadeh and Serafeim, 2018）。いま企業は競争優位の追求として社会問題や環境問題への対応を迫られている。つまり経済価値と社会価値を統合する必要がある（Porter and Kramer, 2011; 小西, 2012b; 向山, 2012; 三代, 2012）。ところが，IIRC フレームワーク（IIRC, 2013）では，主として財務資本提供者への情報開示であると報告対象を限定している。統合報告書に求められる企業価値とは，株主価値なのか，経済価値と社会価値も含む共有価値（creating shared value: CSV）なのか，あるいはそれ以外の価値を求めるべきかについて検討する必要がある。

　第 2 の報告体系とは，IIRC フレームワークが提案する統合報告書作成の基本概念（fundamental concepts）と指導原則（guiding principles），内容項目（content elements）についての課題である（上妻, 2012a, b; 小西, 2012a; 三代, 2012）。当初は基本概念，指導原則，内容項目についてその紹介をする論文が多かった。現在は，統合報告書の作成の仕方（Haji and Hossain, 2016），投資家の関心事を統合報告書で開示できているか（Hsiao and Kelly, 2018），非営利への適用（Lyakhov and Gliedt, 2017），情報の信頼性（Maroun, 2018）といったように，より突っ込んだ検討が行われるようになっている。しかし，いずれも情報開示に関わる課題であり，管理会計研究とは直結しないテーマがほとんどである。管理会計に関わる統合報告の意義を明確にする必要がある。

　第3の財務情報と非財務情報の結合とは，Adams（2017）が問題視したように，事業戦略に関わる財務業績と持続可能な社会の課題解決に関わるESG情報の統合をどのように可視化すべきかである。企業はすでに多様な報告書によって情報開示を行ってきている。非財務情報として開示すべき指標は何か（小西, 2012a; 倍, 2012）という研究もある。また，統合報告書は財務報告書やサステナビリティレポートに代わるものなのか，それとも追加して報告されるべきものなのかといった統合報告書の位置づけに対しての研究もある（上妻, 2012a, b; 安井・久禮, 2012）。

　本章の目的は，統合報告の管理会計研究の意義を明らかにして，統合報告に関わる課題へ管理会計としての回答を提出することである。第1節では，外部報告である統合報告書を管理会計領域で検討する意義について明らかにする。第2節では，統合報告書に求められるインタンジブルズの意義について検討する。第3節では，統合報告の3つの論点である，企業価値の概念，報告体系，財務情報と非財務情報の結合について検討する。第4節は，統合思考の下で統合報告書によって開示する価値創造プロセスの可視化を提案する。最後に本章の発見事項をまとめる。

1 統合報告の管理会計上の意義

　統合報告の狙い（IIRC, 2013, p.2）は，①財務資本の提供者が利用可能な情報の質を改善する，②企業の長期にわたる価値創造能力に強く影響する要因を効率的にまとめる，③資本の利用の仕方とその結果について理解を深める，④短期・中期・長期にわたる価値創造に焦点を当てた統合思考

（integrated thinking）に基づいた意思決定に役立てる，という点にある。とりわけ④の統合思考は戦略の策定と実行を中心とした価値創造プロセスを統合するという重要な概念である。本章はこの統合思考について検討する。

　これまで財務報告，マネジメント・コメンタリー，ガバナンスと役員報酬，サステナビリティレポートといったような企業報告書が関連性を持たずに報告されてきた。これらの伝統的な報告書はそれぞれが独立しており，一貫性がなく重要な開示ギャップが高まってきた。また，企業の戦略，ガバナンス，財務と非財務の業績，将来見通しといった相互関係が明らかにされていなかった（IIRC, 2011, p.2）。そこでこれらを相互に結合させて，短期，中期，長期の企業価値を創造し維持する企業の能力にどのように影響を及ぼすのかを説明する必要がある。

　統合報告書の主要な報告対象は株主や投資家といった財務資本の提供者である（IIRC, 2013, p.7）。このような投資家にとって統合報告書の登場以前は，財務報告とその他の報告で情報ギャップがあったために，正しい意思決定の妨げとなっていた。また，開示された情報は投資家にとって信頼性の低い企業報告書になっていた。一方，統合報告書は投資家だけに有用であるわけではない。投資家のために作成した統合報告書は，報告しようとする企業，投資家，政府の政策立案者や規制当局および基準設定機関，その他のステークホルダーにとっても価値がある（IIRC, 2013, 1.8）。この点を明らかにする。

　サプライヤーとしては，販売する企業の価値創造プロセスを理解することによって，自社の戦略策定にその情報を取り入れることができる。完成品メーカーにとっては，サプライヤーの価値創造プロセスは，サプライヤーと自社との関係性を構築するために必要な情報である。また従業員にとっては，自社の価値創造プロセスの情報は，自らの仕事や関係者の仕事の重要性を理解したり将来の方向を知ることで自らの立ち位置を決めることができる。つまり，企業とステークホルダーが価値創造を共創する立場にあるといえよう。

　他方，政策立案者や規制当局，基準設定機関にとって統合報告書の意味は，経済全体の効果的な資源配分と環境課題に対処した投資を奨励するためである。その他のステークホルダーである地域住民，独立監査人にとってもそれ

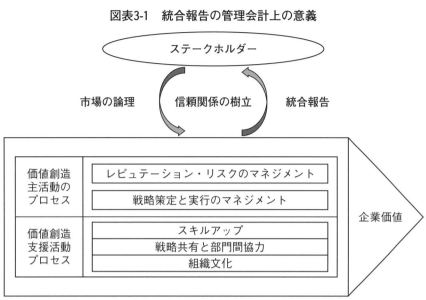

図表3-1　統合報告の管理会計上の意義

出典：伊藤（2014, p.220）。

ぞれの関心事が盛り込まれるという点で統合報告書は意義がある。これらの情報は財務情報だけでは限界があり，非財務情報による因果関係が求められるゆえんである。

　ところで，統合報告はステークホルダーだけでなく，報告主体である企業にとっても重要な意味がある。経営者における統合報告の意味は，内部の経営管理者への情報提供という管理会計上の意義でもある。管理会計にとっての統合報告の意義を図示すると図表3-1となる。

　図表3-1を用いて，統合報告の管理会計上の意義を明らかにする。第1に，投資家やその他のステークホルダーのニーズに適合した情報を提供することで，ステークホルダーとの**信頼関係の樹立**というメリットがある。第2に，外部報告してステークホルダーに確約したという心理的圧力を伴うことによって，従業員に対してコスト削減や収益増大の意識を高めそのための資源配分を行うことができる。このことは，内部の組織階層というコマンド・アンド・コントロールの論理ではなく，市場志向性という**市場の論理**を導入でき

ることを意味する。第3に，トップレベルでしか知り得なかった価値創造プロセスを開示することは，すべての従業員に**戦略情報の共有**が図れるだけでなく，戦略を理解した従業員は部門間での**協力体制の強化**に向かうようになる。第4に，将来の価値創造に向けた事業活動を下支えできるように従業員の**スキルアップ**にも寄与できる。第5は，新たな将来の価値創造である事業機会を探索したりリスクマネジメントを適切に行えるような**組織文化の形成**が促されるようになる。これらの結果として，第6に，**レピュテーション・リスクの低減**と**戦略策定・実行のマネジメント**が強化され，**企業価値の創造**が行われる。

　経営管理としてこれまで行ってきたことに外圧が加わることで，透明性を増したより適正な内部管理へと向かうことができる。この点に関連して，Eccles and Krzus（2010, p.151）も，「情報が外部に報告されるとき，信頼性の基準はとりわけ高くなる。外部報告に求められる質が高ければそれだけ内部情報の質も高くなり，その結果，意思決定の質も高まる」と指摘している。統合報告はこのように経営管理にとってもメリットがあるため，統合報告を管理会計として研究する意義がある。同様の趣旨で，Tilley（2011）も「効果的にまとめ上げた報告書を作成するには，経営が行われているビジネスと市場に対する徹底した理解が必要である。それはまた，ソース・データと定性的内容を提供するために効率的な管理会計情報システムも必要である」と指摘して，統合報告における管理会計の意義を明らかにしている。

　要するに，IIRCフレームワークのように報告対象を投資家に限定すべきではない。統合報告書は投資家への情報開示だけでなく，その他のステークホルダーへの情報開示でもある。さらに，統合報告書は経営者にとっても有益であり，かつ，経営者とステークホルダーとが価値共創[1]するという役割があることを認識すべきである。

---

1) たとえば，貝沼・浜田（2019, p.64）によれば，株式会社丸井グループはlululemonというヨガとスポーツウェアのブランドの店を入れて共創して，価値観を共有している。

2 インタンジブルズ重視の社会と統合報告

　多くの企業に対して統合報告が求められるようになったが，その原因は今日の経済基盤の変化にある。つまり，20世紀が工業を重視する社会であったのに対して，21世紀は知識を重視する社会へと大きく変化を遂げている。この変化は企業価値の源泉が変化していることを表している。工業化社会では，利益の源泉は物的な有形の資産であった。他方，知識社会では，利益の源泉がオンバランスできないインタンジブルズにある。ブランドやレピュテーション，人的資産・情報資産・組織資産などが将来の利益に強力な影響を及ぼす。言い換えれば，企業価値の創造に強く影響を及ぼすインタンジブルズを重視しなければならない時代になった。

　ところが，財務報告書にはインタンジブルズを開示できず，大きな課題になっている。ここに企業価値を創造・維持する事業活動を，財務情報だけでなく非財務情報と結合して示す必要がある。この情報の結合性（connectivity of information）の課題は，過去の実績を示す財務報告書だけではオンバランスできない要素，すなわちインタンジブルズが増えてきたことにある。インタンジブルズはその測定が困難である。ましてや，財務情報と将来見通しの根拠となる非財務情報の結合は一層困難な課題として持ち上がっている。

　知識社会では，今日の企業にとって大きな関心事の1つはインタンジブルズである（Lev, 2001; Ulrich and Smallwood, 2003; 櫻井, 2008, p.63; 古賀, 2012, p.27）。なぜインタンジブルズが重要視されているのかを，財務会計研究と管理会計研究に区分して検討する。財務会計と管理会計はその役立ちが異なるため，それぞれの立場でインタンジブルズの意義を明らかにする。

　財務会計研究では，インタンジブルズを重要視する理由として，オンバランスされないインタンジブルズが企業価値のかなりの部分を占めているという見解がある（Lev, 2001; 伊藤・加賀谷, 2001）。Lev（2001, p.13）は1977年から2001年までのS&P500（アメリカの大企業上位500社）の株価純資産倍率（price book-value ratio: PBR）の推移を明らかにした。このデータから，

1980年ごろはPBRが1倍であったが，2000年には7倍を超えたこともあり，2001年現在は6倍であると指摘した。PBRは，株式時価総額としての企業価値が純資産の何倍あるかを示す値である。これが6倍とか7倍ということは，オンバランスできない部分がそれだけあるということが理解できる。このオンバランスされない価値がインタンジブルズということになる。

　日本では現在のPBRは1倍程度しかなく，この点からはインタンジブルズをオンバランスするという主張は説得力がない。むしろ，財務情報だけでは，投資家が正しい意思決定を行えないという問題がある。財務報告書だけでは投資家が企業を正しく理解できないために，サステナビリティレポート（ここでは，環境報告書やCSRレポートを含めてサステナビリティレポートという）が提出されてきた。しかし財務報告書とサステナビリティレポートには必ずしも一貫性がないために，これらを統合した統合報告書が求められている。投資家は過去の財務情報だけでは正しい意思決定ができない。ESGのような非財務情報と財務情報を統合した報告書が求められている。

　次に，管理会計としてインタンジブルズを重視する理由を検討する。財務業績は過去の実績を示すものであり，将来の財務業績に影響を及ぼす非財務情報はパフォーマンス・ドライバー（業績推進要因）と呼ばれ，これを測定し管理する必要がある（Kaplan and Norton, 2001）。このパフォーマンス・ドライバーこそがインタンジブルズと考えることができる。このようなインタンジブルズはそれだけでは企業価値の創造には寄与できず，戦略と結びつけて初めて効果が期待できる（Kaplan and Norton, 2004, p.29）。したがって，インタンジブルズと戦略は密接な関係にある[2]。

　価値創造の源泉であるインタンジブルズは今日極めて重要視されている。インタンジブルズの重要性に伴って戦略も再評価されている。IIRCフレー

---

2) Kaplan and Norton（2004, pp.29-30）はインタンジブルズの4つの特徴を明らかにしている。①インタンジブルズは財務成果に対して直接的な効果を及ぼさない。たとえば従業員がスキルアップしたとしても，それだけでは財務成果に直接影響しない。また，②インタンジブルズの価値は戦略に依存する。スキルアップをどのような戦略テーマと結びつけるかは，スキルそのものも違うが，スキルアップから創造される価値も大きく異なる。そして，③価値は潜在的である。スキルそのものが市場価値を生むわけではなく，価値創造の源泉としての潜在的価値があるだけである。さらに，④他の資産と結びついて価値が生まれる。スキルアップはそれを製品へと結びつけ，品質の向上した製品を生み出し，それが販売できて経済価値が生まれる。

ムワークでは，指導原則として戦略への焦点と将来志向（strategic focus and future orientation）を設定した。戦略への焦点と将来志向について，「統合報告書は，企業の戦略，およびその戦略がいかに短期・中期・長期の価値創造能力や資本の利用と影響を関連づけているのかに対しての洞察をもたらさなければならない（IIRC, 2013, 3.3）」と指摘している。ところが，IIRCフレームワークでは，インタンジブルズと戦略の関係性，戦略の可視化，戦略における統合思考などについての具体的な記述はない。管理会計研究の成果は，この点を補完できる。

3 統合報告の論点

IIRCの基本概念である価値創造，資本，価値創造プロセスは議論すべき重要な論点である。以下では，IIRCフレームワーク（2013）に基づいて，これらを順に検討する。

3.1　価値創造

価値創造（value creation）とは，「企業の事業活動とアウトプットによって資本の増加，減少，変換をもたらすプロセス」（IIRC, 2013, p.33）であると定義されている。工業化の時代には有形資産が価値創造に大きく寄与していた。知識ベース型経済の今日，価値創造に大きく寄与しているのはインタンジブルズである。インタンジブルズの多くは貨幣評価が困難であり非財務情報として測定されるが，ときには定量的評価も困難であり，ナラティブ情報（物語ないしストーリーとしての情報）とならざるを得ないこともある。

IIRCフレームワークでは，企業価値の6つの資本として，製造資本や財務資本のようなタンジブルな資産がある。それだけでなく，人的資本，知的資本，社会・関係資本といったインタンジブルズもあり，それ以外にも自然資本がある。こうした資本は，財務情報と非財務情報によるストックとしての価値を開示するように提案されている。

櫻井（2019, p.39）は，「企業の究極的な目的は，多元的な諸目的を勘案しながら，企業にとって長期的に満足しうる適正利益を獲得することで，永続的な企業の存続，成長，発展を図ることにある」と指摘している。このように企業価値の創造を企業の目的とすることに異論はないであろう。

　この企業価値を，欧米の多くの経営者や研究者は経済価値（株主価値ともいう）と考えてきた[3]（McKinsey & Company Inc., 2000, 訳書, p.3）。一方，Drucker（1954, p.34）は，事業の目的は顧客の創造であって，経済価値のような利益最大化は事業の目的ではなく，むしろ害さえ与えると指摘した。ドラッカーのこの概念は，顧客の満足を高め，そして顧客に信頼される企業を目指すという意味で，顧客価値を志向したものと捉えることができる。両者の主張は異なるが，いずれの価値観も企業が単一目的を志向すべきであるという意味では同類の主張である。

　他方，複数目的の企業価値も存在する。たとえば，Porter and Kramer（2011）は**共有価値**（creating shared value: CSV）を提唱している。Porter and Kramer（2011）は，CSRを追求する企業は企業目的として社会価値を捉えているが，社会価値は企業業績に何ら貢献していないことを問題視した。経済価値に影響を及ぼすCSRを重視するという共有価値の考え方を目指すべきであることを提案した。IIRCフレームワークの企業価値は，企業自身のために創造される部分と，企業以外のステークホルダーに対して創造される部分があることから，この共有価値に近い概念である（IIRC, 2013, 2.4）。

　企業価値として，共有価値を求めるべきか，それともそれ以外の価値を求めるべきかを検討しよう。厳密には区分できないが，財務資本と製造資本は経済価値，知的資本と人的資本は主として組織価値，社会・関係資本は顧客価値と社会価値，自然資本は経済価値と社会価値からなると考えられる。このような6つの資本を持つIIRCフレームワークは，経済価値と社会価値だけからなる共有価値に限定することはできない。むしろ「企業の目的は，経

---

3)　2019年8月，アメリカの主要企業の経営者団体であるビジネス・ラウンドテーブルは，株主第一主義を見直す声明を提出した。声明文は以下でダウンロードできる。https://www.businessroundtable. org/business-roundtable-redefines-the-purpose-of-a-corporation-to-promote-an-economy-that-serves-all-americans（2021/4/10）。

済価値の増大だけを意図するのではなく，顧客価値，社会価値および組織価値からなる企業価値を高めることにある」（櫻井，2019, p.43）という主張とかなり類似していると考えられる。このような**企業価値**は多様なステークホルダーを満足させることから創出される価値であり，本書では**ステークホルダー価値**と呼びこの考え方こそがあるべき価値観と捉えている。

3.2　6つの資本

　IIRCフレームワークでは「資本は企業の活動とアウトプットにより増加，減少，変換される企業価値のストックである」（IIRC, 2013, 2.11）と定義している。その資本とは，繰り返せば，財務資本，製造資本，知的資本，人的資本，社会・関係資本，自然資本という6つの資本である。

　財務資本と製造資本は，これまでも財務報告書で資産として開示してきたものである。そのことから考えると，財務資本と製造資本は，統合報告書の作成に関して，測定上も開示上も新たな問題はほとんどない。ところが，自然資本は企業によっては悩ましい問題である。たとえば，電力会社であればCO_2の排出量，飲料会社であれば水の使用量といった社会的課題の解決への貢献を情報開示することが求められている。もちろん金融業のような業界は，CO_2の排出量といった社会的課題はほとんど関係がない。このようにCO_2の排出量情報を開示してもほとんど意味がない業種もある。つまり，企業にとって事業戦略として重要であるかどうか，ビジネスモデルにとって社会的課題が重要かどうかによって開示する情報は異なってくる。エネルギー産業では，たとえば石油やシェールガスの埋蔵量は自然資本の開示として重要なリスク情報の開示となることは間違いない。

　他方，知的資本，人的資本，社会・関係資本は，サステナビリティレポートのようなCSR関係の報告書で取り上げられてきた。企業経営にとってサステナビリティ関係の重要性は，資源ベースの視点（resource-based view: RBV）の論理から理解できる。RBVでは，競争優位の源泉はPorter（1980）が指摘する外部の競争要因というよりも企業の内部資源にあり，それをBarney（1991）はインタンジブルズと呼んだ。

Barney（1991, p.102）によれば，「ある企業が，現在および潜在的な競争相手によって同時には実行されないような価値創造する戦略を実行するとき，かつ他社がこうした戦略の便益を模倣することができないとき，企業は持続可能な競争優位を持つ」として，インタンジブルズを認識した。RBVでインタンジブルズかどうかの判断は，4つの属性を持っているかどうかで決まる。価値ある資源（valuable resources），希少な資源（rare resources），模倣困難な資源（imperfectly imitable resources），非代替性（non-substitutability）という属性である。つまり，外部環境で機会を探究し脅威を緩和するという意味で価値ある資源か，現在および潜在的な競争相手があまりいない資源か，競争相手が簡単に模倣できない資源か，こうした資源を戦略的に代替することができない資源であるかである。このような4つの属性を持つ内部資源がインタンジブルズである。IIRCフレームワークでも資本という形でインタンジブルズの開示を求めている。

　IIRCフレームワークの6つの資本には，インタンジブルズとして重要なブランドやコーポレート・レピュテーションは社会・関係資本で扱われているが顧客関係性といった概念は取り扱われていない。顧客関係性が社会・関係資本に含まれているのであればその点は理解できる。ところが，製品やサービスのブランドとコーポレート・レピュテーションは社会・関係資本に含まれない概念もあるように思われる。つまり，6つの資本に含まれないインタンジブルズをどのように扱うべきかについて，IIRCフレームワークでは問題視していない。IIRCフレームワークですべてのインタンジブルズを明記することはできないので，開示するインタンジブルズの区分は，企業が任意に考察できる部分であると考える必要がある。

　要するに，インタンジブルズは価値創造にとって重要な無形の価値源泉である。また，インタンジブルズは戦略と結びつけて管理しないと価値創造できないことも理解できよう。価値創造を情報開示するには，インタンジブルズをマネジメントする管理会計の成果を無視すべきではない。また，インタンジブルズは，6つの資本に含めることができないものもあることを認識しておく必要がある。特に，ブランドやコーポレート・レピュテーションを重

視している企業では，これらも資本として扱う必要がある。

3.3　価値創造プロセス

　価値創造プロセスについてIIRCフレームワークは明確に定義づけしているわけではない。しかしその説明から把握できることは，外部環境や目的・ミッション・ビジョン，ガバナンス，リスクと機会，戦略と資源配分，実績，将来見通しが，ビジネスモデルの下で，資本を事業活動にインプットして，それをアウトプットに加工し，アウトカムに導くこと（IIRC, 2021, 2D）である。つまり，内容項目によって資本が増減するプロセスのことと理解できる。

　IIRCフレームワークで価値創造プロセスを定義しなかったのは，少なくとも2つの理由が考えられる。定義し難いことと基本概念の扱いの変化である。1つ目の理由である定義し難いとは，価値創造プロセスを構成する項目が複数あり，またそれらの関係が複雑で，文字にするだけでは意味が取り難い点である。そのためIIRCフレームワーク（2021, p.22）では，価値創造プロセスを図表3-2のように図示した（この図は通称，オクトパスモデルという）。

図表3-2　オクトパスモデル

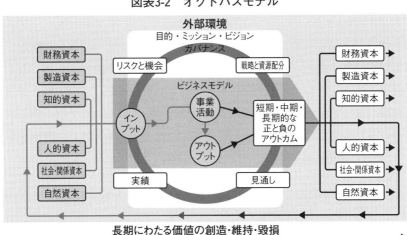

出典：IIRC（2021, p.22）.

2つ目の理由である基本概念の変化について検討する。IIRCのディスカッションペーパー（IIRC, 2011）では，基本概念として価値創造プロセスではなく，ビジネスモデルを設定していた。ビジネスモデルを止めて価値創造プロセスにした理由は定かではないが，価値創造プロセスの重要性がより勝っていたためであろう。価値創造プロセスは統合報告書の中核的概念であるのに対して，ビジネスモデルは価値創造プロセスを構成する重要な1つの項目に過ぎないという点にある。この考え方をIIRCフレームワーク（2021）も継承している。

　ビジネスモデルは，IIRCのビジネスモデル・バックグラウンド・ペーパーによれば，2種類の解釈がある[4]。1つはビジネスモデルを戦略と同義に解釈するものである。もう1つは，ビジネスモデルは戦略を実行する手段であり，戦略とは区別して考える解釈である。IIRCフレームワークは後者の立場を採用した。後者のビジネスモデルによれば，ビジネスモデルだけでは戦略や価値創造プロセスが可視化されない。このためビジネスモデルよりも戦略と密接な価値創造プロセスを基本概念にしたと考えられる。企業がインタンジブルズを戦略と結びつけて価値創造をどのように行うか，つまり価値創造プロセスは，ステークホルダーが経営者と価値共創するために知りたい情報であると考えられる。

　図表3-2のオクトパスモデルからわかるように，IIRCフレームワークは企業の事業活動を取り巻く外部環境と目的・ミッション・ビジョンの開示を提案している[5]。また，事業活動を遂行するには，株主や投資家だけでなくステークホルダーからのガバナンスも利かせる必要がある。戦略や社会的課題の解決に基づいて資源配分するとき，戦略についてはそのリスクや機会をマテリアリティとして，社会的課題についてはステークホルダーの評価をマテリアリティとして優先順位づけする必要がある。この結果として，財務と非

---

4)　ビジネスモデル・バックグラウンド・ペーパーは以下より入手できる。https://integratedreporting.org/wp-content/uploads/2013/03/Business_Model.pdf（2019/12/19）。

5)　IIRCフレームワーク（2021）ではオクトパスモデルに2点修正が加えられている。1点目はミッションとビジョンだけでなく，目的（purpose）も開示するようになった。2点目は，アウトカムは短期・中期・長期のアウトカムとなり，アウトカムの意味がわかりやすくなった。

財務の実績から将来見通しやストーリーが導き出される。この見通しに当たっては，現在の資本を事業活動にインプットすると，その結果としてアウトプットが産出される。アウトプットは企業価値との関係で目標がどの程度達成されたかというアウトカム（短期・中期・長期）へと変換され，最終的に複数の資本からなる企業価値が創造される。

ここで，アウトプットとアウトカムの違いを正しく理解しておくことは重要である[6]。アウトプットはアウトカムの先行指標にはなり得ても，アウトカムの代替にはなり得ない。つまり，アウトプットは事業活動の結果として産出したものであるのに対して，アウトカムは目標達成度を示すものである。企業価値創造という目的に関わるのはアウトカムであって，アウトプットではない。

4 価値創造プロセスの可視化

価値創造プロセスの可視化を検討するために，統合思考に対する管理会計研究の成果を用いて，企業の価値創造と戦略の関係を検討する。その上で，オクトパスモデルによる価値創造プロセスの限界を検討する。また統合思考のための戦略マップによる可視化の提案を行う。さらに，戦略マップを提案したMassingham et al.（2019）の意義と課題を明らかにする。

4.1　価値創造と戦略

統合思考とは何かが明確ではないという見解（Feng et al., 2017; Dumay et al., 2017）がある。統合思考とは，本書では，伊藤（2014）が指摘した統合型マネジメントシステムの思考のことであると理解している。統合型マネジメントシステムとは，図表3-3に示すように，戦略が効果的に実現できる

---

[6]　アウトプットとアウトカムを理解しやすくするために，事故削減という戦略目標を取り上げて解説する。事故削減しようとして，安全装置を取り付けるという活動を行った。安全装置の取付完了数はアウトプットである。これだけでは事故が削減したかどうかはわからない。そこで，目標達成である事故の発生件数というアウトカムを測定することになる。

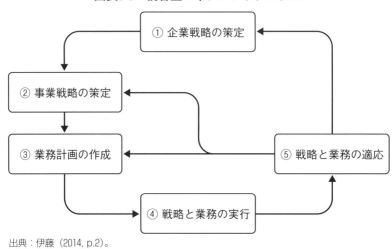

図表3-3　統合型マネジメントシステム

① 企業戦略の策定

② 事業戦略の策定

③ 業務計画の作成

④ 戦略と業務の実行

⑤ 戦略と業務の適応

出典：伊藤（2014, p.2）。

マネジメントシステムのことである。

　図表3-3より，統合型マネジメントシステムはバランスト・スコアカード（balanced scorecard: BSC）を用いた5つのステップからなる。第1ステップは企業戦略の策定である。第2ステップは，戦略マップやスコアカードを用いた事業戦略の策定である。第3ステップは，事業戦略を業務へ落とし込んで業務計画を作成することである。第4ステップは，戦略および業務の計画を実行することである。第5ステップは，戦略と業務を検証し適応することである。これらを循環させて戦略と業務のPDCAを回していくことが統合型マネジメントシステムの要諦である。

　第1ステップの企業戦略の策定段階では，企業戦略として企業価値の創造を検討する。企業戦略は，持ち株会社が新たな事業会社をM&A（mergers & acquisitions）して既存の事業会社間のシナジーを図ったり，事業ポートフォリオを組んだりすることである。たとえば，川下の事業会社を持つ本社が川上の事業会社を買収することで，事業会社間にシナジーを持たせる。このように企業戦略は事業会社間でシナジーを創出することである。この戦略を外部ステークホルダーに可視化することでブランドやコーポレート・レピ

ュテーションを高めることができる。

　他方，内部の従業員に対しても，企業戦略を可視化して，企業戦略として
の価値創造プロセスや人的資産，情報資産，組織資産といったインタンジブ
ルズを共同で構築してシナジーの創出を図ることも必要である。そのために
は，企業戦略で事業会社や事業部に共通する戦略目標の戦略的実施項目を共
同で検討するといった工夫をする必要がある。

　第2ステップは，事業戦略の策定である。事業戦略を策定し，これを可視
化する戦略マップ，および戦略の進捗状況をマネジメントするスコアカード
を計画する段階である。この段階では戦略目標間の因果関係によって戦略を
可視化する必要がある。このステップには，本書ではとりわけ重要と考えて
いるインタンジブルズをマネジメントすることも含まれる。つまり，インタ
ンジブルズを戦略的にいかにマネジメントすべきかを可視化して，従業員と
情報共有する必要がある。学習と成長の視点は，明確に意図してマネジメン
トしておかないとなおざりになる可能性がある。学習と成長の視点の戦略目
標を内部プロセスの価値創造プロセスと連携するようにしてインタンジブル
ズを構築する必要がある（Kaplan and Norton, 2004）。これらが特定された
ら，内部プロセスの視点の戦略目標を達成するような目標値の設定とアクシ
ョンが取られなければならない。

　第3ステップは戦略を業務へとカスケード（落とし込み）する段階である。
戦略を策定しただけで戦略が実現するわけではない。ここに戦略の業務計画
への落とし込みの意義がある。戦略を実行するには，戦略を業務計画に落と
し込む必要があるが，そのとき，業務計画を実施する現場担当者の日常業務
の中でインタンジブルズを構築し活用できるようにしなければならない。

　そして，第4ステップとして戦略と業務の実行が行われる。さらに第5ス
テップでは，実績が計画通りかどうか，環境変化により実現できない部分が
あるのかなど，戦略と業務の適応を図りながら，必要であれば戦略と業務の
修正行動を取ることになる。統合報告では，この第5ステップにステークホ
ルダー・エンゲージメントから得られた情報によって，戦略と業務の修正行
動を取るという意義がある。この修正行動を本書では「経営者の情報利用」

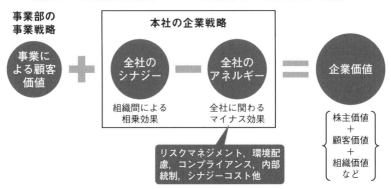

図表3-4　企業価値創造における企業戦略と事業戦略の役割

事業部の
事業戦略

本社の企業戦略

事業による顧客価値　＋　全社のシナジー　ー　全社のアネルギー　＝　企業価値

組織間による
相乗効果

全社に関わる
マイナス効果

株主価値
＋
顧客価値
＋
組織価値
など

リスクマネジメント，環境配慮，コンプライアンス，内部統制，シナジーコスト他

出典：伊藤（2014, p.107）。

と呼んだ。

　ところで，企業の価値創造は，事業部の事業戦略と本社の企業戦略によって実現されることは伊藤（2014, p.107）で明らかにした。これを再掲すると図表3-4となる。

　企業価値は事業部の事業戦略による顧客価値[7]と本社の企業戦略による価値創造からなる。事業部（事業会社）は事業戦略によって顧客から収益を獲得する。これに対して本社（持ち株会社）の役割である企業戦略とは，全社シナジーの追求と全社アネルギーの抑制からなる[8]。全社シナジーの追求としては，本社主導による事業部間の共同購買，共同配送，共同システム開発などが挙げられる。事業部が単独でサービスを行うよりも共同で行うことによって効率的にサービスを提供できるというメリットがある。あるいは，本社が音頭を取って事業部間の共同開発を推進して新たな事業を創造することもシナジーの創出である。

　一方，全社アネルギーの抑制とは本社主導で全社をコントロールして企業

---

7)　顧客価値は，Drucker（1954, p.34）が用いるような顧客にとっての価値もあるが，ここではKaplan and Norton（2006, p.5）が用いた顧客から得られる価値という意味である。

8)　企業戦略には，シナジー創出とアネルギー抑制以外にも，複数の事業に取り組むことでリスク分散を行うポートフォリオ・マネジメントがある。このポートフォリオ・マネジメントについては本章の4.4項で検討する。

の価値毀損を抑制することである。たとえば，国連が2015年に設定し2030年までに達成すべき持続可能な開発目標（Sustainable Development Goals: SDGs）[9]を達成する社会的課題の解決に取り組むことの多くは，ここでいう全社アネルギーの抑制と関わりがある。SDGsといっても「産業と技術革新の基盤をつくろう」という目標はイノベーションについての記述であり，事業戦略と深く結びついて価値創造するものもある。しかしそれ以外の16目標は社会的課題の解決に貢献する目標であり，ステークホルダーの期待に応えることになる。たとえば，貧困や飢餓などに貢献することは，貢献しないことで価値毀損を抑制している。このような社会的課題解決の目標は価値創造というよりも，取り組むことで企業の価値毀損を抑制する機能となっている。つまり企業の価値創造は，事業部の事業戦略によって顧客価値を獲得することと，本社の全社戦略としてシナジーの創出とアネルギーの抑制を実現することである。

　また，価値創造は企業が単独で行うだけでなく，ステークホルダーとの共創も重要視される。こうした価値共創としては，ステークホルダー・エンゲージメントにより商品の安全・安心に応えた商品開発を行うことで，新たな収益獲得機会の増大につながることが考えられる。さらに，ステークホルダー・エンゲージメントにより労働環境やダイバーシティ，気候変動に関わる企業戦略を修正することによって，社会的課題の解決に貢献し企業の価値毀損を抑制していくことも価値共創である。

　要するに，企業の価値創造とは，事業部による顧客価値と本社による全社シナジーからなる価値創造だけではない。全社アネルギーの抑制という価値毀損の抑制も含めて価値創造が求められなければならない。こうした価値創造では，企業単独の戦略として創造するだけでなく，ステークホルダーとの価値共創が求められている。SDGsのような社会的課題の解決には，ステークホルダーとの価値共創が必須である。

---

9)　SDGsでは，貧困，飢餓，健康と福祉，教育，ジェンダー，安全な水とトイレ，エネルギー，働きがい，技術革新，差別，まちづくり，製造責任・消費責任，気候変動，海洋資源，生態系保護，平和と公正，パートナーシップという17の目標を設定している。

4.2 オクトパスモデルの限界

　IIRCフレームワークの要旨（IIRC, 2013, p.4）には，統合報告書は長期にわたって企業報告書の規範となる必要があると記述されている。そのためには，価値創造の可視化，統合思考，それに情報の結合性という指導原則を考慮する必要がある（IIRC, 2013, p.2）。価値創造と価値毀損の抑制は前項で既述した通りである。統合思考は，戦略実行のための統合型マネジメントシステムの思考をさす。一方，情報の結合性とは，価値創造プロセスの中にある内容項目間および内容項目と資本の結合性を意味する。このためにIIRCフレームワークでは，すでに検討したオクトパスモデルを提案している。

　オクトパスモデルは，統合思考と情報の結合性を可視化する価値創造プロセスの１つである[10]。内容項目を網羅的に図示できるという点で，オクトパスモデルは優れた可視化ツールといえよう。ところが，オクトパスモデルは概念図であり，これだけでは事業部や部門の資本の利用は認識できない。また，財務情報と非財務情報を示すことはできるとしても，情報の結合性という点からこれらの因果関係を可視化できるわけではない。したがって，オクトパスモデル以外に，価値創造と価値毀損の抑制，統合思考，それに情報の結合性を可視化する価値創造プロセスの可視化が求められる。

　また，IIRCフレームワークの価値創造は，企業にとっての価値と，社会全体にとっての価値（IIRC, 2013, 2.4）があるとしている。たとえば，電気自動車のようにCO_2を排出しない自動車を開発したとき，これは企業にとっての価値なのかそれとも社会にとっての価値なのかという課題がある。社会にとっての価値が企業にとっての価値を創造する場合，両者を峻別することはできないという課題である。つまり，価値創造を自社にとっての価値と社会にとっての価値に分類することは，実際問題として困難だということにな

---

[10]　Dumay et al.（2017）が指摘しているように，統合思考と情報の結合性に関してIIRCフレームワークの定義が不明確である。両者は非常に密接であることは間違いないが，本書では，これらを明確に区分して扱うべきであると提案する。統合思考というときはグループ企業や事業部，部門などの組織間を統合することによって戦略策定と実行を統合することをさす。情報の結合性とは，内容項目間と資本の情報の結合性を意味する。

る。この点は社会的課題解決のための事業戦略であるため，共有価値の追求といえる。しかし共有価値では，情報漏洩の低減といった事業戦略と結びつかない価値毀損の抑制をどこで扱うのかが不明である。

　さらに，ステークホルダーとの関係性に関して，IIRCフレームワークでは企業がステークホルダーの価値創造を考慮に入れる必要性があることを示している。つまり，「統合報告書は企業と主要なステークホルダーとの関係性について特性と特質を洞察するのに役立つとともに，企業がステークホルダーの正当なニーズと利害をどのように，またどの程度理解し，考慮し，対応するかを洞察する上でも役立たなければならない（IIRC, 2013, 3.10）」と記述している。ところが，この文言だけではステークホルダーとの価値共創を扱っているかどうかはわからない。本研究では，統合報告として経営者とステークホルダーとの価値共創まで扱うべきであると考えている。

　以上より，オクトパスモデルは，価値創造と価値毀損の抑制，統合思考，情報の結合性，ステークホルダーとの価値共創を考慮できないという課題がある。これらのうち，事業戦略の統合思考と情報の結合性は，Kaplan and Norton（2004）が構築したBSCの戦略マップ（図表3-5）によって解決できる。そこで，BSCについて簡単に解説する。

　図表3-5の戦略マップは，Southwest Airlinesの業務プロセスで卓越しようという戦略を可視化したものである。顧客価値提案はコスト・パフォーマンスの訴求である。Southwest Airlinesは，これまでの航空業界とは異なる戦略を提案した。価格を長距離バス並みに低価格にするとともに定刻発着して学生や家族旅行のように安いチケットを好む顧客を引きつけて，リピーターになってもらおうという提案である。この顧客価値提案が顧客に受け入れられれば，収益が増大するとともに，機体数を減少させることで生産性が向上して，その結果として利益が増加し，純資産利益率（return on net assets: RONA）も増加する。

　安売りチケットを実現するために，地上での折返し時間を少なくすることで便数を増やして，規模の経済を働かせることにした。折返し時間を短縮するには，主に駐機場スタッフが業務改善をしなければならない。これらの戦

図表3-5　Kaplan and NortonのBSC

戦略マップ		スコアカード		アクション・プラン	
プロセス：業務管理 テーマ：地上の折り返し	戦略目標	尺度	目標値	戦略的実施項目	予算
財務の視点 利益とRONA 収益増大　機体の減少	■収益性 ■収益増大 ■機体の減少	■市場価値 ■座席の収益 ■機体のリース費用	■年成長率30% ■年成長率20% ■年成長率 5%		
顧客の視点 より多くの顧客を誘引し維持 定刻の発着　最低の価格	■より多くの顧客を誘引し維持する ■定刻の発着 ■最低の価格	■リピート客の数 ■顧客数 ■連邦航空局定刻到着評価 ■顧客のランキング	■70% ■毎年12%の増加 ■第1位 ■第1位	■CRMシステムの実施 ■クオリティ・マネジメント ■顧客ロイヤルティ・プログラム	$ xxx $ xxx $ xxx
内部プロセスの視点 地上での迅速な折り返し	■地上での迅速な折り返し ■定刻出発	■地上滞在時間 ■定刻出発	■30分 ■90%	■サイクルタイムの改善プログラム	$ xxx
学習と成長の視点 戦略的な業務駐機場係員 戦略的システム係員の配置 地上係員の方向づけ	■必要なスキルの開発 ■支援システムの開発 ■地上係員の戦略への方向づけ	■戦略的業務のレディネス ■情報システムの利用可能性 ■戦略意識 ■地上係員の持株者数の割合	■1年目　70% 　2年目　90% 　3年目 100% ■100% ■100% ■100%	■地上係員の訓練 ■係員配置システムの始動 ■コミュニケーション・プログラム ■従業員持ち株制度	$ xxx $ xxx $ xxx $ xxx
				予算総額	$ xxx

出典：Kaplan and Norton（2004, p.53）。原文ではBSCと表記されているが，本書ではスコアカードと表記している。

略を実行して初めて戦略が実現できる。このような戦略目標間の因果関係を図示したものが**戦略マップ**である。

　戦略が可視化されたら，次は，戦略が達成できたかどうかを測定しなければならない。戦略の達成度を測定する指標が**スコアカード**の尺度の意味である。たとえば，内部プロセスの視点の戦略目標は「地上での迅速な折返し」である。迅速な折返しができたかどうかを測定する尺度として，「地上滞在時間」と「定刻出発」を選択した。地上での滞在時間は現在60分かかっているが，これを半減して30分という目標値を設定した。同時に，定刻出発は現在70％しか実現していないが，90％達成を目標値として設定した。

　目標値を設定してもそれを実現してくれる手段がなければ絵に描いた餅に終わる。目標値を実現して戦略目標を達成し，戦略の実行に貢献するのが一

連の**戦略的実施項目**である。Southwest Airlinesでは，「地上での迅速な折返し」を達成してくれる戦略的実施項目として「サイクルタイムの改善プログラム」を考えた。多様な地上業務を棚卸して，最短経路となっているクリティカルパスを見つけ出し，クリティカルパスから順に改善していってサイクルタイムを大幅に短縮していくというプログラムである。このプログラムを実施するには経費が掛かるので，戦略予算として見積っておく必要がある。内部プロセスの戦略目標だけを落とし込んだが，すべての戦略目標を同じように落とし込んだ結果が図表3-5である。この図の財務の視点を見ると，財務の視点は結果であるために戦略的実施項目が存在しない。財務業績を向上するパフォーマンス・ドライバーがあれば，財務の視点の戦略的実施項目は必要ないともいえよう。

4.3　戦略マップによる統合思考の実現

　統合思考の観点に立てば，企業戦略と事業戦略は整合されなければならない。このためには，企業戦略と事業戦略のアラインメント（整合性）を考慮しておく必要がある。

　企業戦略と事業戦略のアラインメントの取り方は，伊藤（2014, pp.108-112）が明らかにしたように，ボトムアップ・タイプ，トップダウン・タイプ，ミドルアップトップダウン・タイプの3つがある。これらの分類はそれぞれにメリットとデメリットがあり，どのタイプが優れているかというものではなく，企業の特性によって選択されるべきものである。本社（親会社）が多様な事業部（事業会社）の戦略をすべて認識できないのであれば，事業戦略は事業部（事業会社）に任せてしまい，本社（親会社）では財務数値のみを計画するというボトムアップ・タイプがよい。また，本社（親会社）が事業部（事業会社）の事業内容にかなり熟知していて，本社（親会社）の立場で事業戦略に関わる必要があるのであればトップダウン・タイプがよい。さらに，事業部（事業会社）が事業戦略を策定して本社（親会社）に上申し，本社（親会社）は全社戦略の観点から事業戦略を考慮するのであれば，ミドルアップトップダウン・タイプがよい。

図表3-6　企業戦略と事業部・支援部門の関係

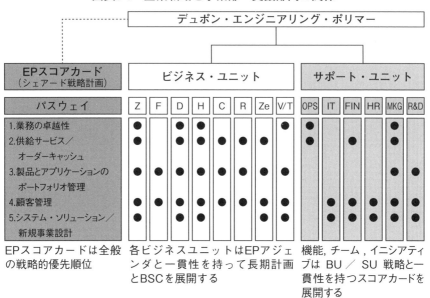

出典：Kaplan（2001）.

　企業がどのアラインメントを採用するとしても，企業戦略を戦略マップで可視化することによって，統合思考を可視化する必要がある。ここで，統合思考についてさらに検討する。

　第1の課題として，本社が事業部や部門を考慮に入れた短期・中期・長期の価値創造を可視化するという意味での**統合思考**を考察する。統合思考に関わる企業戦略とそれを実現する事業部や支援部門の関わりであり，これを図表3-6に示す。

　この図表3-6は，デュポン・エンジニアリング・ポリマー社が構想した企業戦略を示したものである。図の左に示してあるパスウェイとは，戦略を細分した戦略テーマのことである。業務の卓越性，供給サービス／オーダーキャッシュは短期的な戦略テーマである。製品とアプリケーションのポートフォリオ管理と顧客管理は中期の戦略テーマである。そして，システム・ソリューション／新規事業設計は長期の戦略テーマである。これらの戦略テーマ

をすべて実現するのが同社の企業戦略である。

　この企業戦略に事業部や支援部門がどのように関わるかについては，黒丸で示してある。たとえば，図表3-6の業務の卓越性という戦略テーマを実現するのは，Z，D，H，V/Tの事業部であり，それをサポートするのがOPS（オペレーション）とMKG（マーケティング）の部門である。この図表3-6を統合報告書に可視化すれば，企業という立場で事業部と部門の統合思考を垣間見ることができる。この統合思考は，事業部や部門間でのシナジー創出という企業戦略を意味している。つまり，シナジー創出を実現するために，特定の戦略テーマの下で複数の事業部と支援部門が協力し合っていることが理解できる。また，５つの戦略テーマを可視化することで，短期・中期・長期の価値創造能力を窺い知ることができる。要するに，図表3-6は，統合思考を可視化するのに必要な情報であるといえよう。

4.4　戦略マップによる情報の結合性の確保

　第２の課題として，企業戦略を戦略マップで可視化して戦略テーマごとにポートフォリオ・マネジメントを図ることを考察する。まず，企業戦略の可視化には，企業全体の戦略テーマを特定する必要がある。戦略テーマの可視化に当たっては，しばしば顧客への価値提案として構築することができる。比較的短期に成果が出やすい卓越した業務，中期的に成果が出ると期待される顧客関係性重視，比較的長期にならないとなかなか成果が出ない製品リーダーシップである。このような戦略テーマに基づいて，デュポン・エンジニアリング・ポリマー社は，図表3-7のような戦略マップを描くことで，企業戦略の可視化を行っている。

　図表3-7には，業務プロセスと供給システムという業務の卓越性に関わる戦略テーマが２つある。また，アプリケーションと顧客管理という顧客関係重視に関わる戦略テーマが２つある。さらに，ブレークスルーするような製品リーダーシップに関わる戦略テーマが１つある。合計５つの戦略テーマによって企業戦略の可視化が行われている。戦略テーマ別に戦略目標の因果関係が描かれている。

図表3-7 戦略マップによる企業戦略の可視化

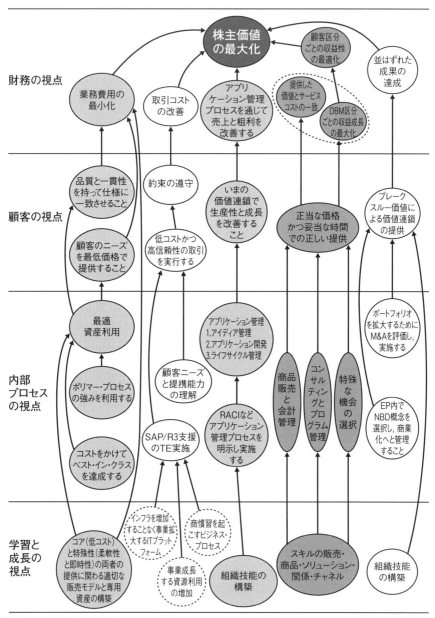

出典：Kaplan（2001, p.2）.

　図表3-7の戦略マップの最も左に因果関係で示してあるのが卓越した業務の戦略テーマである。その右隣りが供給サービス／オーダーキャッシュ，製品とアプリケーションのポートフォリオ管理，顧客管理，そして最も右にあるのがシステム・ソリューション／新規事業設計の戦略テーマである。このような複数の戦略テーマを持つことで，ポートフォリオ・マネジメントとしての企業戦略を果たしている。つまり，図表3-4に示すようにシナジー創出するとともに，もう１つの機能であるポートフォリオ・マネジメントを実現している。ポートフォリオ・マネジメントについては，特定の戦略テーマだけに偏ることはせず，複数かつ短期・中期・長期という時間軸の異なる戦略テーマを持つことで，リスク分散していることが理解できよう。以上の図表3-6と図表3-7によって，統合思考を可視化できたことが理解できよう。

　戦略マップは，財務の視点，顧客の視点，内部プロセスの視点，学習と成長の視点という４つの視点で戦略目標間の因果関係を可視化している。財務の視点は，過去の意思決定の結果として財務指標で測定される。顧客の視点は，現在の顧客が満足しているかあるいは信頼してくれているかといった顧客の反応を測定することができる。内部プロセスの視点は，財務の視点や顧客の視点のステークホルダーが満足いくようなビジネスプロセスを構築することができる。最後の学習と成長の視点は，内部プロセスの視点のビジネスプロセスを再構築するに当たって，これらを下支えする人的資産・情報資産・組織資産を準備することができる。

　たとえば，業務の卓越性という戦略テーマは，「コア（低コスト）と特殊性（柔軟性と即時性）の両者の提供に関わる適切な販売モデルと専用資産の構築」という学習と成長の視点の戦略目標を達成し，内部プロセスの視点の「コストをかけてベスト・イン・クラスを達成する」と「ポリマー・プロセスの強みを利用する」という戦略目標を実現できれば「最適資産利用」という戦略目標が構築される。これらが実現されると「顧客のニーズを最低価格で提供すること」と「品質と一貫性を持って仕様に一致させること」という顧客の視点の戦略目標が実現できる。その結果として財務の視点で「業務費用の最小化」を果たし「株主価値の最大化」という戦略目標に寄与するとい

う戦略の仮説が描かれている。

　BSC[11]では，戦略マップによる戦略目標間の因果関係を描くことで，たとえば卓越した業務を実現するという戦略テーマを可視化することができる。また，戦略テーマを構成する戦略目標の達成度を管理するために，目標値と実績値を測定し，そのギャップを埋めるための戦略的実施項目を記述するスコアカードを準備しなければならない。戦略マップによって戦略を可視化するだけでなく，スコアカードによって戦略の達成度を測定し管理することによって，戦略の実現可能性は向上する。さらに，使い方によっては，戦略そのものを修正することもできる。

　このようなスコアカードを前提とした戦略マップを統合報告書で可視化することができれば，戦略の統合思考を実現できるようになる。また，戦略マップによって従業員とステークホルダーへの情報開示ができるため，企業内外での情報の一貫性を保つことができる。さらに，戦略マップによって財務情報と非財務情報による情報の結合性を確保できるようになる。第1章で検討したMassingham et al.（2019）が戦略マップによる戦略の可視化を提唱したのは，まさにこのような理由からである。ところが，Massingham et al.（2019）の戦略マップだけでは，統合思考と価値毀損の抑制を考慮できないという課題がある。

4.5　戦略マップによる戦略の可視化の課題

　戦略マップによる価値創造プロセスの可視化は，統合思考と情報の結合性というメリットがある。多くの企業が戦略マップによる価値創造プロセスを可視化していればよいが，ことはそれほど易しくはない。戦略マップによる価値創造プロセスの可視化を行うには，企業はBSCを導入していなければならない。ところが，欧米と比較すると日本のBSC導入率は極めて低調で

11）BSCについては，伊藤（2014）の第1章を参照していただきたい。戦略マップは戦略を可視化するツールとして機能する。一方，この戦略マップに基づいて構築されるスコアカードは，戦略の達成度を測定し管理するマネジメントシステムとして機能する。BSCは多くのマネジメントシステムと同様に，戦略を所与として，実績値を目標値（計画値）に一致させようとするシングルループの学習として利用することができる。しかし，BSCは戦略そのものを修正するダブルループの学習として機能する点で，優れたマネジメントシステムであることを忘れてはいけない。

ある。たとえば，欧米のBSC導入率は，2000年ごろにはすでに北米のフォーチュン1,000社のうちの50%，ヨーロッパでも40から45%という高い導入状況であった（Kaplan and Norton, 2001, p.2）。また，Silk（1998）の調査でも，フォーチュン500社の60%がBSCを導入していたとの調査結果を報告している。

　これに対して，我が国の実態調査結果を見ると，BSC導入率は必ずしも芳しいものではない。2001年に行った乙政調査（2003）では，4.3%（7/161社）の導入率でしかなかった。2003年に行った櫻井調査（2008, p.538）では，BSCの導入率は7.5%（8/107社）に増加した。その後は，2012年に行った企業予算制度研究会調査（2018）は7.9%（14/177社），2012年度に行った川野調査（2014）は9.5%（17/179社），2013年に行った上東調査（2014）は9.5%（9/95社）という状況であった[12]。このような調査結果から，我が国のBSCの実態は10%程度の導入率でしかない。そのような現実を考えると，統合報告書で戦略マップを可視化できる企業はそれほど多いわけではない。

　BSCを実施していなくても，スコアカードの作成までは行わずに，戦略マップだけを可視化することは可能である。戦略マップの可視化であればIR部門だけで作成することもできなくはない。IR部門だけで戦略マップを作成できれば，BSCを導入していない企業でも統合報告書で戦略マップを可視化できるというメリットがある。ところが，戦略の可視化を行うのに戦略を担当する経営企画室といった組織を関わらせないと，間違った戦略の可視化をしてしまう危険性がある。

　統合報告書の作成はIR部門が主管であるとしても，戦略の策定と実行は経営企画室が経営者を支援する主管であり，社会的課題への対応はCSR室が主管である。このように，複数の部門が組織横断的に関わって一貫性のある報告書を作成する必要がある。つまり，IR部門だけで戦略マップを作成することは危険である。IR部門だけで作成した戦略マップは，統合思考を担保できないだけでなく，情報の結合性を確保することもできなくなる可能

---

[12] 乙政・梶原（2009）の東証一部・二部上場企業1,043社に対する調査（回収率35.1%）では，22.2%（78/351社）という導入率が非常に高い調査結果となった。

性がある。この意味で，経営企画室を統合報告の主管にすることは大きな意味を持つ。

　BSCを実施していない企業が統合報告書のためにBSCを導入すべきかと問われれば，答えは否である。というよりも，統合報告書の作成のためにBSCを導入するだけでは価値は半減する。むしろ第1章で検討したStubbs and Higgins（2014）が求めたように，サイロとなっている組織を組織横断的に業務活動するような組織へと組織変革を行うため，あるいはKaplan and Norton（2001）が求めたように戦略志向の組織に変革するためにBSCを導入するという方向を模索すべきである。そうすることで，従業員はやらされ感から学習する組織へと価値観変革していくことになる（梅田・伊藤，2017）。

　BSCを導入するに当たっては，実務的にはいろいろな課題がある。乙政（2003）は，導入率の低さに対するアンケート調査から興味深い結論を下している。この調査は，現時点でBSCの導入を考えていない62社と今後とも導入することはない2社を合わせた64社に対する興味深い調査である。これらの企業がBSCを導入しない理由として5つを挙げている。
　① 業績指標の簡便性を維持したいから（50%，32社）
　② 様々な視点の業績指標によるトレードオフが予想されるから（25%，16社）
　③ すでに企業内で類似的手法が存在し，良好に機能しているから（21.9%，14社）
　④ 導入・維持コストが便益を上回ると予想されるから（12.5%，8社）
　⑤ 従業員の理解を得ることが困難であると予想されるから（10.9%，7社）
　まず，「①業績指標の簡便性を維持したいから」は，すでに利用している財務指標で十分であるという指摘である。原因より結果を重視するという指摘であると考えられるが，パフォーマンス・ドライバーとしての非財務指標の意義やBSCを理解していないための理由と考えられる。

　次に，「②様々な視点の業績指標によるトレードオフが予想されるから」もBSCの理解不足から来たものである。利益最大化といった単一目標の最適化経営はしばしば短期志向に導かれる。一方，複数目標の満足化経営は複

雑ではあるが，短期と長期のバランスを図ることができる。導入時にBSCについての教育を徹底することで，トレードオフというデメリットはバランスというメリットに変わると期待される。

　また，「③すでに企業内で類似的手法が存在し，良好に機能しているから」という理由もしばしば実務では耳にする。確かに目標管理や方針管理などBSCに類似する手法は多くの企業に存在している。ところが，これらの類似手法はすべて業務管理ツールであり，戦略を所与としたシングルループの学習しか機能しない。戦略を修正するダブルループの学習機能をシステマティックに実現できるのは，いまのところBSCだけである。その意味では，類似手法を導入しながらもBSCを一緒に導入する意義がある。むしろ，それらの連携をいかにすべきかという課題にチャレンジすべきである。

　さらに，「④導入・維持コストが便益を上回ると予想されるから」という理由が提示されている。この理由は極めて重要である。どのようなマネジメントシステムも，コストを上回る便益がなければ導入する意味がない。この時の便益は，利益だけではない。企業がBSCを適切に導入できれば，企業が横断的組織になったり，戦略志向の組織になったり，モチベーションが高まって価値観変革を起こしたり，イノベーションを起こしたりするようになる。BSCの導入にはこうした効果があるといわれている。

　最後の「⑤従業員の理解を得ることが困難であると予想されるから」という理由は，新たなマネジメントシステムを導入するときにはしばしば問題視される。どのような企業も，従業員は戦略に関わるマネジメントシステム導入の権限を持っていない。また，従業員にとっては新たなシステムを導入することは仕事が増えるだけで基本的に否定的な態度を取りがちである。それを説得するのはトップしかいない。トップが深くコミットしてBSCを常に支援していけば，従業員にとってBSCの導入はそれほど大きな負担にはならないと考えられる。

　BSCの導入率が低い理由のほとんどは，BSCを正しく理解していないための言い訳に過ぎないと考えられる。もちろんBSCの効果がコストを下回るという点は説得力のある理由である。BSCの導入率を高めるためには，

BSC導入のメリットについて正しく理解して，BSCの導入を検討する余地がある。統合報告書を作成するためだけにBSCを導入することは本末転倒であることも理解しておく必要がある。

　最後に，戦略マップの可視化そのものが困難なケースもあることを指摘しておきたい。企業戦略を戦略マップで可視化することは，デュポン社のような多様な事業会社を持つコングロマリット企業には困難である。むしろ比較的類似した複数の事業を行っているデュポン・エンジニアリング・ポリマー社のようなケースでは，戦略マップによって戦略を可視化できる。統合思考と情報の結合性を備えた戦略の可視化として戦略マップの作成は一考の価値がある。

▶ まとめ

　本章は，管理会計研究というアプローチで統合報告を検討してきた。それは，統合思考の下で，統合報告が投資家やステークホルダーだけでなく，経営者にとっても意義があることから理解できよう。本章はこれまで財務会計研究者が中心となって研究してきた統合報告を，管理会計研究者として検討した。管理会計研究の成果が価値創造プロセスの可視化に大いに貢献できることが理解できたといえよう。この検討の結果，3つの発見事項があった。

　第1の発見事項は，企業価値は株主価値ではなく，ステークホルダー価値と捉えるべきであるとした点にある。財務会計研究者の多くは，企業価値を株主価値と仮定し，経済価値として将来キャッシュフローの現在価値で測定している。しかしIIRCフレームワークは，経済価値だけではなく社会価値も含めて共有価値のように捉えることを提案している。人的資本，知的資本，社会・関係資本，自然資本といった経済価値では測定できない資本が生み出す価値も含めて企業価値と捉えている。経済価値だけでなく地域住民などを重視する社会価値は重要である。要するに，企業価値というとき，経済価値や社会価値だけでなく，従業員や経営者といった組織価値や顧客価値といっ

たものまで含めたステークホルダー価値と捉えるべきであることがわかった。

　第２の発見事項は，価値創造プロセスの可視化にとって戦略に関する管理会計研究の成果が重要であるという点である。IIRCフレームワークでは，指導原則に戦略への焦点と将来志向があり，内容項目に戦略と資源配分がある。ところが，IIRCフレームワークには本章で検討した戦略の統合に関する記述が不足している。戦略と密接な関係にあるインタンジブルズの測定についての記述もない。また，価値創造プロセスの可視化としてオクトパスモデルを提案しているが，戦略マップの方が効果的であると考えられる。つまり，戦略マップを用いることで，価値創造と価値毀損の抑制，統合思考，情報の結合性に対応できるというメリットがある。

　第３の発見事項は，オクトパスモデルではIIRCフレームワークの統合思考を可視化できないということである。統合思考とは，短期・中期・長期の価値創造プロセスの下で，戦略を実行するための統合されたマネジメントシステムの思考をさす。本社としてはシナジーの創出とアネルギーの抑制を行うことである。また，短期・中期・長期の価値創造プロセスを可視化するにはポートフォリオ・マネジメントを考慮できなければならない。また，企業戦略と事業戦略を統合するには，それぞれの戦略の関係性を可視化できなければならない。こうした価値創造プロセスの可視化を行うには，戦略マップが効果的である。BSCの導入率の低い我が国にとって，戦略のニーズを再考し，戦略マップによる価値創造プロセスの可視化を期待したい。

参考文献

Adams, C. A.（2017）Conceptualising the Contemporary Corporate Value Creation Process, *Accounting, Auditing & Accountability Journal*, Vol.30, No.4, pp.906-931.

Amel-Zadeh, A. and G. Serafeim（2018）Why and How Investors Use ESG Information: Evidence from a Global Survey, *Financial Analysts Journal*, Vol.74, No.3, pp.87-103.

Barney, J.（1991）Firm Resources and Sustained Competitive Advantage, *Journal of Management*, Vol.17, No.1, pp.99-120.

Drucker, P. F.（1954）*The Practice of Management*, Harper & Row, Publishers, Inc.（上田惇生訳（2002）『新訳　現代の経営　上』ダイヤモンド社）.

Dumay, J., C. Bernardi, J. Guthrie and M. L. Torre（2017）Barriers to Implementing the

International Integrated Reporting Framework: A Contemporary Academic Perspective, *Meditari Accountancy Research*, Vol.25, No.4, pp.461-480.

Eccles, R. G. and M. P. Krzus（2010）*One Report: Integrated Reporting for a Sustainable Strategy*, John Wiley & Sons（花堂靖仁監訳（2012）『ワンレポート：統合報告が開く持続可能な社会と企業』東洋経済新報社）.

Feng, T., L. Cummings and D. Tweedie（2017）Exploring Integrated Thinking in Integrated Reporting: An Exploratory Study in Australia, *Journal of Intellectual Capital*, Vol.18, No.2, pp.330-353.

Haji, A. A. and D. M. Hossain（2016）Exploring the Implications of Integrated Reporting on Organisational Reporting Practice: Evidence from Highly Regarded Integrated Reporters, *Qualitative Research in Accounting & Management*, Vol.13, No.4, pp.415-444.

Hsiao, P-C. K. and M. Kelly（2018）Investment Considerations and Impressions of Integrated Reporting: Evidence from Taiwan, *Sustainability Accounting, Management and Policy Journal*, Vol.9, No.1, pp.2-28.

IIRC（2011）*Towards Integrated Reporting: Communicating Value in the 21st Century*, International Integrated Reporting Committee.

IIRC（2013）*The International <IR> Framework*, International Integrated Reporting Council.

IIRC（2021）*International <IR> Framework*, International Integrated Reporting Council.

Kaplan, R. S.（2001）Using Strategic Themes to Achieve Organizational Alignment, *Balanced Scorecard Report*, Vol.3, No.6, pp.1-5, November-December, Harvard Business School Publishing.

Kaplan, R. S. and D. P. Norton（2001）*The Strategy-Focused Organization: How Balanced Scorecard Companies Thrive in the New Business Environment*, Harvard Business School Press（櫻井通晴監訳（2001）『キャプランとノートンの戦略バランスト・スコアカード』東洋経済新報社）.

Kaplan, R. S. and D. P. Norton（2004）*Strategy Maps: Converting Intangible Assets into Tangible Outcomes*, Harvard Business School Press（櫻井通晴・伊藤和憲・長谷川惠一監訳（2005）『戦略マップ：バランスト・スコアカードの新・戦略実行フレームワーク』ランダムハウス講談社）.

Kaplan, R. S. and D. P. Norton（2006）*Alignment: Using the Balanced Scorecard to Create Corporate Synergies*, Harvard Business School Press（櫻井通晴・伊藤和憲監訳（2007）『BSCによるシナジー戦略：組織のアライメントに向けて』ランダムハウス講談社）.

Lev, B.（2001）*Intangibles: Management, Measurement, and Reporting*, The Brookings Institution Press（広瀬義州・桜井久勝監訳（2002）『ブランドの経営と会計：インタンジブルズ』東洋経済新報社）.

Lyakhov, A. and T. Gliedt（2017）Understanding Collaborative Value Creation by Environmental Nonprofit and Renewable Energy Business Partnerships, *Voluntas*, Vol.28,

No.4, pp.1448-1472.

Maroun, W.（2018）Modifying Assurance Practices to Meet the Needs of Integrated Reporting: The Case for "Interpretive Assurance", *Accounting, Auditing & Accountability Journal*, Vol.31, No.2, pp.400-427.

Massingham, R., P. R. Massingham and J. Dumay（2019）Improving Integrated Reporting: A New Learning and Growth Perspective for the Balanced Scorecard, *Journal of Intellectual Capital*, Vol.20, No.1, pp.60-82.

McKinsey & Company, Inc.（2000）Valuation: Measuring and Managing the Value of Companies, 3rd ed.（マッキンゼー・コーポレート・ファイナンス・グループ訳（2002）『企業価値評価：バリュエーション：価値創造の理論と実践』ダイヤモンド社）.

Porter, M. E.（1980）*Competitive Strategy: Techniques for Analyzing Industries and Competitors*, The Free Press（土岐坤・中辻萬治・服部照夫訳（1982）『競争の戦略』ダイヤモンド社）.

Porter, M. E. and M. R. Kramer（2011）Creating Shared Value, *Harvard Business Review*, Jan.-Feb., pp.62-77（編集部訳（2011）「共通価値の戦略」『DIAMONDハーバード・ビジネス・レビュー』6月号, pp.8-31）.

Silk, S.（1998）Automating the Balanced Scorecard, *Management Accounting*, Vol.79, No.11, pp.38-42.

Stubbs, W. and C. Higgins（2014）Integrated Reporting and Internal Mechanisms of Change, *Accounting, Auditing & Accountability Journal*, Vol.27, No.7, pp.1068-1089.

Tilley, C.（2011）Integrated Reporting must Complement a Company's Strategic Goals, *Financial Management*, May, p.65.

Ulrich, D. and N. Smallwood（2003）*Why the Bottom Line Isn't!: How to Build Value Through People and Organization*, John Wiley & Sons（伊藤邦雄監訳（2004）『インタンジブル経営：競争優位をもたらす「見えざる資産」構築法』ランダムハウス講談社）.

伊藤和憲（2014）『BSCによる戦略の策定と実行：事例で見るインタンジブルズのマネジメントと統合報告への管理会計の貢献』同文舘出版。

伊藤邦雄・加賀谷哲之（2001）「企業価値と無形資産経営」『一橋ビジネスレビュー』Vol.49, No.3, pp.44-62。

上東正和（2014）「わが国製造業における管理会計実践の実態と展望」『富大経済論集』Vol.60, No.1, pp.73-112。

梅田宙・伊藤和憲（2017）「戦略のカスケードによるインタンジブルズの構築」『原価計算研究』Vol.41, No.1, pp.116-128。

乙政佐吉（2003）「わが国企業における業績評価指標の利用方法に関する研究：バランス・スコアカードとの比較において」『六甲台論集　経営学編』Vol.49, No.4, pp.29-54。

乙政佐吉・梶原武久（2009）「バランス・スコアカード実践の決定要因に関する研究」『原価計算研究』Vol.33, No.2, pp.1-13。

貝沼直之・浜田宰編著（2019）『統合報告で伝える価値創造ストーリー』商事法務。

川野克典（2014）「日本企業の管理会計・原価計算の現状と課題」『商学研究』No.30, pp.55-86。

企業予算制度研究会編集（2018）『日本企業の予算管理の実態』中央経済社, pp.193-207。

上妻義直（2012a）「統合報告はどこへ向かうのか」『會計』Vol.182, No.4, pp.557-573。

上妻義直（2012b）「統合報告への移行プロセスにおける制度的課題」『産業經理』Vol.72, No.2, pp.16-24。

古賀智敏（2012）『知的資産の会計 改訂増補版』千倉書房。

小西範幸（2012a）「コミュニケーションツールとしての統合報告書の役割」『會計』Vol.182, No.3, pp.368-383。

小西範幸（2012b）「統合報告の特徴とわが国への適用」『企業会計』Vol.64, No.6, pp.762-771。

櫻井通晴（2008）『バランスト・スコアカード（改訂版）：理論とケース・スタディ』同文舘出版。

櫻井通晴（2019）『管理会計　第七版』同文舘出版。

倍和博（2012）「ESG情報開示に向けた会計情報フローの再編成」『會計』Vol.182, No.2, pp.198-210。

三代まり子（2012）「国際統合報告審議会（IIRC）による取組み：価値創造のための国際的なレポーティング・フレームワーク」『企業会計』Vol.64, No.6, pp.781-789。

向山敦夫（2012）「CSRの戦略的理解と社会環境情報開示：経済的価値と社会的価値のバランス」『會計』Vol.182, No.3, pp.339-353。

安井肇・久禮由敬（2012）「持続的な価値創造に資する統合報告への挑戦とその意義」『一橋ビジネスレビュー』Vol.60, No.1, pp.58-74。

第 **4** 章

情報の結合性の
文献レビュー

▶ はじめに

統合報告書を適切に作成するために、IIRC（International Integrated Reporting Council: 国際統合報告評議会）のIIRCフレームワーク（2013）が公表されている。そのIIRCフレームワークには、指導原則（guiding principles）が提示されている。7つある指導原則[1]の中で、戦略への焦点と将来志向およびステークホルダーとの関係性は戦略との関係で特に重要である。財務報告書が過去の財務情報に限定しているのに対して、サステナビリティレポートは将来のパフォーマンス・ドライバーである非財務情報に関わっており、これらを戦略と結びつけて関係づける必要がある。戦略への焦点と将来志向については第3章で検討した。また、ステークホルダーの社会的課題への対応については統合報告書の可視化すべき内容である価値創造の課題として第5章で検討する。

指導原則の中で、価値創造プロセスの可視化という点から比較的困難と思える課題が2つある。すなわち、マテリアリティと情報の結合性の課題である。マテリアリティの課題とは、社会的課題をマテリアリティとすべきか事業戦略の事象をマテリアリティとすべきかである。このように、サステナビリティのマテリアリティとIIRCフレームワークのマテリアリティに違いがあるため、その対応をいかにすべきかに多くの企業が苦慮している。この対応については第5章で検討する。

もう1つの対応が困難な指導原則として情報の結合性がある。統合報告書で情報の結合性が求められる理由として、ステークホルダーの意思決定のために、財務情報と非財務情報の因果関係を明らかにするということがある。財務情報は意思決定した結果を示すに過ぎず、意思決定する原因の非財務情

---

1) IIRCフレームワークの指導原則とは、戦略への焦点と将来志向、情報の結合性、ステークホルダーとの関係性、マテリアリティ、簡潔性、信頼と完全性、一貫性と比較可能性の7つである。戦略への焦点と将来志向は第3章のインタンジブルズの意義との関係で戦略を検討した。またステークホルダーとの関係性は第5章で詳細に検討する。マテリアリティは第5章で社会的課題の解決の意義を明らかにし、本章で価値創造プロセスとの関係を明らかにする。

報を特定し，因果関係のストーリーを明らかにすることが重要である。そうして初めてステークホルダーは価値創造プロセスが理解できるようになる。

　統合報告書の作成にはこれまでいくつかの提案が行われてきた。まず，統合報告書の作成をオクトパスモデルに準拠して，これを情報システムと結びつけることで作成を支援すべきだという提案（Kraten, 2017）がある。また，IIRCフレームワークは6つの資本を提案しているが，特にCSRに関わる資本を測定するために，複数資本スコアカードを提案したMcElroy and Thomas（2015）の研究がある。最後に，Kaplan and Norton（2004）の戦略マップによる戦略の可視化を提案した伊藤（2014）がある。伊藤の提案を実践したエーザイのケース（伊藤・西原, 2016）もある。これらの文献を情報の結合性という点から比較検討することで，それぞれの統合報告書の作成の課題を明らかにする。

　本章の目的は，統合報告書の作成に当たって考慮しなければならない情報の結合性について，3つの情報開示の提案を比較検討して，情報の結合性から見た統合報告書作成のあるべき姿を提案することである。第1節では，情報の結合性についてIIRCフレームワークの主張を明らかにする。第2節では，Kraten（2017）のオクトパスモデルと情報システムの連結という提案を紹介する。第3節では，McElroy and Thomas（2015）が提案するサステナビリティレポートを前提にした複数資本スコアカードを紹介する。第4節では，伊藤・西原（2016）が提案する戦略マップとしてエーザイの価値創造プロセスを紹介する。第5節では，3つの価値創造プロセスを情報の結合性に焦点を当てて比較検討する。最後に，本章の発見事項をまとめる。

1　結合性とは何か

　IIRCフレームワーク（2021）では，指導原則として情報の結合性（connectivity of information）を実現するように指摘している（IIRC, 2021, p.2）。このIIRCフレームワークの情報の結合性については，「統合報告書は，

企業の長期にわたる価値創造能力に影響を及ぼす要因の組合せ，相互関連性，相互依存関係の全体像を表さなければならない（IIRC, 2021, 3.6 p.26）」と記述している。この情報の結合性は，第1章で取り上げたDumay et al.（2017）の指摘にもあるように，何をもって情報の結合性というのかがはっきりしない。IIRCのテクニカルタスクフォースが作成したWICI（2013）"*Connectivity*"のバックグラウンドペーパー[2]を確認しても，情報の結合性の意味が具体的にはわからない。本書では，情報の結合性とは，内容項目間の結合性および内容項目と資本の結合性という2つの結合性があると解釈する。

　第1の情報の結合性は，統合報告書の内容項目（content elements）間を結合することである。この結合性では，外部環境と目的・ミッション・ビジョン，ガバナンスについてはそれ以外の内容項目の前提となっているものである。したがって，それ以外の内容項目との間に直接的な結合関係を可視化することはできない。しかし，それ以外の内容項目，特に財務情報と非財務情報の結合性を問題視することはできる。つまり，第1の情報の結合性とは，内容項目における財務情報と非財務情報の結合性と捉えることができる。

　第2の情報の結合性は，内容項目と資本の結合性である。ここでの内容項目はビジネスモデルを通じた活動であり，活動を行った結果として価値創造される資本との関係である。つまり，第2の情報の結合性とは，活動と資本の結合性と捉えることができる。

　第1の財務情報と非財務情報の結合性が求められる理由を検討する。統合報告が提唱されるまでは，企業では，アニュアルレポートのように法的強制力を持った投資家への情報開示として財務報告書が作成されてきた。同時に，企業は環境報告書やCSR報告書のようなサステナビリティレポートを，ステークホルダー・エンゲージメントを行う手段として任意に情報開示してきた。ところが，財務報告書とサステナビリティレポートの開示情報に一貫性がないために，投資家やステークホルダーの信頼を欠いていた。また，サス

---

2) この資料は以下からダウンロードできる。http://integratedreporting.org/wp-content/uploads/2013/07/IR-Background-Paper-Connectivity.pdf（2018/4/10）。また，日本語の翻訳版も以下でダウンロードできる。http://integratedreporting.org/wp-content/uploads/2013/03/2018-02-15_Connectivity_Background-Paper-_clean.pdf（2018/4/10）。

テナビリティレポートは企業の広報としての情報開示となりがちで，ステークホルダー・エンゲージメントに有用な透明性ある情報とはなり得ないという課題があった。財務情報と非財務情報を結合することで，こうした課題に対処する必要がある。

　このことから，IIRCフレームワーク（2021, 3B）では，第1の情報の結合性として財務情報と非財務情報を関係づけることを求めている。これは価値創造プロセスの中での情報の結合性である。具体的には，企業の内外環境やガバナンスとビジネスモデルに関わる項目として，リスクと機会，戦略と資源配分，実績と将来見通しの関係づけがある。あるいは，価値創造に関わって研究開発や人材育成，収益成長率，それに原価低減，価値毀損の抑制に関わって環境方針や課題解決の技術への影響，その結果として，顧客の満足や信頼性の向上，コーポレート・レピュテーションへの影響などの関係もある。また，過去の意思決定の結果として財務情報があり，これに影響を及ぼすのが非財務情報である。つまり，非財務情報は短期・中期・長期のパフォーマンス・ドライバーである。さらに，定量的情報と定性的情報の関係性も重要である。なお，これらをわかりやすく簡潔に表現することもステークホルダーにとっては大切なことである。

　第2の情報の結合性は，活動と資本の結合性である。これは，企業の目的である企業価値の創造と事業活動をいかに結合しているかであり，事業活動と資本の間の結合性を明らかにすることである。IIRCフレームワーク（2021）が求める企業価値とは，投資家が求める株主価値ないし経済価値を指し示すだけではない。企業価値を6つの資本（財務，製造，人的，知的，社会・関係，自然資本）として情報開示するよう求めている。

　財務報告書は製造資本と財務資本という経済価値を開示できる。統合報告書では他にも，インタンジブルズである人的資本，知的資本，社会・関係資本の開示，また特に環境負荷がかかるエネルギーや運送関係の企業では自然資本の開示が求められる。このように6つの資本を開示する理由は，企業価値を経済価値だけでなく，CSRで問題視される環境価値や社会価値も重視する共有価値（creating shared value: CSV）あるいはステークホルダー価

値と捉えているためである。

　要するに，第2の情報の結合性は，資本とインプットを関係づけ，事業活動を通じて出てきたアウトプットをアウトカムに変換して，このアウトカムと資本を関係づけることである。財務報告書による情報開示のように，企業価値を経済価値と捉えると，期首資本に活動による資本増減分を加減すれば期末資本となる。ところが統合報告書では，企業価値を共有価値ないしステークホルダー価値と捉えており，そこでは環境価値や社会価値といった価値をどのように測定すべきかという課題が持ち上がってくる。この課題は，財務会計研究のように客観的な貨幣性評価を求めていては解決しないインタンジブルズの測定問題でもある。インタンジブルズの測定を何らかの手法で解決できれば，活動と資本の結合性に対応できる可能性が生じる[3]。

2 オクトパスモデルに関わる情報ソースの紐づけ

　IIRCフレームワーク（2013）が提案するオクトパスモデルでは，まず，6つの資本（財務，製造，人的，知的，社会・関係，自然）をインプットとして，企業を取り巻く外部環境の下で，ミッションとビジョンを設定する。同時に，ステークホルダーのガバナンスの下で，戦略と資源配分，リスクと機会，実績と将来見通しを明らかにする。そのような見通しとなるための活動を特定し，これらのアウトプットとアウトカムを定量的情報もしくは定性的情報で捉え，価値創造を明らかにする。

2.1　オクトパスモデルと開示すべき情報

　IIRCフレームワークでは，オクトパスモデルに拘泥せず企業独自の裁量でユニークな価値創造ストーリーを提示すべきことを提案している。オクト

3）　貝沼・浜田（2019, p.55）によれば，FRC（英国財務報告評議会）のPaul Druckmanは，「日本の価値協創ガイダンスは，考え方はよいと思いますが，"connectivity"（結合性）の考え方が不足しているのではないでしょうか。」と指摘している。情報の結合性を満足することは極めて難しい課題である。

パスモデルはテンプレートとしてはよく考えられた図である。ところが，我が国企業のインタビューによれば，オクトパスモデルに従って価値創造プロセスを可視化することには難点があるという声をしばしば耳にする。その難点の1つとして，財務情報と非財務情報の因果関係を開示するための情報ソースがわからないというものがある。この点を問題視して情報管理システムとの連動を提案した研究に，Kraten（2017）がある。

Kraten（2017）は，IIRCフレームワークのオクトパスモデルの開示をベースとして，内容項目とその情報源となる情報管理システムをいかに関連づけるかという研究を行った。Kraten（2017）の研究によれば，価値創造プロセスはビジネスモデル，ガバナンス，資本からなり，これらの価値創造プロセスと情報管理システムを関係づけることが価値創造プロセスの可視化の要点であるという。つまり，価値創造プロセスを情報管理システムと連結させることができれば，適切な情報を入手して統合報告書で容易に開示できるという提案である。

Kraten（2017）は，**ビジネスモデル**に関わるデータを，インプット，活動，アウトプット，アウトカム（成果）に区分した。また，**ガバナンス**に関わる情報を，ミッションとビジョン，戦略と資源配分，将来見通し，実績，リスクと機会に区分した。最後に，企業価値である**資本**は，財務資本，製造資本，知的資本，人的資本，社会・関係資本，自然資本と区分している。オクトパスモデルと情報システムを連動させるというアイディアは統合報告書の作成の肝でもあるので，さらに詳細に検討する。

2.2　ビジネスモデルに関わる情報管理システム

ビジネスモデルと連動するための情報管理システムを図表4-1に示す。この図表4-1では，インプットはサプライチェーン分析，活動はプロセスフロー分析，アウトプットは販売分析，アウトカムは差異分析から情報を入手することを提案している。情報管理システムとしてコンピュータによるシステムだけでなく，ここで示しているようにサプライチェーン分析やプロセスフロー分析といったことも情報管理システムに含まれる。ここでの問題は，こ

図表4-1　ビジネスモデルに関わる情報管理システム

統合報告フレームワーク	統合情報管理システム
ビジネスモデル	業務
BM1：インプット	サプライチェーン分析
BM2：活動	プロセスフロー分析
BM3：アウトプット	販売分析
BM4：アウトカム	差異分析

出典：Kraten（2017）.

のようにビジネスモデルの要素と情報管理システムの間に単純な関係づけができるのかどうかである。

　インプットが原材料や消耗品などの資材調達であればサプライチェーン分析から入手できるが，従業員についてはサプライチェーン分析をしても情報を入手することはできない。また，活動はプロセスフロー分析から入手するとしているが，この分析のためには，何のためにどのような活動をいくら消費したかを把握しておく必要がある。アウトプットは，販売分析から入手するとしているように売上高に関わる情報は販売分析から情報を得られる。しかし，生産量や不良品などのアウトプットは必ずしも販売分析から入手することはできない。アウトカムは，目的に対する達成度であるが差異分析からは企業価値全体の情報を入手できない。差異分析から得られる情報は，製造と販売に関わるものでしかない。非財務情報のアウトカムは，測定の問題を解決しなければならず，差異分析すらできないため，容易に入手できる情報ではないといった課題がある。

　要するに，ビジネスモデルと情報管理システムを連結するKraten（2017）の提案は，アイディアとしては興味深い。また，Kraten（2017）の提案は，ビジネスモデルと情報管理システムの関係を考える必要があるというニーズにもマッチしている。しかし図表4-1を作成するだけで情報管理システムと連結できるわけではない。この図表4-1はビジネスモデルと情報管理システムの連結のヒントにはなるが，そのままでは連結できるかどうかわからないという課題がある。

2.3　ガバナンスに関わる情報管理システム

　ガバナンスと情報管理システムとの関係を検討する。Kraten（2017）は，ガバナンスとして，ミッションとビジョン，戦略と資源配分，将来見通し，実績，リスクと機会を想定している。ガバナンスはしばしば株主による統治と狭く捉えられるケースが多い。しかし，ガバナンスはステークホルダーに対する経営責任であり，Kraten（2017）がいうガバナンスは一考の価値があるといえよう。用語的にいえば，ガバナンスは，狭義のガバナンスも含めたビジネスモデルを取り巻く内容項目の統治と捉えるべきであるといえよう。これらのビジネスモデルを取り巻く内容項目と情報管理システムの関係を図示すると，図表4-2となる。

図表4-2　ガバナンスに関わる情報管理システム

統合報告フレームワーク	統合情報管理システム
ガバナンス	戦略
G1：ミッションとビジョン	バランスト・スコアカード
G2：戦略と資源配分	ABC
G3：将来見通し	変動予算
G4：実績	TQM
G5：リスクと機会	内部統制（ERM）システム

出典：Kraten（2017）.

　Kraten（2017）によれば，図表4-2から把握できるように，ミッションとビジョンはバランスト・スコアカード（balanced scorecard: BSC）から入手できるとしている。多くの企業では，これらのミッションとビジョンは経営企画室などが作成しており，統合報告書の中の社長インタビューや中期経営計画の中で開示している情報であって，BSCを導入していなくても入手できる。また，比較的多くの企業がすでにミッションやビジョンを開示していることも事実である。

　次に，Kraten（2017）は，戦略と資源配分がABC（activity-based

costing）から入手できるとしている。製品戦略として多品種少量生産から少品種大量生産への戦略転換に関わるデータはABCから入手することが可能である。しかし，ABCは原価改善として用いられることも多い。その意味では，BSCや原価企画，品質原価計算などの情報の方が戦略の策定や資源配分の情報として有益ではないだろうか。また，社会的課題の解決のための資源配分は，ABCから情報を入手できるわけではない。

　将来見通しは，Kraten（2017）によれば，変動予算からデータを入手できるとしている。財務情報で構造的変化がなければ変動予算を活用することも可能である。ところが，戦略が変われば収益構造も変わり，変動予算をそのまま使うことはほとんど不可能に近い。また，非財務情報の将来見通しは，変動予算のような財務情報からデータを入手することはできない。将来見通しの情報は，我が国の統合報告書では，社長インタビューや中期経営計画で開示している。将来見通しを推定することは戦略と結びつくので，単純に変動予算から将来見通しのデータを入手するという提案には疑問が残る。

　Kraten（2017）は，業務活動の実績をTQM（total quality management）から入手できるとしている。品質や生産関係のデータであればTQM情報として入手できるが，生産に関わるコスト関係のデータはTQMだけでは入手できない。TQMというよりもERP（enterprise resource planning）のような業務活動のデータベースとリンクさせる必要があろう。

　さらに，Kraten（2017）によれば，リスクと機会に関わるデータはERM（enterprise risk management）から入手できるとしている。たとえば，COSO ERMフレームワークに準拠した全社リスクマネジメントの情報管理システムを構築していれば，戦略と関係づけたリスクデータを入手できる可能性がある。しかし，事業戦略の事象のマテリアリティや社会的課題のマテリアリティによる優先順位づけ情報はしばしば裁量的な要素があり，必ずしもCOSO ERMフレームワークと連動しない可能性がある。

　要するに，内部管理を適切にガバナンスするには，ビジネスモデルを取り巻く内容項目を情報管理システムと連結することが重要である。ただし，Kraten（2017）が指摘するように図表4-2で示した単純な関係だけでこれら

を連結することはできない。そのため，ガバナンスに関わる内容項目と情報管理システムを連結するヒントにはなり得るが，もっと掘り下げた検討が必要になるといえよう。

2.4　資本に関わる情報管理システム

　6つの資本に関わる情報管理システムとの連結を図表4-3に示す。図表4-3より，財務資本は運転資本システム，製造資本は資本支出システム，知的資本はR&Dシステム，人的資本は従業員育成システム，社会・関係資本は公的関係とロビー活動システム，自然資本は全体設計のエコシステムから入手できることをKraten（2017）は提案している。これらの関係についても検討する。

図表4-3　6つの資本に関わる情報管理システム

統合報告フレームワーク	統合情報管理システム
資本	資金要請
C1：財務資本	運転資本システム
C2：製造資本	資本支出システム
C3：知的資本	R&Dシステム
C4：人的資本	従業員育成システム
C5：社会・関係資本	公的関係とロビー活動システム
C6：自然資本	全体設計のエコシステム

出典：Kraten（2017）.

　財務資本は運転資本システムから入手するとしているが，財務資本は運転資本だけではない。借入金や増資なども含まれる。また，製造資本は資本支出システムと密接ではあるが，投資額だけでなく過去の固定資産データも必要である。もちろん，財務資本と製造資本は，これまで開示してきた財務報告書と同じ情報であり，経理担当者が取り扱うデータから得られる財務情報である。従来から財務報告書として開示してきた情報であり，統合報告書の作成という点で改めて財務資本と製造資本を情報管理システムと連結する課

題は特にないといえよう。

　知的資本は，Kraten（2017）が指摘するように，R&Dシステムがあれば ここに多くのデータが収集できている。ところが，知的資本とはR&Dだけ でなく，ビジネス・プロセス全体に関わるイノベーションと密接に関わる問 題である。つまり，知的資本には製品イノベーションだけでなく，プロセス・ イノベーション，あるいは営業イノベーションなど，これまでの仕事の進め 方を変革することすべてが含まれる。知的資本をR&Dだけに限定して，製 品イノベーションとだけ解釈して情報システムと連動することは正しくはな い。R&Dだけでは知的資本の一部しか情報連結できないことに注意すべき である。

　人的資本は，Kraten（2017）によれば，従業員育成システムのデータベ ースから入手できるという。人材育成は事業戦略と密接となるスキルの向上 といったインタンジブルズがたくさんある。ところが，人材育成といっても 事業戦略と無関係なスキルの向上もある。たとえば，モチベーションを高め るための人事研修プログラム[4]は，必ずしもイノベーションに関わらないし， 価値創造に直結するわけでもない。問題はこれだけではなく，インタンジブ ルズとしてのスキルをいかに測定するかという課題も残されている。一方， 人的資本に含めるかどうか見解の一致を見ていないものもある。人的資本と して組織資本に関わる情報を扱うケースがある。たとえば，チームワーク， 戦略性，価値観といった情報は，従業員関係のシステムでは入手できないが， 重要なインタンジブルズ情報である。これらのインタンジブルズをどの情報 管理システムと関係づけるかを明らかにしておく必要がある。

　社会・関係資本について，Kraten（2017）は公的関係とロビー活動シス テムから入手できるとしている。慈善事業や社会貢献，企業市民活動などの 情報は広報などから入手できる。ところが，顧客やサプライヤーのようなビ ジネスに関わる関係資本についての情報は，広報から入手できない。さらに，

---

[4]　人事研修プログラムには，戦略と結びつくものというよりも，基礎知識を得るためのプログラムを用意 しているケースがある。人事が事業活動で必要なスキルを精査せずに，研修プログラムを従業員に回覧 する企業では，従業員のスキルアップにならないことがあることを認識しておく必要がある。

入手したデータの測定をいかにすべきかという課題も残されている。

　最後に，自然資本は，Kraten（2017）によれば，全体設計のエコシステムから入手できるとしている。石油や希少資源などの埋蔵量，CO_2などの環境汚染に関わる情報は，CSR室などが自然資本と情報管理システムとを結びつけて管理しておく必要があろう。カーボンフットプリント（carbon footprint: CFP）[5]だけでなく，ウォーターフットプリント[6]も問題視して，製品とサービスのライフサイクルでのCO_2や水の地域や環境への影響を評価する必要もある。カーボンフットプリントやウォーターフットプリントは特定の企業だけで完結する報告内容ではない。このように，サプライチェーン全体に関わって情報開示しなければならない点について，IIRCは，内容項目の作成と表示の基礎で，報告の範囲（reporting boundary）として明示している。ただし，資本と情報管理システムを連結すべきだと指摘したKraten（2017）のアイディアは重要であるが，単純には連結できないことを理解しておく必要がある。

　ここまでの検討により，オクトパスモデルと情報管理システムを統合するというKraten（2017）のアイディアは，重要な指摘であることが理解できる。統合報告書を作成するとき，開示すべき情報がどこに存在するのかを事前に把握しておくことは実務としては必須である。企業が情報開示するためには，財務情報だけでなく非財務情報についても情報ソースを紐づけておく必要があることをKraten（2017）が明らかにした。このような情報ソースという指摘は，実務で統合報告書を作成する担当者にとっては一考の価値があるといえよう。しかしこの提案は，データの一部しか入手できないという課題があることも考慮しておく必要がある。

---

[5]　CFPとは，ライフサイクルアセスメントを活用して，製品やサービスの原材料の調達から廃棄までのライフサイクル全体を通じて排出される温室効果ガスの排出量をCO_2に換算して，製品やサービスに表示する仕組みのこと。

[6]　これは，製品とサービスのライフサイクルで使用される水の総量を推定すること。

3 サステナビリティレポートのための複数資本スコアカード

　GRI（Global Reporting Initiative）に代表されるサステナビリティレポートは，企業の社会的責任（corporate social responsibility: CSR）によるトリプルボトムライン（経済の側面，環境の側面，社会の側面）を追求する統合報告書の1つのタイプである。CSR室が中心となってサステナビリティレポートを作成すると，情報開示の目的は社会的課題の解決が中心となり，トリプルボトムラインの情報に特化されてしまう可能性がある。サステナビリティレポートは企業の任意による報告書であるが，GRIのG3までは開示すべきチェックシートを順守しなければならなかった。つまり，外部のルールに準拠して情報を開示するアウトサイドイン・アプローチであった（Burritt and Schaltegger, 2010; Schaltegger, 2012）。ところが，GRIのG4以降は，サステナビリティにとってマテリアルな社会的課題への対応を開示することになった。つまり，企業の経営実態を情報開示するインサイドアウト・アプローチ，もしくはアウトサイドインとインサイドアウトの同時達成を見込んだツイン・アプローチとしての報告書になった。このようなサステナビリティレポートとしての統合報告書を開示する1つの提案が，McElroy and Thomas（2015）によって行われた。

3.1　資本とトリプルボトムラインの関係

　McElroy and Thomas（2015）は，IIRCフレームワークで提案している資本をトリプルボトムラインと関連づけることで，情報開示する資本の意味が明確になると考えた。McElroy and Thomas（2015）は，資本の分類をトリプルボトムラインと関係づけて，図表4-4のように再定義した。

　図表4-4より，McElroy and Thomas（2015）は，IIRCフレームワークの6つの資本とは別に，オリジナルの資本分類を行っていることが理解できる。トリプルボトムラインとの関係で資本の分類を行っており，社会の側面，経済の側面，環境の側面に区分して資本を明らかにした。

図表4-4　資本とトリプルボトムラインとの関係

重要な資本		
人的資本	内部経済資本 （財務と非財務）	自然資本（天然資源と エコシステム・ サービス）
社会・関係資本	外部経済資本 （財務と非財務）	
構造資本		
社会的重要事項	経済的利益	環境的重要事項

出典：McElroy and Thomas（2015）.

　社会の側面（社会的重要事項：ボトムライン）は，人的資本，社会・関係資本，構造資本に分類される。人的資本とは，従業員個人に属する資本であり，個人の知識，スキル，経験，健康，価値観，態度，モチベーション，倫理的権利などからなる。社会・関係資本とは，企業に属する資本であり，チームワーク，ネットワーク，組織階層，共有する知識，スキル，経験，健康，価値観，態度，モチベーション，倫理的権利などからなる。構造資本は，重要な対象，システム，人間が創造・獲得したエコシステムなどからなる。

　経済の側面（経済的利益：ボトムライン）では，内部経済資本と外部経済資本に区分している。内部経済資本とは，直接金融と間接金融からなる。これらは，企業が利用可能な資金と内部で構築された非財務的性質を持つブランドやコーポレート・レピュテーションなどからなる。外部経済資本とは，企業外部者が利用可能な財務資金と他社にとって経済価値を持つ非財務的性質を持った外部所有の資本，たとえば特許などが想定されよう。

　環境の側面（環境的重要事項：ボトムライン）である自然資本は，天然資源とエコシステムに区分できる。天然資源には，空気，土地，水，鉱物，植物，動物，生態系などの生物資源がある。他方，エコシステムとは，生態系によって提供されるサービスと機能のことと指摘している。

3.2　複数資本スコアカード

　これら6つの資本を測定するために，McElroy and Thomas（2015）は，複数資本スコアカードを提案した。McElroy and Thomas（2015）の提案す

る複数資本スコアカードは，図表4-5の通りである。複数資本スコアカードの作成は3段階の手順からなる。以下でこのステップを明らかにする。

　第1段階は資本の定義である。トリプルボトムラインに関わって取り上げる重要な資本であり，図表4-5の影響領域と示した項目のことである。この図を参考にすれば，社会の側面に関わる資本は，生活給，作業安全，革新的能力からなる。経済の側面に関わる資本は，持ち分，借入金，競争的実務からなる。環境の側面に関わる資本は，水供給量，固形廃棄物，環境システムからなる。このようにまず，それぞれの側面に関わる資本を定義することである。

　第2段階は，それぞれの資本のサステナビリティ規準を定義することである。サステナビリティ規準とは，ステークホルダーが究極的に達成したいと望むレベルのことである。ステークホルダーの社会的課題を経営者としてどの程度まで解決するか，その達成レベルを経営者が設定する。併せて，中期計画における中期目標値を設定しておく必要がある。各年度のスコアは，図表4-6の資本達成度で評価される。

　第3段階はスコアカードの作成である。図表4-5の達成度（A）は，図表4-6を参考にして現状を評価する。次に，資本の戦略的重要度に応じて加重（B）を設定する。McElroy and Thomas（2015）は，今年度の予算で総枠を25点に設定して，サステナビリティ規準（究極的達成レベル）を達成するマテリアリティに従って加重するとしている。（A）と（B）を掛けて，加重スコア（C）を求める。一方，生活給の場合は各資本のサステナブルな値は図表4-6でいえば3点であるので，（B）の加重値1に3点を掛けてサステナブル度（D）の3を求める。最終的にサステナブルといえる値と現状値とのギャップは（D－C）で求められる。また，サステナブル値の未達成率は（C/D）で求められる。

　それぞれの資本ごとに未達成率を求めると，その値で図表4-5のボトムライン影響領域がわかる。つまり，社会の側面でいえば，生活給と作業安全はすでにサステナブル値を達成しておりC/D＝100％であるが，革新的能力はC/D＝2/6＝33％でしかない。この資本を改善すると社会的重要項目であるボトムラインは向上する。また，社会の側面に関わる3つの資本を合計すると，

C=20，D=24と求められる。この合計値を用いて，社会の側面のギャップと未達成度を求めると，それぞれ4（=D－C）と83%（=C/D）となる。ボトムライン全体の加重スコアC=62，サステナブル度D=75なので，ギャップと未達成度は，13（=75-62），83%（=62/75）となる。以上より，図表4-5の複数資本スコアカードが完成できる。

図表4-5　複数資本の年次スコアカード

ボトムライン	影響領域	達成度	加重	加重スコア	サステナブル度	ギャップ	影響領域ボトムライン	ボトムライン	トリプルボトムライン	摘要
		A	B	C=A×B	D=B×3	D-C	C/D			
社会	生活給(H)	3	1	3	3	0	100%			記号の説明
	作業安全(H,S,C)	3	5	15	15	0	100%	83%		C=構造資本
	革新的能力(H,S,C)	1	2	2	6	4	33%			EE：F=外部経済の財務資本
経済	持ち分(IE:F)	3	5	15	15	0	100%			EE：NF=外部経済の非財務資本
	借入金(IE:F)	2	1	2	3	1	67%	90%		H=人的資本
	競争的実務(EE:F&EE:NF)	2	1	2	3	1	67%			IE：F=内部経済の財務資本
環境	水供給量(N)	3	3	9	9	0	100%			N=自然資本
	固形廃棄物(N)	2	2	4	6	2	67%	77%		S=社会関係資本
	環境システム(N)	2	5	10	15	5	67%			通常ある種の知的資本も含まれる
	全般業績			62	75	13		83%		

出典：McElroy and Thomas（2015）.

図表4-6　資本達成度のスコア

スコア	評価基準
3	サステナビリティ規準以上
2	中期目標値以上
1	前年度以上
0	前年度維持
－1	目標1年後退
－2	目標2年後退
－3	目標3年後退

出典：McElroy and Thomas（2015）.

3.3 サステナビリティ規準と中期目標値の違い

サステナビリティ規準と中期目標値の違いは解説が必要であろう。McElroy and Thomas（2015）は環境システムを例示して解説している。サステナビリティ規準とは究極的な理想値であり，図表4-7のように温室ガス排出量は0が良いという値である。ところが現実的には，まず中期計画で中期目標を設定し，これを毎期の目標値に落とし込む必要がある。これが図表4-7の目標値である。

温室ガス排出量の実績は，2015年度25,000トン，2016年度24,100トンと減少している。これらの値から，2016年度もサステナビリティ規準は達成しておらず，また目標値も達成できていないが，2015年度よりは減少していることが理解できる。このことから，図表4-7の資本達成度は1というスコア（図表4-6参照）になる。2017年度は目標値以下なので，図表4-7の資本達成度のスコアは図表4-6を参照すると2となる。

図表4-7　環境システムの評価

年度	2015	2016	2017	2018	2019
サステナビリティ規準	0	0	0	0	0
開始時（トン）	25,000				
目標値（TTs）		23,333	21,667	20,000	18,333
温室ガス排出量（トン）	25,000	24,100	21,650	20,000	18,300
達成度	0	1	2	2	2

出典：McElroy and Thomas（2015）.

4 戦略マップによる価値創造プロセスの開示

価値創造プロセスの可視化について，第1章で検討したように，Massingham et al.（2019）は，BSCの戦略マップを提案した。彼らの提案は，いくつかの課題があることをすでに明らかにした。その解決のため，こ

こで戦略マップの財務の視点以外でインタンジブルズを扱い，また，情報の結合性を問題視しながら，さらに社会的課題の解決を扱った伊藤・西原（2016）を参考に，エーザイ株式会社（以下，エーザイという）の戦略マップによる価値創造プロセスの可視化を検討する。

4.1　資本と戦略マップの結合性

　エーザイでは，期首資本が期末資本へと価値創造するには，戦略マップによる活動の目標を達成する必要があるとして，戦略マップで可視化している。このアイディアは，伊藤・西原（2016）を参考に作成したものである。

　戦略マップを用いるということから，この価値創造プロセスは，戦略の可視化でもあることが理解できよう。つまり，中期計画と連動したエーザイの戦略を可視化したものである。戦略マップの中の戦略目標は，財務，顧客，内部プロセス，学習と成長という4つの視点にバランス良く，また，因果関係を持って描かれている。最も重要かつ価値創造の原点となっているのは，エーザイの企業理念である *hhc*（ヒューマン・ヘルスケア）の浸透である。企業理念をベースとして，4つの視点で複数の戦略目標が因果関係を持って関連づけられている。

4.2　内容項目間の結合性の開示

　IIRCフレームワーク（2013, 2D）では，統合報告書に記載すべき内容項目として，企業概要と外部環境，ガバナンス，ビジネスモデル，リスクと機会，戦略と資源配分，実績，将来見通しを取り上げている。

　エーザイの2017年版の統合報告書に基づいて，価値創造プロセスを解説する。統合報告書では，外部環境および企業のミッションとビジョンについてはCEOメッセージ（エーザイ，2017, pp.14-17）で記述している。外部環境は医療・ケアのギャップを認識しており，このために中期経営計画「EWAY2025」（エーザイ，2017, pp.18-19）でその対応を立案している。ガバナンスは，コーポレート・ガバナンスの体制（エーザイ，2017, pp.66-69）として，社外3名，社内2名の監査委員会を設置している。また指名委員会，報酬委員会

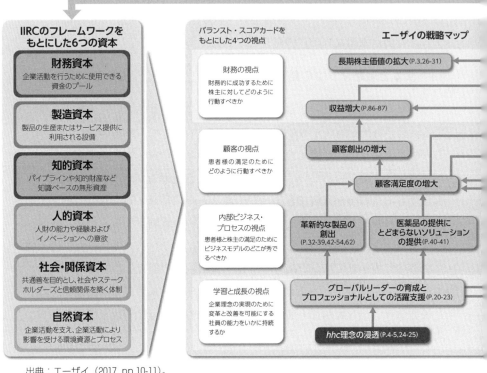

出典：エーザイ（2017, pp.10-11）。

による経営の監督を行っている。リスクと機会については，重要なリスクとその対応（エーザイ，2017, p.77）を表にまとめている。

　内容項目のうちビジネスモデルについては，戦略マップによって，戦略を可視化している（図表4-8参照）。IIRCフレームワークのオクトパスモデルでは，インプット，活動，アウトプット，アウトカムの情報開示を求めている。戦略マップで事業活動を明らかにすることはできない。ところが，戦略目標を達成するために事業活動が前提として存在している。この戦略マップ作成の前提から推論すれば，Massingham et al.（2019）の戦略マップと同様に，戦略目標は活動を反映したものであるといえよう。そのため，戦略目標間の因果関係が図示されていればそれだけで，第1の情報の結合性である財務情

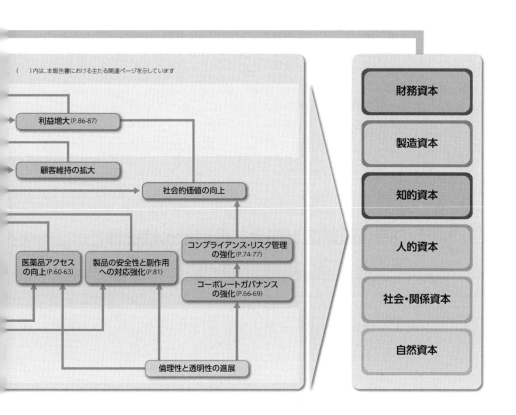

（　）内は、本報告書における主たる関連ページを示しています

利益増大(P.86-87)

顧客維持の拡大

社会的価値の向上

コンプライアンス・リスク管理
の強化(P.74-77)

医薬品アクセス
の向上(P.60-63)

製品の安全性と副作用
への対応強化(P.81)

コーポレートガバナンス
の強化(P.66-69)

倫理性と透明性の進展

財務資本

製造資本

知的資本

人的資本

社会・関係資本

自然資本

　報と非財務情報の因果関係は特定できる。アウトプットは，ESGインデックス（エーザイ，2017, pp.88-89）として開示している。エーザイの図表4-8の課題は，インプット，活動，アウトプット，アウトカムが関係性を持って図示されていないという点である。つまり，活動と資本の結合性という第2の情報の結合性に問題があるということである。この点はMassingham et al.（2019）の戦略マップとも共通した課題である。

　製品の安全性では，7つのリスクとその対応について明記している。戦略と資源配分は，中期経営計画「EWAY 2025」（エーザイ，2017, pp.18-19）で明らかにしている。具体的には，神経とがんの2領域を戦略的に重要な領域と位置づけ，資源配分している。実績は，連結財務ハイライト（エーザイ，

2017, pp.86-87）で2013年から2016年までの４年間の財務諸表を開示している。将来見通しは，CFOメッセージ（エーザイ，2017, p.27）で明らかにしている。具体的には，2020年までにROE10％やエクイティ・スプレッド２％といった財務上の目標値を明らかにしている。

　以上より，IIRCの内容項目についてはすべて情報開示していることがわかる。また，第１の情報の結合性について戦略マップで解決していることもわかった。ところが，事業活動と資本という第２の情報の結合性については解決されていないことがわかった。

5 ３つの価値創造プロセスの開示と結合性

　前述のように価値創造プロセスの情報開示に関する先行研究を検討したところ，３つのタイプの研究があった。第１のタイプは，オクトパスモデルによる統合情報管理システムとの連動である。第２のタイプは，サステナビリティレポートによる複数資本スコアカードの提案である。第３のタイプは，戦略マップによる価値創造プロセスの可視化という提案である。これらの情報開示の提案を情報の結合性という点から比較検討する。

5.1　情報の結合性の実現

　Kraten（2017）が提案した統合情報管理システムは，オクトパスモデルに準拠して，インプットのためのデータソース，活動と結びついたマネジメントシステム，情報開示のためのシステムで構成されていた。この提案を情報の結合性という点から検討すると，財務情報と非財務情報を統合情報管理システムから入手するという意味では，第１の情報の結合性を意図していることが理解できる。また，活動と資本の結合をシステム上で連結するという意味では，第２の結合性も考慮に入れた統合情報管理システムであるといえよう。つまり，情報の結合性を意図した情報管理システムとの連動を提案するものであった。

　Kraten（2017）の提案のように，統合報告書の作成に必要なデータソースを明確にしておくことは実務的には大きな価値がある。その意味でも，統合情報管理システムの提案は，実務上極めて有益であることは間違いない。ところが，Kraten（2017）の研究は，情報の結合性について具体的な関係づけまで掘り下げて議論しているわけではない。また，既述したように，それぞれの情報管理システムから必要なデータをすべて入手できるわけでもない。そのため，統合情報管理システムを構築してデータが入手できるようになったとしても，それだけでは情報の結合性をすべて満足させるような構築ができるわけではない。つまり，実務で統合報告書を作成するには，Kraten（2017）の提案は有益であるが，情報の結合性という点から考察すると，必ずしも満足の行く提案ではなかった。情報管理システムと入手すべき内容項目とを連結するさらなる検討が求められよう。

　McElroy and Thomas（2015）は，トリプルボトムラインと結びつけたサステナビリティ規準に基づく複数資本の情報開示モデルを提案した。6つの資本を社会・経済・環境に整理して，サステナビリティ規準の未達成度を測定するスコアカードである。このスコアカードの提案は，事業戦略というよりは，社会的課題の解決に特化して，トリプルボトムラインの構築度で資本を定量化するというサステナビリティの測定を問題視していることが理解できる。したがって，統合報告書ではなく，サステナビリティレポートの作成を意図した提案であるということになる。

　価値創造プロセスでは，インプット，活動，アウトプットの関係については可視化していない。むしろ，アウトカムという価値創造の情報開示に焦点を当てたものといえよう。そのため，財務情報と非財務情報の結合という第1の情報の結合性を考慮していない。また，第2の情報の結合性である活動と資本の結合は，サステナビリティについてのみ扱っているという課題がある。つまり，情報の結合性という点で考えると，第1の情報の結合性が未解決であり，第2の情報の結合性も不十分であるということになる。

　伊藤・西原（2016）のエーザイのケースは，資本をインプットして，戦略マップによってビジネスモデルの下で活動を行い，その結果としてアウトプ

ットとアウトカムから価値創造された資本が創造されるという価値創造プロセスが可視化された。この戦略マップの中で，財務情報と非財務情報の結合性が明らかにされた。

　同じ統合報告書の中には，CFOの将来見通しとESGインデックスを戦略マップと結合せずに情報開示しているという課題があるように考えられる。財務情報と非財務情報の関係づけである第1の情報の結合性に少し混乱が見受けられる可能性がある。この点については，戦略目標の因果関係を表す戦略マップにCFOの将来見通しを一致させることで解決できよう。しかし，第2の情報の結合性である活動と資本の結合は，図表4-8からは不明であった。戦略マップは戦略目標間の因果関係であり，活動と資本の関係は概念図として描いただけだからである。ここに，第2の情報の結合性という未解決の課題があるといえよう。

5.2　サステナビリティと価値創造

　McElroy and Thomas（2015）が提案した複数資本スコアカードは，トリプルボトムラインの実現を狙いにしている。そのため，資本の分類もトリプルボトムラインとの関係で分類されている。また，サステナビリティ規準という究極的達成目標が明示されていることから，社会的課題の解決が企業の目的であると理解できる。つまり，サステナビリティレポートとして資本ないし企業価値を情報開示するのであれば，McElroy and Thomas（2015）の複数資本スコアカードは1つのアイディアである。その点がこの提案の最大のメリットといえよう。

　ところが複数資本スコアカードにはいくつかのデメリットもある。①資本分類に関わる課題，②トリプルボトムラインとの関係での資本の再整理に関わる課題，③サステナビリティ規準の設定に関する課題，それに，④事業戦略による価値創造と社会的課題の解決に貢献する価値毀損の抑制への対応についての課題がある。以下では，これら4つの課題を順に検討する。

　まず，①の資本の分類についての課題を検討する。図表4-4に示したように，経済の側面に財務と非財務があると指摘しており，ブランドを例示している。

IIRCフレームワークとMcElroy and Thomas（2015）で，ブランドをどの資本と捉えるべきかを検討してみよう。

　IIRCフレームワークでは，製造資本と財務資本は経済価値であり財務情報として捉えられる。これに対して，インタンジブルズであるブランドは，顧客価値または社会価値として認識されるものであり，非財務情報として捉えられる。インタンジブルズであるブランドは，知的資本や人的資本，自然資本とはいえない。そのため，IIRCフレームワークの分類でいえば社会・関係資本に分類されよう。

　一方，McElroy and Thomas（2015）の分類では，ブランドは内部経済資本に含められている。同様に，外部経済資本にも非財務的性格を持つ資本があるとしている。このように，McElroy and Thomas（2015）の経済の側面の理解は，IIRCフレームワークの経済価値とは異なっている。企業報告書の作成でどちらの分類に従うべきかについては，統合報告書であればIIRCフレームワークに準拠すべきであるが，サステナビリティレポートであればMcElroy and Thomas（2015）の分類も一考に値する。伊藤・西原（2016）ではインタンジブルズは学習と成長，内部プロセス，顧客の視点に関わるものであり，明示していないがブランドは顧客の視点で捉えるものと考えている。

　次に，②の資本をトリプルボトムラインの３つに再分類している点に関する課題を検討する。McElroy and Thomas（2015）は，IIRCフレームワークとは異なって６つの資本に分類している。それにもかかわらず，そうした資本分類は複数資本スコアカードには活かされていない。６つの資本を無視して，トリプルボトムラインに関わる項目（これをMcElroy and Thomas（2015）は資本と呼んでいる）を設定している。このため，IIRCフレームワークで取り上げている資本の６つの分類との関係がはっきりしなくなる。また，McElroy and Thomas（2015）の資本はIIRCフレームワークの６つの資本とどのような関係にあるのかも不明である。

　また，③サステナビリティ規準に関わる課題を考察する。複数資本スコアカードに関して，特定のサステナビリティ規準は永遠に達成できない目標値

なのか，それとも年度を区切って達成する目標値なのかである。サステナビリティ規準を常に究極の目標値と考えると，永遠に達成できない課題となる。永遠に到達できないとするのであれば，社会的課題を解決しようとするモチベーションは減退してしまう。これに対して，SDGsのように2030年に達成する目標値と期限を切ることが重要である。その期限前までに目標値を達成してしまえば，その資本のサステナビリティ規準はクリアされたことになる。ところで，規準がクリアされると，次に，新たに資本を追加すべきかどうかという課題が生まれる。毎年資本の分類を再定義することは一貫性と比較可能性という指導原則に反する可能性がある。かといって達成し終わった資本を相変わらず複数資本スコアカードで扱うことは，合理的でない。つまり，資本はどのようなタイミングで追加・取下げられるのかについても検討する必要がある。

　最後に，④の価値創造と価値毀損の抑制に関する課題である。次の第5章で検討するように，事業戦略により価値創造するマテリアリティとサステナビリティに関わる社会的課題のマテリアリティは異なる。事業戦略を実現する事象の価値創造への影響の度合いであるマテリアリティは，営利企業として重要な戦略的優先順位を決めることである。一方，サステナビリティの課題として，貧困やジェンダーに関わる活動は社会的課題の解決としてのマテリアリティに含まれる。つまり，事業戦略のための価値創造と社会的課題解決としての価値毀損の抑制とを同時に可視化する必要がある。

　以上の検討により，価値創造と価値毀損の抑制のためには，事業戦略によってステークホルダーと価値共創するだけでなく，社会的課題の解決に貢献する価値毀損の抑制をともに行うことも重要である。ここでの課題は，こうした価値創造と価値毀損の抑制を統合報告書でいかに可視化すべきかを検討することになる。この2つのタイプの価値創造プロセスの可視化として，エーザイでは，戦略マップの中で価値創造の戦略テーマと価値毀損の抑制の戦略テーマに区分した。そして，それぞれの戦略テーマごとに戦略マップを描くという提案を行った。情報の結合性の課題を扱うとき，価値創造プロセスをステークホルダーが理解しやすいように可視化することも重要である。

▶ まとめ

　本章は，統合報告書の作成で準拠すべき情報の結合性という点から，3つの価値創造プロセスのモデルを先行研究に基づいて検討した。まず，第1の結合性は，財務情報と非財務情報という情報の結合性である。第2の結合性は，活動と資本の結合性である。この2つの情報の結合性について，3つの先行研究を比較した。その結果，3つの発見事項が明らかとなった。

　第1の発見事項としては，オクトパスモデルに連結した統合情報管理システムもトリプルボトムラインの開示である複数資本スコアカード・モデルも，第1と第2の情報の結合性という点から問題があることがわかった。統合情報管理システムの提案は，情報の結合性を意識はしているが，具体的な結合性についての検討まで掘り下げた提案ではなかった。また，トリプルボトムラインの提案は，サステナビリティレポートの作成を意図しており，サステナビリティとしての活動と資本の結合であった。また，第1の情報の結合性を解決していなかっただけでなく，第2の資本と事業活動の結びつきも解決するものではなかった。そのため，統合報告書による情報の結合性という点では，いずれの提案も問題があることがわかった。

　第2の発見事項として，財務情報と非財務情報の結合を可視化していたのは戦略マップによる可視化であることがわかった。統合報告書を作成する大きな目的の1つは，財務情報と非財務情報の結合性にある。これが戦略マップによる価値創造プロセスの可視化の大きな価値である。ところが，戦略マップだけでは，活動と資本の結合性という第2の情報の結合性への対応はできないことも判明した。第2の情報の結合性は，本章では，未解決の課題として残されたままである。

　第3の発見事項としては，マテリアリティは，サステナビリティレポートと統合報告書では異なることがわかった。両方のマテリアリティが重要であることから，サステナビリティレポートのマテリアリティと統合報告書のマテリアリティの両方を扱うべきであるといえよう。価値創造のためには，事

業戦略による価値創造と社会的課題の解決に寄与する価値毀損の抑制を同時に対応していかなければならない。本章では，企業が戦略マップで価値創造プロセスを可視化することを前提として，戦略テーマごとに価値創造と価値毀損の抑制を併置することを提案した。このように，戦略を細分化した戦略テーマによって区分することで，錯綜する戦略と価値創造プロセスがストーリーとして理解しやすくなる。

参考文献

Burritt, R. L. and S. Schaltegger (2010) Sustainability Accounting and Reporting: Fad or Trend?, *Accounting, Auditing & Accountability Journal*, Vol.23, No.7, pp.829-846.

Dumay, J., C. Bernardi, J. Guthrie and M. L. Torre (2017) Barriers to Implementing the International Integrated Reporting Framework: A Contemporary Academic Perspective, *Meditari Accountancy Research*, Vol.25, No.4, pp.461-480.

IIRC (2013) *The International <IR> Framework*, International Integrated Reporting Council.

IIRC (2021) *International <IR> Framework*, International Integrated Reporting Council.

Kaplan, R. S. and D. P. Norton (2004) *Strategy Maps: Converting Intangible Assets into Tangible Outcomes*, Harvard Business School Press（櫻井通晴・伊藤和憲・長谷川惠一監訳（2005）『戦略マップ：バランスト・スコアカードの新・戦略実行フレームワーク』ランダムハウス講談社）.

Kraten, M. (2017) Transforming Integrated Reporting into Integrated Information Management: A Proposal for Management Accountants, *The CPA Journal*, Vol.87, No.7, pp.6-9.

Massingham, R., P. R. Massingham and J. Dumay (2019) Improving Integrated Reporting: A New Learning and Growth Perspective for the Balanced Scorecard, *Journal of Intellectual Capital*, Vol.20, No.1, pp.60-82.

McElroy, M. W. and M. P. Thomas (2015) The MultiCapital Scorecard, *Sustainability Accounting, Management and Policy Journal*, Vol.6, No.3, pp.425-438.

Schaltegger, S. (2012) Sustainability Reporting in the Light of Business Environments: Linking Business Environment, Strategy, Communication and Accounting, *Discussion Paper*.

WICI (2013) *Connectivity Background Paper for <IR>*, World Intellectual Capital/Assets Initiative.

伊藤和憲（2014）『BSCによる戦略の策定と実行：事例で見るインタンジブルズのマネジメントと統合報告への管理会計の貢献』同文舘出版。

伊藤和憲・西原利昭（2016）「エーザイのステークホルダー・エンゲージメント」『産業經理』
　　Vol.76, No.2, pp.39-51。
エーザイ株式会社（2017）『統合報告書2017』。
貝沼直之・浜田宰編著（2019）『統合報告で伝える価値創造ストーリー』商事法務。

第**5**章

価値創造と
価値毀損の抑制

▶ はじめに

　会計は，利害関係者に対して，利害調整機能と意思決定に有用な情報提供機能がある（友岡，2010）。他方，統合報告書は，IIRCフレームワーク（2013b; 2021）によれば，主として財務資本の提供者への情報開示であるが，同じ情報がステークホルダーにも有益である。つまり，統合報告書は投資家だけでなく，同じ情報がステークホルダーの意思決定にも有用であるとしている。ここで，利害関係者はステークホルダーとどのような違いがあるのかという疑問がある。また，企業が情報開示する対象として利害関係者とステークホルダーでは，開示する情報内容や開示の仕方にどのような違いがあるのかという点も疑問である。

　Global Reporting InitiativeのG4（GRI, 2013, p.48）では，創出・分配した直接的経済価値を発生主義で開示するものとして付加価値計算書の作成を推奨していた。統合報告書との関係から，ステークホルダーの利害調整として獲得した付加価値の分配を可視化すべきだという主張もある（Haller and van Staden, 2014; 牟禮, 2015）。また，このような趣旨から統合報告書で価値分配を可視化している企業がある。価値創造の開示に付加価値計算書は含まれるといえるのかを検討する必要がある。そしてまた，ステークホルダーと建設的対話をするエンゲージメントにおいて，どのような内容の対話をすべきかを検討する必要がある。

　本章の目的は，利害関係者とステークホルダーの違いを明らかにして，ステークホルダー・エンゲージメントとは何かを明らかにすることである。第1節で，IIRCにおけるステークホルダーの見解を明らかにする。第2節では，ステークホルダーの定義とステークホルダー・エンゲージメントについて検討する。第3節は，川崎重工業株式会社を題材に，付加価値計算書の機能，ステークホルダー・エンゲージメント，価値創造プロセスについて検討する。第4節は，資本利用責任とマテリアリティについて検討する。最後に本章の発見事項をまとめる。

1 価値創造の意味

　IIRCフレームワーク（2013b; 2021）の下で，価値創造とステークホルダーの関係を明らかにする。次に，ステークホルダーにとっての価値創造プロセスの理解について検討する。

1.1　創造される価値の定義

　南アフリカでは統合報告書の作成を法制化しているが，我が国を含め多くの国では統合報告書は任意開示である。任意開示ではあるが，多くの日本企業が自主的に統合報告書を作成している。たとえば，宝印刷によれば，2013年は81社だったが，2020年12月末時点で591社[1] が統合報告書を開示している。日本企業が統合報告書を開示する理由は，主としてIR担当者が株主や投資家に対して情報開示するためである。しかし，投資家のためだけでなくステークホルダーとの対話によって経営者が情報利用できる点にもあると本書では考えている。

　IIRCフレームワークでは，創造される価値は「財務資本の提供者に対する財務上の利益となる企業それ自体に対して創造する部分と，ステークホルダーと社会の全体というその他に対して創造される部分がある（2013b; 2021, 2.4)」という。ここで，戦略による自社のための価値創造と社会とステークホルダーのための価値創造は，事業戦略としての価値創造と社会的課題の解決による価値創造に言い換えることができよう。このように考えると，事業戦略による社会的課題の解決という日本企業が価値創造プロセスとして可視化しているケースは，事業戦略なのか社会的課題解決なのかを区別していない。この点を検討するために，価値創造の意味を明らかにしておく必要がある。本書では，第3章で明らかにしたように価値創造を価値創造と価値

---

1)　我が国の統合報告書開示企業数は，㈱ディスクロージャー&IR総合研究所のESG／統合研究室の調査によれば2020年12月末時点で591社と報告されている。https://rid.takara-printing.jp/res/report/2021/post1089.html（2021/4/13)。一方，企業価値レポーティング・ラボによれば，2020年度末時点で579社としている。http://cvrl-net.com/archive/pdf/list2020_202102.pdf（2021/4/13)。

図表5-1　価値創造と価値毀損の抑制

	価値創造	価値毀損の抑制
事業戦略	・新製品の開発 ・既存製品の市場開拓 ・既存製品の卓越化 ・その他	・カニバリゼーション対応 ・トップの暴走の抑制 ・市場予測の的確化 ・情報漏洩の対応 ・その他
社会的課題の解決	・CO_2削減の配送変更 ・マイクロファイナンス ・水使用量の削減 ・その他	・地域貢献 ・リスクマネジメント ・ワークライフバランス ・その他

出典：著者作成。

毀損の抑制に区分して扱っている。そこで，以下では事業戦略と社会的課題の解決および価値創造と価値毀損の抑制とによって分類された4つの区分を検討する（図表5-1参照）[2]。

　図表5-1の価値創造と事業戦略の区分は，いわゆる事業戦略として一般に想定されるケースである。企業が行う多くの活動は価値創造につながる。たとえば，企業は，既存製品を競争相手よりもQCD（quality, cost, delivery：品質・コスト・納期）で卓越する事業戦略を策定する。また，顧客の課題を解決するために顧客関係重視の事業戦略を策定する。ときには，新製品開発によって競争優位を構築する事業戦略を策定する。このような事業戦略はすべて価値創造を目指したものである。

　図表5-1の価値創造と社会的課題の解決の区分を取り上げる。社会的課題が顧客ニーズであれば事業戦略に分類されるので，ここでの社会的課題とは，主として環境や社会の課題と捉えられる。たとえば，ハイブリッド自動車の開発は，企業にとって価値創造になるだけでなく，社会的課題の解決に貢献するという意味でステークホルダーにとっても価値創造になる。このように，

---

[2]　IIRCフレームワーク（2021, 2.4）では，価値は創造・維持・毀損と定義している。維持のためには，価値創造したり価値毀損を抑制しなければならない。そのため，本書では維持は価値創造もしくは価値毀損の抑制に含まれると解釈して，価値創造と価値毀損の抑制だけに区分した。

事業活動によっては，経営者がステークホルダーと一緒に価値創造する価値共創のケースがある。また，脱炭素社会という社会のニーズに従ってCO_2排出量を削減しようとしてLED照明への取替投資を行うときがある。このケースは，環境負荷と経済性が絡んだ課題である。

　図表5-1の価値毀損の抑制と事業戦略の区分を取り上げる。開発した製品が既存製品の市場とカニバリゼーション（競合）を起こす場合，せっかくの製品戦略も価値毀損となることがある[3]。あるいはトップが暴走[4]したり，自らの先進的なイノベーションが足かせとなり市場変化を見誤った[5]とき，価値毀損を起こすことがある。また，内部統制が機能せず，顧客情報が漏洩してしまい，サイバー犯罪に利用されたり[6]するケースもある。これらは事業戦略に関わって価値毀損する可能性があるので，これを抑制していかなければならない。

　図表5-1の価値毀損の抑制と社会的課題の解決の区分を考察する。たとえば，企業市民として事業とは関係はなくとも地域貢献をしなければならないケースがある。また，リスクマネジメントのケースもある。こうした貢献をしないと企業価値は毀損する可能性がある。さらに，社会的課題であるワークライフバランスとして，単純作業者だけでなく研究開発部門にもワークライフバランスを求めると，競争優位が劣勢になる可能性がある。これらのように，社会的課題の解決策には経済的価値を損なう可能性がある。かといって社会的課題を無視すると，逆にコーポレート・レピュテーションが毀損することもある。こうした価値毀損の抑制として社会的課題に貢献することは重要である。

---

3)　ビール市場を発泡酒が食ってしまうといったケースがある。これを避けるためには，製品の差別化を明確にする必要がある。

4)　たとえば，何年にもわたってオリンパスの経営トップが投資の失敗による巨額損失を隠し続けてきたという事件があった。このように経営トップによって企業ぐるみで粉飾決算が行われたこの事件はトップの暴走といえよう。

5)　ソニーのトリニトロンやミニディスクなどは，イノベーティブな製品であったが，そのために新たな市場変化に適合できなくなったといわれている。

6)　ベルシステム24の契約社員が，2010年に，顧客情報を悪用して，商品を購入して転売し，遊興費に充てていたとして逮捕されたケースがある。

以上の４つの区分は，バランスト・スコアカード（balanced scorecard: BSC）との関係で，自社（事業戦略）と他者（社会的課題の解決）という分類をするよりも価値創造と価値毀損の抑制と分類した方が有用である。BSC の戦略マップで戦略を可視化するとき，価値創造と価値毀損の抑制は戦略テーマによって峻別できるが，自社か他者かという区分は戦略テーマでは区別できない。そのため，事業戦略と社会的課題の解決に区分して戦略マップを作成すると，等しく事業戦略といっても価値創造と価値毀損の抑制は別の戦略テーマとして扱わざるを得なくなる。また，事業戦略といっても社会的課題と密接な場合には，これらを戦略テーマとして区別すべきではない。

　以上のように，経営者は価値創造と価値毀損の抑制のために，ステークホルダーに対して企業の価値創造プロセスを理解させる必要がある。つまり，ステークホルダーが企業の目的・ミッション・ビジョン，ガバナンス，リスクや機会，戦略と資源配分，事業活動といった内容項目（content elements）について深く理解して価値共創できるように，価値創造プロセスを可視化する必要がある。

　要するに，IIRC フレームワーク（2021）が分類しているように，自社のためと他者のための価値創造の分類は必ずしも正しい分類とはなっていない。共有価値のように社会の課題を解決する事業戦略だけであればよいが，企業は事業戦略と結びつかない価値毀損の抑制を行っている。事業戦略と社会的課題を峻別しないと戦略マップの可視化でも支障をきたす。つまり，戦略マップによる戦略の可視化では，価値創造と価値毀損の抑制を峻別しないと混乱してしまう。価値創造と価値毀損の抑制という分類をすれば，こうした問題を解決できる。

1.2　価値創造プロセスの理解

　経営者は，価値創造のためにステークホルダーと価値共創する必要がある。この価値共創はステークホルダーによっていろいろなケースがあり得る。たとえば，経営者は顧客やサプライヤーとの取引関係を維持・強化したり，逆に弱めたり，ついには解消といった意思決定を行うことになる。また，従業

員とのエンゲージメントによって，職場環境や労働環境を改善するという意思決定を行うことになるかもしれない。さらに，地域住民とのエンゲージメントによって，設備投資計画を変更することもあり得る。このように，経営者はステークホルダーとの関係性を通じて企業の意思決定を変更することがあり，それによって企業の価値創造が影響される。

　一方，ステークホルダーも経営者との対話で自らの意思決定を変更するかもしれない。顧客やサプライヤーは，エンゲージメントによって取引を一層強化したりするかもしれない。従業員は業務をさらに理解して戦略実行に寄与しようとするかもしれない。地域住民は，企業との関係を一層強化するかもしれない。そうした結果として，これまでになかった製品やサービスをステークホルダーと経営者の両者によって価値共創することができる可能性もある。こうした建設的な対話が生まれるように価値創造プロセスをステークホルダーは理解しなければならない。

　要するに，経営者にとってもステークホルダーにとっても価値創造プロセスを理解することは重要である。その価値創造プロセスを理解するとき，価値創造と価値毀損の抑制に区別することは戦略マップで可視化できるため，経営者だけでなく，ステークホルダーにとっても理解しやすくなる。

2 ステークホルダーと ステークホルダー・エンゲージメント

　まず，ステークホルダーについて定義する。企業にとって株主とステークホルダーは対立概念と捉えるべきか価値共創する存在と捉えるべきかについて検討する。次に，利害関係者の狙いである利害調整について検討する。最後に，ステークホルダーの関心事であるステークホルダー・エンゲージメントの内容について検討する。

2.1　ステークホルダーの定義

　IIRCフレームワーク（2021）の創造される価値が価値創造と価値毀損の

抑制にあるという指摘は興味深い。そのためには，企業の経営者だけでなく，ステークホルダーまでが関わることになる。つまり，ステークホルダーは情報開示の対象だけでなく，価値創造と価値毀損の抑制を共創する構成員となることでもある。このようにステークホルダーは重要な価値共創の構成員である。ここで，ステークホルダーとは何か，どのような人たちを指すのかを明らかにする。

　株主価値の極大化という株主資本主義に対する概念として，Freeman et al.（2007, pp.4-6）はステークホルダー資本主義（stakeholder capitalism）という概念を提唱した。ステークホルダー資本主義の下では，「企業とはまさに，ステークホルダーが互いに価値を創造するために共同的で協働的な事業に従事する手段である（Freeman et al., 2007, p.6）」と捉えられている。こうしたステークホルダー資本主義の考え方に立って，まずステークホルダーとは何かを明らかにする。

　ステークホルダーとは，Freeman and Reed（1983, p.89）によれば，「企業が責任を持つ株主やその他のグループのこと」である。この用語は1963年のスタンフォード研究所の内部メモで「グループからの支援がなければ，その企業が存在できなくなってしまうグループ」として初めて使われた。Freeman and Reed（1983）は，ステークホルダーには広義と狭義の２つの定義があるという。広義には主要なステークホルダーと副次的ステークホルダーのすべてを指し，狭義には主要なステークホルダーだけを指す。これらの関係を図表5-2に示す。

　広義でステークホルダーとは，「企業目的の達成に影響を及ぼすことができる，あるいは企業目的の達成によって影響を受ける特定のグループもしくは個人（Freeman and Reed, 1983, p.91）」である。このステークホルダーとして，所有者，金融機関，アクティビスト，顧客，顧客支援団体，組合，従業員，商業組合，競争相手，サプライヤー，政府，政治団体を例示している（Freeman, 1984, p.55）。

　狭義のステークホルダーの定義は，「企業が生き残り続けるために依存する特定のグループもしくは個人（Freeman and Reed, 1983, p.91）」である。

図表5-2　ステークホルダーの構成と２つの階層

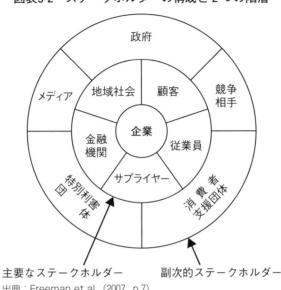

主要なステークホルダー　　副次的ステークホルダー

出典：Freeman et al.（2007, p.7).

このステークホルダーには，従業員，顧客セグメント，サプライヤー，主要な政府機関，所有者，金融機関などが含まれる。狭義のステークホルダーは，その後主要なステークホルダー（primary stakeholders）と呼称されるようになった。また，広義と狭義の差の部分は副次的ステークホルダー（secondary stakeholders）と呼称している（Freeman et al., 2007, pp.7-8）。

　主要なステークホルダーは，企業に対して影響を及ぼすかあるいは企業から影響を受ける直接的関係にある。これに対して**副次的ステークホルダー**は，企業と主要なステークホルダーに影響を及ぼすことができるグループである。たとえば，副次的ステークホルダーである政府について考えてみれば，製品やサービスの設計や配送の仕方を規制することで企業に影響を及ぼす。また，政府は，従業員に許容される勤務形態などを規制したり，金融機関への情報提供をも規制する。したがって，政府は主要なステークホルダーすべてに影響を及ぼすことがわかる。このように，副次的ステークホルダーは企業と主要なステークホルダーに影響を及ぼす存在であるといえよう。

2.2 株主とステークホルダーは対立概念か

Freeman et al.（2007, pp.4-6）は，株主価値の極大化に対する反対意見としてステークホルダー資本主義を提唱した。彼の提唱から考えれば，両者は相容れない概念のように思われる。ところが，株主とステークホルダーは両立するという主張もある。Georgeによれば，「ステークホルダーにサービスを提供することと，株主に多額の利益をもたらすこととの間にいささかの矛盾もない。長期的には，一方のステークホルダーを無視して他方のステークホルダーだけを満足させ続けることはできない（George, 2003, p.104）」という。

Georgeのこの主張は，株主とその他のステークホルダーを同じ構成員と捉えていることになる。ステークホルダーはそれぞれ利害（interest）を持ってはいるが，それぞれが企業の価値創造に貢献する構成員である。ステークホルダーの関心事（stake）は，価値創造と価値毀損の抑制に貢献する構成員として，企業の価値創造プロセスを深く理解することである。要するに，株主とステークホルダーは利害という点から考えると対立概念となる。ところが，企業の価値創造と価値毀損の抑制に貢献する構成員という点から考えると，株主もその他のステークホルダーも価値共創する共同体であるといえよう。

2.3 利害関係者の利害調整

利害関係者はそれぞれ多様な利害を持っている。たとえば，株主は株価の値上がりを望み，機関投資家は長期的な収益性を高めようとするかもしれない。従業員は報酬の増加や労働環境の改善を願うかもしれない。顧客は販売価格の引き下げや新製品を，サプライヤーは取引価格の値上げや長期取引を求めるかもしれない。税務当局は，税収の確保と平準化を問題視するかもしれない。こうした利害を持った利害関係者（interested party）をどのように調整すべきかが企業の大きな課題の１つである。この利害調整といった考え方で，第２章で検討したように，イギリス会計基準運営委員会は『企業報

告書（The Corporate Report)』を公表した（ASSC, 1975）。

　利害調整を問題視した見解は，「企業の目的が同社の多様なステークホルダーの相矛盾する要求のバランスをとることから導きだされなければならない（Ansoff, 1965, p.51)」という主張に見られる。このAnsoffの見解によれば，利害関係者は敵対的関係にあり，これらの利害を企業はいかに調整すべきかということを問題視している。その結果，最終的には利害関係者間での利益分配という形で付加価値計算書を作成して，付加価値分配のバランスを取る（Haller and van Staden, 2014）ことが提案されてきた。

　事実，利害関係者の利害調整手段として付加価値計算書は大いに機能してきた。特に，従業員の給与が長期にわたって据え置かれてきた日本では，現在でも利害調整を見直す付加価値計算書は重要である。株主や投資家だけを意識したROE経営を行う現在の日本の傾向よりは，付加価値計算書を開示して利害調整を情報開示することの方が，利害調整できる点で優れているように思われる。しかし，統合報告書として利害調整を開示すべきかどうかは別の問題である。統合報告書はステークホルダーへの情報開示の媒体であると同時に，ステークホルダーとともに価値創造し価値毀損の抑制に貢献する媒体でもある。利害調整するために付加価値計算書を開示することだけでは，ステークホルダーが企業の価値創造プロセスを理解することになるとは考えられない。

2.4　ステークホルダーの関心事

　IIRCフレームワークの指導原則には，「統合報告書は，企業の主要なステークホルダーとの関係性についての性格および質と同時に，ステークホルダーの正当なニーズと関心をいかに，そしてどの程度理解し対応するかの洞察を提供しなければならない（IIRC, 2013b; 2021, 3.10)」とステークホルダーとの関係性（stakeholder relationships）を記述している。ステークホルダーとの関係性はステークホルダー・エンゲージメントと呼ばれている。

　ステークホルダー・エンゲージメントに関して，統合報告書による情報開示は，ステークホルダーの意思決定にだけ機能するわけではない。Dill（1975）

は，企業が戦略的意思決定をするとき，経済業績と社会業績に何を含めるべきかについて，ステークホルダーがアイディアを持っているという見解を明らかにした。短期的な関心事から長期にわたる関心事まで，ステークホルダーは経営者の意思決定に有用な情報を提供する。こうした関心事を経営者は戦略に取り込む必要がある。したがって，ステークホルダー志向では，付加価値計算書を作成することによって利害調整するのではなく，ステークホルダー・エンゲージメントにより，ステークホルダーの関心事を戦略の策定と実行，その後の修正に役立てることに注視する必要がある。

　Dillは次のようにも指摘している。「長い間，ステークホルダーの見解や行動は戦略的計画とマネジメント・プロセスにとっては外部の課題（externality）と扱われてきた。つまり，こうした外部性ゆえに，経営者の具体的な意思決定に役立つデータとして，また，その意思決定を制約する法律や社会規制として扱われてきた。にもかかわらず，こうした外部ステークホルダーのいくつかは，経営者が意思決定する上で積極的役割を求め，かつ生み出すアイディアとなっていることを認めざるをえない。今日，こうした動向（move）は，ステークホルダーの影響ではなく，ステークホルダーの参加となっている。（Dill, 1975, p.53）」

　このことから，経営者にとってもステークホルダー・エンゲージメントが重要になっていることが理解できる。この点についてFreeman and Reed（1983, p.90）は，ステークホルダーとのコミュニケーションが戦略を修正する役割があることを導き出している。また，消費者運動（Nader's Raiders）のような敵対するグループの役割も戦略として考慮すべきだという。企業が敵対するグループをステークホルダーとして認識して，その主張を理解し，戦略の策定に利用することはなかなか困難な仕事であることは間違いない。

　要するに，ステークホルダーの関心事は，ステークホルダー・エンゲージメントによって価値創造プロセスを理解することである。また，経営者にとっては戦略に関わる価値創造の構成員としてステークホルダーの声に耳を傾けることである。同時に，経営者は価値毀損の抑制に貢献するためにもステークホルダーの声に耳を傾ける必要がある。敵対するグループを無視してい

ては価値創造にはならず，むしろ価値毀損になってしまう可能性がある。

3 ステークホルダー・エンゲージメントの ケーススタディ

　価値創造と価値毀損の抑制のためにステークホルダー・エンゲージメントを行うに当たって，統合報告書をどのように作成する必要があるかについて検討する。まず，統合報告書で提供価値配分計算書（付加価値計算書と同義）を開示している川崎重工業株式会社（以下，川崎重工という）を例示する。次に，ステークホルダー・エンゲージメントの仕方，ステークホルダーの認識，社会的課題の特定，価値創造プロセスの課題について順に検討する。

3.1　川崎重工の提供価値配分計算書

　川崎重工では，2013年よりKawasaki Reportという統合報告書を作成して，アニュアル・レポートとCSR報告書を統合させている。同社の2013年度から2015年度の統合報告書では，ステークホルダーとの関係性について，顧客への提供価値をステークホルダーへどのように価値配分して，その結果としていくらの価値を創出したのかを開示している。図表5-3に川崎重工の3年

図表5-3　川崎重工のステークホルダーへの提供価値配分計算書

（億円）

ステークホルダー	収益費用	2013	2014	2015
提供価値（顧客）	売上高	12,888	13,854	14,861
お取引先	事業コスト	10,475	11,077	11,662
従業員	給与および賞与等	1,907	2,116	2,315
社会	社会貢献支出額	7	6	7
政府・行政	法人税等	131	203	303
創出価値	売上高から経費と税金を控除	367	451	572
債権者	支払利息	41	39	37
株主	少数株主利益と支払い配当額	105	107	173
企業内部等	利益剰余金当期増加額	221	304	361

出典：川崎重工（2013, 2014, 2015）に基づいて著者作成。

間の提供価値配分計算書を図示する。

　図表5-3より，2015年度の価値配分について少し詳細に考察する。この年の提供価値（売上高）である14,861億円を取引先（事業コスト）への配分額11,662億円，従業員（給与など）への配分額2,315億円，社会（社会貢献）への配分額7億円，政府・行政（法人税など）への配分額303億円に配分した結果，企業としては残余の572億円の価値を創出したことが理解できる。この創出価値の再配分として，債権者（支払利息）への配分額37億円，株主（配当額）への配分額173億円，企業内留保した額361億円となることがわかる。

　この提供価値配分計算書は，付加価値計算書と同様に利害調整手段としての報告書である。図表5-3は，提供価値に対して従業員へ給与・賞与としての支払いと株主への支払いが時系列でどのように変化しているのかをチェックできるというメリットがある。ちなみに，2013年度と2015年度を比較すると，提供価値は12,888億円から14,861億円へ15％増加したのに対して，従業員への支払いが1,907億円から2,315億円へと21％も増加した。従業員への分配を年度末の従業員数（2013年度＝34,010人，2015年度＝35,471人）で割って1人当たり給与・賞与を求めると，2013年度の560万円から2015年度の653万円へと17％の増加をしたことがわかる。しかしそれ以上に，株主のための創出価値は105億円から173億円へと64％も増加したことが判明する。このことから，この2年間で川崎重工の株主への分配がかなり増加したことがわかる。さらに，税金支払いが131億円から303億円へ2.3倍，利益剰余金が221億円から361億円に1.6倍増加している。これらのことから，提供価値の増加率以上に従業員への分配率が増加されたが，それ以上に政府への税支払い，株主への配当，内部留保への分配が相当重視されたことが理解できる。

　提供価値の配分を時系列で検討すると，どの利害関係者をより重視していて，どの利害関係者を軽視しているかがわかる。川崎重工は増収増益であるために増加率の違いで利害関係者間の重視度が異なっていたが，いずれも増加しているので調整はそれほど難しくはない。しかし，企業が減収減益となったときの提供価値の配分はより難しい問題となる。当然，配分の減額率の高い利害関係者から不満が起こる可能性がある。利害調整は対立した利害関

係者間での配分であり，市況が悪くなるほど調整が難しい問題となる。その意味では，提供価値配分計算書の作成はそれなりに大きな意味を持っている。

3.2　川崎重工のステークホルダー・エンゲージメント

　提供価値配分計算書のような利害調整を情報開示することは，企業側の意識として，提供価値の配分を巡って利害関係者間で敵対的関係があることを示している。そのために提供価値配分計算書によって調整結果を報告することで，利害調整の会計責任を果たそうとしていることが理解できる。しかし，提供価値配分計算書だけではステークホルダー・エンゲージメントを適切に行うことにはならない。提供価値配分計算書を開示したからといって，ステークホルダーは価値創造プロセスを理解することはできず，その結果として価値創造も価値毀損の抑制にも役立つことはできない。

　ステークホルダー・エンゲージメントを適切に行うためには，ステークホルダーが企業の価値創造プロセスについて理解する必要がある。経営者はどのような戦略の策定と実行を行おうとしているのか，社会的課題を解決するためにどのような資源配分を計画しているのかについて，情報開示する必要がある。ステークホルダーもこうした情報を理解しようと努める必要がある。

　このようなステークホルダー・エンゲージメントを想定した川崎重工は，2014年度の統合報告書で，価値提供配分計算書だけでなくCSRの5つのテーマを掲げた活動を宣言した（川崎重工, 2014, pp.14-15）。

　① 総合技術で未来を拓く価値を作り出します。
　② 社会の信頼に応えるために，いつも誠実に行動します。
　③ ずっと働きたい職場をみんなで作ります。
　④「地球が微笑むものづくり」を追い求めます。
　⑤ 社会と未来につながる貢献の輪を広げます。

それぞれのテーマごとに対応する主要なステークホルダーを特定してみよう。①の事業と②のマネジメントは顧客とサプライヤー，③は従業員，④の

環境と⑤の社会貢献は地球環境や地域住民といえよう。この解釈が正しいとすれば，川崎重工ではステークホルダーとのエンゲージメントを考慮に入れてCSR活動を行おうとしていることが理解できる。

　一方，CSR活動のテーマをCSR活動全般，事業（製品開発・製品責任・お客様満足），マネジメント（ガバナンス・コンプライアンス・情報セキュリティなど），従業員，環境，社会貢献に細区分して，中期計画の目標と施策を開示している。

　事業について例示すれば，製品開発，製品責任，お客様満足に細分類して目指す姿を明らかにした。製品開発の目指す姿は，「グループの総合力を生かして，高度な技術力で高機能・高品質の製品を開発します」としている。また製品責任の目指す姿は，「お客様の視点に立った，『信頼』『安心』の製品サービスを提供します」としている。そしてお客様満足の目指す姿は，「お客様のニーズを満たし，感動を伴う製品・サービスを提供します」と明らかにした。

　また，上記の目指す姿を実現するために，中期計画の目標と施策を情報開示した。併せて，採択した具体的なアクションとそれに対する自己評価を掲載している。これらはすべてCSR活動として行っている。

　以上のように，川崎重工では，事業に関わる部分は経営者とステークホルダーの共同によって価値創造が行われていた。これに対して，マネジメント，従業員，環境，それに社会貢献は社会的課題の解決に貢献する部分であり，主として価値毀損の抑制の活動である。要するに，価値創造と価値毀損の抑制に貢献するステークホルダー・エンゲージメントの内容が，企業の幅広いCSR活動に対応して理解できるように記述されていた。

3.3　ステークホルダーの認識

　2014年版の統合報告書に記載されたCSR活動は，活動とステークホルダーとの関係が明確ではなかった。経営者がステークホルダー・エンゲージメントを図るためには，ステークホルダーを明確に認識する必要がある。そこで2015年版では図表5-4のように，ステークホルダーごとにCSRの活動テー

図表5-4　川崎重工のステークホルダーコミュニケーション

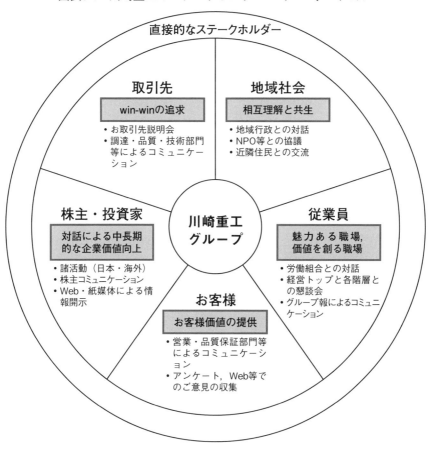

出典：川崎重工（2015，p.39）。

マを特定するように改善された。なお，ここでのステークホルダーは，直接的なステークホルダーだけである。

　図表5-4より，エンゲージメントをどのステークホルダーに対して，どの媒体で，またどのような内容の対話を行うのかが理解できる。たとえば，取引先との対話では，取引先説明会や調達・品質・技術部門等とのコミュニケーションによってエンゲージメントを行うことで，取引先とのwin-win関係

を追求することが理解できる。株主・投資家とは，日本と海外での諸活動を行ったり，株主コミュニケーションを行ったり，Webや紙媒体で情報開示することによって，対話による中長期的な企業の価値創造を目指している。お客様とは，営業・品質保証部門などがコミュニケーションを行ったり，アンケートやWebなどで意見を収集することで，お客様価値の提供を目指している。さらに，従業員と地域社会についても同様に，図表5-4から容易に解釈できる。

ステークホルダー・エンゲージメントの内容は，価値創造に関わる戦略の策定と実行のための価値創造プロセス，あるいは価値毀損の抑制に貢献するための価値創造プロセスでなければならない。ステークホルダーにとって開示情報がこのような価値創造プロセスを理解できるものである必要がある。同時に，経営者にとってもエンゲージメントの結果を，戦略の策定や実行に利用できる必要がある。同報告書では，対話の内容までは明らかではないが，このようなエンゲージメントをしていくことによって，ステークホルダーの意思決定と経営者の戦略の策定と実行の情報利用ができると考えられる。

3.4　社会的課題の特定

川崎重工は提供価値配分計算書の内容を，その後も価値創造プロセスの可視化の中にある提供価値配分計算書で開示している。提供価値配分計算書という利害調整ツールを統合報告書の価値創造プロセスの中に取り込んだ興味深い提案である。

一方，CSRの5つのテーマとステークホルダーの特定についてはその後も明示している。ただし，この5つのテーマの設定は，必ずしも重要な課題ばかりであったとはいえない。課題設定に当たっては，事業，マネジメント，従業員，環境，社会貢献という5分野でそれぞれ重要と思われる課題を特定していたが，それぞれの課題が優先順位が高い重要課題かどうかについては疑問が残る。

重要課題の優先順位づけという課題については，2020年版の統合報告書でCSR活動のマテリアリティを特定する4つのステップを以下のように明示

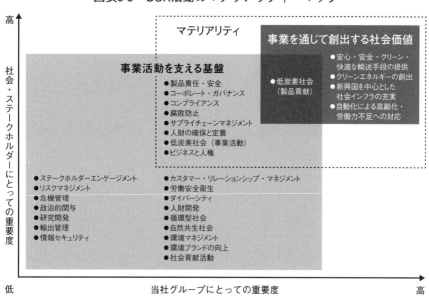

図表5-5　CSR活動のマテリアリティ・マップ

出典：川崎重工（2020, p.1）。

している（川崎重工, 2020, p.1）。

ステップ1　CSR課題の抽出・整理
ステップ2　課題の影響度評価と優先順位づけ
ステップ3　外部有識者ヒアリングと重要課題項目の決定
ステップ4　計画立案とレビュー

　このようなステップを踏むことで，マテリアリティの優先順位づけを明らかにしたことを明記している。CSR活動ごとにステークホルダーの重要度と自社にとっての重要度を特定してマトリックスを描いている。これを図示したのが図表5-5である。
　図表5-5より，CSR活動を事業活動を支える基盤と事業を通じて創出する社会価値に区分している。このうちマテリアリティとなるものとならないも

のがある[7]。マテリアリティはこれらの中で優先順位の高いCSR活動である。

　事業活動を支える基盤の具体的なCSR活動では，製品責任・安全，コーポレートガバナンス，コンプライアンス，腐敗防止，サプライチェーンマネジメント，人財の確保と定着，低炭素社会（事業活動），ビジネスと人権がマテリアリティである。一方，事業を通じて創出する社会価値のマテリアリティには，安心・安全・クリーン・快適な輸送手段の提供，クリーンエネルギーの創出，新興国を中心とした社会インフラの充実，自動化による高齢化・労働力不足への対応が特定された。そして，低炭素社会（製品貢献）はどちらにも関わるマテリアリティのCSR活動である。

　2020年版の統合報告書（川崎重工, 2020, p.12）で特に興味深いのは，創出する社会価値を国連が設定した持続可能な開発目標（Sustainable Development Goals: SDGs）と関連づけてアイコンをつけている点である。それぞれのアイコンごとに，達成目標と同社の具体的な取組について明示している。

　以上より，同社の統合報告書は，主として事業活動を支える基盤と，主として事業を通じて創出する社会価値とをSDGsに結びつけて具体的にCSR活動を取り上げているという特長があった。これらを価値創造と価値毀損の抑制に区分して価値創造プロセスを明らかにする必要がある。この点について次項で検討する。

3.5　価値創造プロセスの課題

　川崎重工は価値創造プロセスを可視化するのに，オクトパスモデルを修正している（川崎重工, 2020, pp.10-11）。この価値創造プロセスを検討する。

　まず，社会的課題を特定し，これを解決するために6つの資本をインプットする。多様なお客様の要望に応える，テクノロジーの頂点を目指す，独自性・革新性を追求するというカワサキバリューの下で，6つの事業ポートフ

---

[7]　川崎重工のKawasaki Report（2018）のマテリアリティ・マップでは，マテリアリティにならないものは重要課題ではないが，継続的にフォローを行っていく項目としていた。これに対してKawasaki Report（2020）の報告書では，特に指摘はなされていないが，継続的にフォローを行っていく項目と考えるべきであろう。

ォリオが取られている。実際の事業活動では，ESGへの取組を基盤として Kawasaki-ROIC経営によって中期経営計画2019を実現する。その結果出てきたアウトプットによって提供価値配分計算書を開示するとともに，社会価値を創出するという価値創造プロセスを可視化している。価値創造プロセスを図式的に示せば，社会的課題→資本→事業活動→価値配分→社会価値となる。

　社会的課題を事業活動で解決することによって，社会価値を創出するという構想である。経済価値の創出はアウトプットの中で，提供価値配分計算書で明記している。言い換えれば，企業の活動はすべて社会的課題の解決のためにあるという価値創造プロセスが可視化されている。

　川崎重工は営利企業であり，営利企業としての価値創造は経済価値が原則である。社会価値も考慮すべきであるが，経済価値をアウトプットとして認識するだけで社会価値のみを追求することに問題はないのだろうか。つまり，社会的課題を解決して社会価値を実現することが企業の目的であるという価値創造プロセスの可視化には疑問が残る。なぜ社会的課題の解決を企業目的にした価値創造プロセスを可視化しているのかを次に検討する。

　川崎重工が統合報告書の作成で参考にしたガイドラインには，IIRCフレームワークだけでなく，GRIのサステナビリティ・レポーティング・スタンダード，環境省の環境報告ガイドライン（2018年版），経済産業省の価値協創のための統合的開示・対話ガイダンスが含まれており，それぞれに影響を受けていることが記述されている（川崎重工, 2020, p.3）。価値創造プロセスはIIRCというよりもGRIなどの影響を強く受けたと考えられる。第1節で検討したように，IIRCでは，創造される価値は企業のためだけでなく社会とステークホルダーのためでもある。一方，川崎重工では，CSR活動の社会課題をマテリアリティとして対応して社会価値を創出するというように，ステークホルダーにとっての価値創造に偏っていることが理解できる。このことから，川崎重工の統合報告書は，IIRCが提唱する統合報告書ではなく，サステナビリティレポートにかなり近似した統合報告書といえよう。統合報告書を作成するのであるなら，ステークホルダー価値の価値創造プロセスを

可視化すべきである。

4 資本利用責任とマテリアリティ

　ステークホルダー・エンゲージメントでは，経営者は資本利用について説明責任がある。この資本利用責任についてIIRCフレームワーク（2013b; 2021）の見解を明らかにする。また，ステークホルダー・エンゲージメントとして取り上げるべき社会的課題のマテリアリティについて検討する。さらに，サステナビリティレポートで問題視される社会的課題のマテリアリティと，IIRCフレームワークで問題視される事業戦略のマテリアリティとの違いについて検討する。

4.1　資本利用責任

　IIRCフレームワーク（2021, 3.12）では，ステークホルダー・エンゲージメントのために，財務情報だけでなく環境や社会といったCSR情報やガバナンスについてナラティブな情報の開示を求めている。また，資本や事業活動だけでなく，価値創造としても財務情報と非財務情報を開示する必要がある。こうした情報を開示する目的は，一方ではステークホルダーが価値創造と価値毀損の抑制に貢献するために価値創造プロセスを理解することにある。また他方では，経営者は，単に資本を受託してその顛末を会計報告するだけでなく，6つの資本の利用に対する経営責任までを情報開示して説明責任を果たさなければならない。

　いまや経営者は情報開示として会計責任を超えて，経営責任まで果たしているかを問われている。この点についてIIRCフレームワークでは，「説明責任（accountability）とは，**経営責任**（stewardship）の概念と，企業の責任として，活動とアウトプットが影響を及ぼす資本の考慮，すなわち**利用責任**（the use responsibility）とに関わる（2013b; 2021, 3.15）」と明記している。この意味では，受託責任としての会計責任だけでなく資本の利用という経営

責任を果たすための説明責任まで取り扱われている点が興味深い。このことから，情報開示の内容も価値創造プロセスまで踏み込んで開示することが求められている。

　たとえば，資本の利用に関して，財務報告書のように財務資本と製造資本だけであれば受託責任の範囲で会計責任を解除すればよかった。統合報告書では，オンバランスできる資産だけでなく，人的資本，知的資本，社会・関係資本といったインタンジブルズ（無形の資産），さらに自然資本まで含めた広義の資本概念が取り扱われている。企業はこうしたインタンジブルズや自然資本の資本利用にまで経営責任があるというのがIIRCフレームワークの考えである。

　ステークホルダー・エンゲージメントに当たって経営者は，資本利用責任によって，価値創造プロセスを可視化して，一方では事業戦略の策定と実行を，他方では社会的課題の解決への貢献としての資源配分を明らかにしていかなければならない。つまり，ステークホルダー・エンゲージメントでは，経営者とステークホルダーの価値創造と価値毀損の抑制における価値創造プロセスについて対話する必要がある。言い換えれば，事業戦略と社会的課題の資本利用にまで踏み込んだ価値創造プロセスを明らかにしていかなければならない。

4.2　社会的課題のマテリアリティ

　価値毀損の抑制かつ社会的課題についてのマテリアリティについて検討する。Global Sustainability Standards Boardのサステナビリティ・レポーティング・スタンダード（GSSB, 2016）では，社会的課題を持続可能な社会のために，ステークホルダーの評価や意思決定にとって影響を及ぼすかどうかと企業の経済・環境・社会に及ぼすインパクトの大きさとのマトリックスで優先順位づけることを求めている（図表5-6参照）。

　この図表5-6を，すでに紹介した川崎重工のマテリアリティを決めるためのマトリックス（図表5-5）と比較してみよう。図表5-5は，社会的課題について，横軸が自社にとっての重要度であり，縦軸は社会・ステークホルダー

にとっての重要度となっている。言い換えれば，社会的課題について，横軸が企業にとっての価値創造であるのに対して，縦軸が社会・ステークホルダーへの重要度としている。社会的課題だけに注目して，マトリックス全体で価値創造と価値毀損の抑制への影響を描いていると考えられる。

　一方，図表5-6は，こちらも社会的課題だけを対象にしている点は同様であるが，横軸が価値創造と価値毀損の抑制を含む広義の価値創造であるのに対して，縦軸が社会・ステークホルダーへの影響というマトリックスを描くようになっている。そのため，図表5-5の社会的課題のマトリックスは社会的課題の解決を価値創造との関係で優先順位づけしているのに対して，図表5-6は社会的課題を価値創造と価値毀損の抑制との関係で優先順位づけしている。つまり，社会的課題の価値毀損の抑制を考慮しているかどうかという点に違いがあるように思われる。

　たとえば，CO_2排出量の削減という社会的課題を取り上げよう。図表5-5では，CO_2排出量の削減は自社の価値創造にどのような影響を及ぼすかを評価することになる。燃費効率が高くCO_2排出量を削減できる新製品を開発する

図表5-6　GSSBの重要性を決めるマトリックス

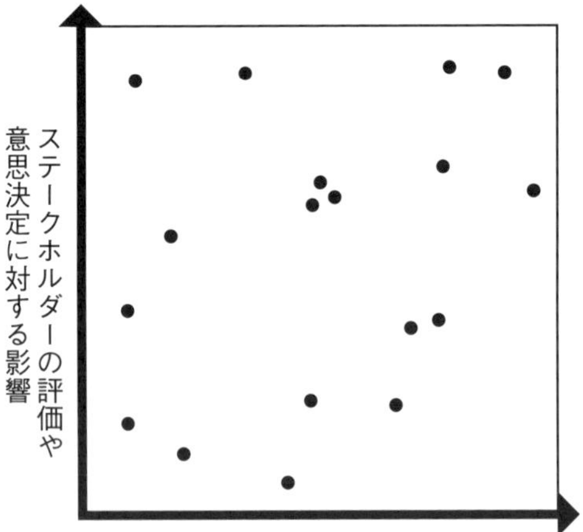

縦軸：ステークホルダーの評価や意思決定に対する影響

横軸：組織の経済，環境，社会に与える
インパクトの著しさ

出典：GSSB (2016, p.11).

のであれば社会的課題の解決と価値創造は密接に関係する。輸送手段によるCO_2排出量の削減問題として，トラック輸送から鉄道輸送に変えることでCO_2排出量を削減するというアイディアが採用されたとする。この場合，社会的課題の解決は価値創造のマイナスとなって表れる可能性がある。価値創造がマイナスになったとしても社会的課題を解決しようとするのは，価値毀損を抑制するためである。つまり，図表5-6のように価値創造と価値毀損の抑制の両者を捉えれば，CO_2排出量の削減は価値創造と価値毀損の抑制にどのような影響を及ぼすかを評価することになる。このため，社会的課題は図表5-5ではなく図表5-6として描くべきである。

4.3 事業戦略のマテリアリティ

社会的課題のマテリアリティと事業戦略のマテリアリティは異なる。価値創造である事業戦略のマテリアリティとは，戦略を実現するために採択される事象の価値創造とリスクの発生可能性で順位づけることができる。これをIIRCドラフト（2013a, p.31）に従って図示すると図表5-7となる。

図表5-7 IIRCドラフト（2013a）の重要性を決めるマトリックス

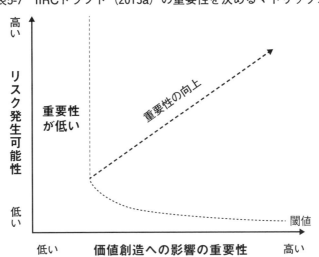

出典：IIRCドラフト（2013a, p.31）.

図表5-7は，横軸が価値創造への影響であるのに対し，縦軸は事象のリスク発生可能性である。つまり，戦略を実現するためのある事象を実施することによって影響を及ぼす価値創造もしくは価値毀損の抑制と，その事象のリスク発生可能性をマトリックスで示したものである。事業戦略にとっては，このような事象ごとの価値創造への影響とそのリスク発生可能性を知ることは極めて重要である。

　また，図表5-7より，事象のリスク発生可能性が高く価値創造と価値毀損の抑制への影響の重要性が高い方がマテリアリティの優先順位が高くなることがわかる。しかし，事象のリスク発生可能性の高低にかかわらず，価値創造と価値毀損の抑制への影響の重要性が高ければマテリアリティの優先順位が高まる。このことから，マテリアリティを決定づけるのはリスク発生可能性というよりも価値創造と価値毀損の抑制への影響の重要度であるといえよう。

　以上，社会的課題のマテリアリティと事業戦略のマテリアリティを検討した結果，社会的課題を扱うサステナビリティレポートであれば，GSSB（2016）で示すマテリアリティの基準に従ってマトリックス図を作成し，優先順位づけすべきである。それに対して，戦略の事象（戦略的実施項目）を扱う企業報告書であれば，IIRCドラフト（2013a）で示すマテリアリティの基準に従ってマトリックス図を作成し，優先順位づけすべきである。こうしたことから，統合報告書は社会的課題と事業戦略のマテリアリティを併置すべきものであり，ステークホルダー・エンゲージメントにとって両者がともに重要であるという結論になる。

　ところで，BSC（Kaplan and Norton, 2004）を採用するとき価値創造と価値毀損の抑制のためのマテリアリティはどのように選択すればよいのであろうか。この点については，価値創造はすべて事業戦略の戦略目標を設定することになり，社会的課題は価値毀損の抑制としての戦略目標を設定することになる。つまり，事業戦略では，マトリックスとしてよりも戦略マップとして戦略を可視化しており，そのための活動は戦略的実施項目として認識する。この段階ですべての実施項目が選択されるので，改めてマトリックスを

図示することはない。

　最後に，IIRC フレームワークの指導原則である信頼性と完全性（reliability and completeness）では，「統合報告書は，すべてのマテリアリティの課題について，正と負の両面につきバランスのとれた方法で示し，かつ重要な誤りがないものでなければならない（2013b; 2021, 3.39）」と指摘している。このことから，価値創造と価値毀損の抑制の両方を捉えたマテリアリティを取り扱うことによって，信頼性と完全性という指導原則を満たすことができる。

▶ まとめ

　本章では，利害関係者とステークホルダーの違いについて明らかにした。また，それを通じて，ステークホルダー・エンゲージメントの意義と対話する内容について検討してきた。その結果，3つの発見事項があった。

　第1の発見事項として，利害関係者とステークホルダーには大きな違いがあることがわかった。利害関係者は利害の対立を認識して，利害調整するにはどうすべきかを問題視する。その利害調整の結果を付加価値計算書のような情報で開示することが対立を緩和する手段となる。他方，ステークホルダーという概念は，企業に影響を及ぼすか逆に影響を受ける人たちであり，決して対立関係にあるわけではない。ステークホルダーの関心事は価値共創するための価値創造プロセスの理解である。また，経営者に対しても，経営管理や戦略の策定と実行のために効果的なステークホルダー・エンゲージメントが求められる。

　第2の発見事項としては，ステークホルダー・エンゲージメントによって経営者は社会的課題の解決を考えるようになるということがわかった。経営者は，社会的課題の解決に貢献するにはステークホルダーが有益な情報提供者であり，ステークホルダー・エンゲージメントが重要な機能であることを理解する必要がある。付加価値計算書の開示だけではステークホルダー・エンゲージメントの情報としては不十分である。効果的なステークホルダー・エンゲージメン

トのためには，統合報告書で価値創造プロセスを可視化する必要がある。

　第3の発見事項としては，ステークホルダー・エンゲージメントをする目的は，ステークホルダーと経営者がともに価値創造と価値毀損の抑制を行うことであることがわかった。つまり，ステークホルダー・エンゲージメントのためには，ステークホルダーは価値創造と価値毀損の抑制を共創するために価値創造プロセスを深く理解しなければならない。他方，経営者は，受託責任だけでなく，資本の利用責任のために説明責任を果たす必要もある。その価値共創のために，事業戦略の策定と実行および社会的課題に関わる価値創造プロセスについてエンゲージメントしていく必要がある。したがって，統合報告書では，事業戦略のマテリアリティと社会的課題のマテリアリティをともに情報開示する必要があることもわかった。

参考文献

Ansoff, H. I. (1965) *Corporate Strategy: An Analytic Approach to Business Policy for Growth and Expansion*, McGraw-Hill（広田寿亮訳（1974）『企業戦略論』産業能率大学出版部）.

ASSC (1975) *The Corporate Report*, Accounting Standards Steering Committee.

Dill, W. R. (1975) Public Participation in Corporate Planning: Strategic Management in a Kibitzer's World, *Long Range Planning*, Vol.8, No.1, pp.57-63.

Freeman, R. E. (1984) *Strategic Management: A Stakeholder Approach*, Pitman.

Freeman, R. E. and D. L. Reed (1983) Stockholders and Stakeholders: A New Perspective on Corporate Governance, *California Management Review*, Vol.25, No.3, pp.88-106.

Freeman, R. E., J. S. Harrison and A. C. Wicks (2007) *Managing for Stakeholders: Survival, Reputation, and Success*, Yale University Press（中村瑞穂訳者代表（2010）『利害関係者志向の経営：存続・世評・成功』白桃書房）.

George, B. (2003) *Authentic Leadership: Rediscovering the Secrets to Creating Lasting Value*, Jossey-Bass（梅津祐良訳（2004）『ミッション・リーダーシップ：企業の持続的成長を図る』生産性出版）.

GRI (2013) *G4 Sustainability Reporting Guidelines: Reporting Principles and Standard Disclosures*, Global Reporting Initiative.

GSSB (2016) *GRI Standards*, Global Sustainability Standards Board.

Haller, A. and C. van Staden (2014) The Value Added Statement: An Appropriate Instrument for Integrated Reporting, *Accounting, Auditing & Accountability Journal*, Vol.27, No.7, pp.1190-1216.

IIRC (2013a) *Consultation Draft of the International <IR> Framework*, International

Integrated Reporting Council.

IIRC（2013b）*The International <IR> Framework*, International Integrated Reporting Council.

IIRC（2021）*International <IR> Framework*, International Integrated Reporting Council.

Kaplan, R. S. and D. P. Norton（2004）*Strategy Maps: Converting Intangible Assets into Tangible Outcomes*, Harvard Business School Press（櫻井通晴・伊藤和憲・長谷川惠一監訳（2005）『戦略マップ：バランスト・スコアカードの新・戦略実行フレームワーク』ランダムハウス講談社）.

川崎重工業株式会社（2013）『Kawasaki Report 2013』。

川崎重工業株式会社（2014）『Kawasaki Report 2014』。

川崎重工業株式会社（2015）『Kawasaki Report 2015』。

川崎重工業株式会社（2018）『Kawasaki Report 2018』。

川崎重工業株式会社（2020）『Kawasaki Report 2020』。

友岡賛（2010）「会計の機能」『三田商学研究』Vol.53, No.3, pp.1-12。

牟禮恵美子（2015）「統合報告における付加価値会計情報の役割」『ディスクロージャーニュース』Vol.28, pp.152-156。

第**6**章

日本企業の
統合報告書の開示

▶ はじめに

　統合報告書の情報開示に当たっては，投資家やステークホルダーの意思決定に資するだけでなく，経営者の戦略修正にも有用という2つの機能が実現できるように，ステークホルダー・エンゲージメントを取る必要がある。このように，統合報告はステークホルダーへの情報開示と経営者の情報利用という2つの機能がある。本書は，一貫して経営者の情報利用というアプローチで統合報告を検討している。

　統合報告書の情報開示について公表した国際統合報告評議会（International Integrated Reporting Council: IIRC）のIIRCフレームワーク（IIRC, 2013）に対して，Dumay et al.（2017）はいくつかの課題があると指摘した。経営者の情報利用との関係で，このDumay et al.（2017）の課題は，統合思考，価値創造，情報の結合性という3つの課題にまとめることができる。

　日本企業の統合報告書は，世界の4分の1を占めるほど多くの企業が発行しており，最も関心が持たれていることが理解できる[1]。日本の統合報告書に対して世界的な評価はそれほど高くはないとも指摘されている。一方，日本の統合報告書のレベルアップも考慮して，WICI（The World Intellectual Capital/Assets Initiative）ジャパンは表彰制度を創設している。この制度で，これまで優秀企業大賞を受賞した企業は，オムロン株式会社，MS&ADインシュアランスグループホールディングス株式会社，日本精工株式会社の3社である。これらの大賞受賞企業は，Dumay et al.（2017）の提起した3つの課題をどのように統合報告書で扱っているのかを検討する。

　本章の目的は，日本企業の優れた企業報告書が，統合思考，価値創造，情報の結合性をいかに扱っているのかを明らかにすることである。併せて，これら3つの課題はバランスト・スコアカードでほとんどが実現できることを

1） DHBR編集長大坪亮氏のインタビューに答えて，WICIジャパン昆会長は，2018年度の世界の統合報告書の作成企業数は約1,600社であり，そのうち400社以上が日本企業であると指摘した。この記事は2019年7月29日の『DHBRオリジナル記事』に掲載されている。この記事は以下からダウンロードできる。https://www.dhbr.net/articles/-/6032（2019/12/19）。

明らかにする。第1節では，統合報告書の情報開示と情報利用について明らかにする。第2節では，Dumay et al.（2017）の3つの課題を明らかにする。第3節では，日本の優れた統合報告書の価値創造プロセスを明らかにする。第4節では，情報開示に関わる3つの課題という点から，日本の優れた統合報告書を検討する。最後に本章の発見事項をまとめる。

1 情報開示と情報利用

　IIRCフレームワークによれば，「統合報告書の主要な目的は，企業がいかに長期にわたる価値を創造・維持・毀損するのかを，財務資本の提供者に説明することである（IIRC, 2021, p.5）」としている。この定義から，IIRCフレームワーク（2021）では，統合報告書は企業の投資家への情報開示を狙いとしていることがわかる。この文に続けて，IIRCフレームワーク（2021）は，統合報告書がステークホルダーにもメリットがあるとしている。このことから，統合報告書が投資家だけでなく，ステークホルダーへの情報開示でもあることを明らかにしたことが理解できる。このステークホルダーへの情報開示を図表6-1の（a）に再掲した。

　ところが，同じIIRCフレームワーク（2021）の中で，「統合報告書は，外部環境の下で，企業の戦略，ガバナンス，実績，見通しがいかに短期・中期・長期にわたる価値を創造・維持・毀損に導くのかについての簡潔なコミュニケーションである（IIRC, 2021, 1.1）」とも指摘している。この定義によれば，統合報告書は企業とステークホルダーとの間のコミュニケーションツールであるということになる。ここでコミュニケーションは，一方通行の伝達という意味だけでなく，双方向の対話までも含むと理解すべきである。このように解釈すれば，ステークホルダー・エンゲージメントによってステークホルダーが利用するだけでなく，同じ情報を企業の経営者が戦略の修正に利用することも考えることができる。このステークホルダー・エンゲージメントの情報を経営者が戦略修正に利用するという関係を図表6-1の（b）に図示した。

図表6-1　情報開示と情報利用

(a) ステークホルダーへの情報開示

(b) 経営者の情報利用

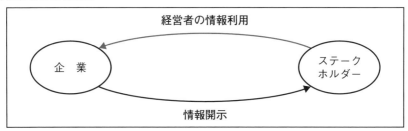

出典：著者作成。

　経営者が戦略修正に利用できることのメリットについて明らかにする。戦略がトップで策定され，現場はトップが策定した戦略を実行すれば戦略を実現できるという環境の下では，戦略の修正は必要ない。ところが，今日のように環境変化が激しい環境の下では，トップが策定した戦略が正しいという保証はない。そのため，トップが策定した戦略を可視化して現場に伝えたとしても，現場がその戦略の実現に失敗する可能性がある。戦略を実現するには，戦略の修正や戦略の創発を行っていかなければならない。このときに，戦略の策定と実行のためにバランスト・スコアカード（balanced scorecard: BSC）を導入することは極めて効果的である。BSCを導入している企業は戦略修正に当たり，これまでは財務や非財務の実績値に基づいて検討してきた。しかし今日の統合報告時代では，外部のステークホルダーからのエンゲージメント情報を取り入れることで，戦略の修正や戦略の創発に利用できる機会を得られる。要するに，統合報告書は，今日の競争環境においてステークホルダー・エンゲージメント情報を経営者が情報利用できる好機である。

2 IIRCフレームワークの3つの課題

Dumay et al.（2017）は，IIRCフレームワークの課題をいくつか指摘している。それらの課題のうち，経営者の情報利用に関わる部分として，統合思考，価値創造，情報の結合性という3つの課題を明らかにする。

2.1　統合思考

IIRCフレームワークでは，「統合思考とは，多様な現場や部門と企業が利用したり影響したりする資本との間の関係を企業が積極的に考えることである（IIRC, 2013; 2021, p.2）」と定義している。また，統合思考の狙いは，「短期・中期・長期にわたる価値の創造・維持・毀損を考慮する統合した意思決定と行動に導く（IIRC, 2021, p.3）」とも指摘している。統合思考についてこれだけの説明しかないために，Dumay et al.（2017）は統合思考の意味が理解できないと批判した。

統合思考は，戦略論の視点から考察すると理解できる。第3章で明らかにしたように，統合思考とは，伊藤（2014）が統合型マネジメントシステムとして明らかにしたことである。ここで統合型マネジメントシステムとは，従来ばらばらだった戦略の策定と実行のマネジメントシステムやツールを統合することによって，戦略を効果的に実現することである。これを実現できるのがBSCである。このBSCをベースとした統合型マネジメントシステムを図表6-2に再掲する。

図表6-2で，第1ステップは企業戦略の策定である。第2ステップは，戦略マップやスコアカードを用いた事業戦略の策定である。第3ステップは，事業戦略を業務へ落とし込んで業務計画を作成することである。第4ステップは，戦略および業務の計画を実行することである。第5ステップは，戦略と業務を検証し適応することである。統合報告時代では，エンゲージメント情報を用いて戦略と業務を修正する点が特長である。これらを循環させて戦略と業務のPDCAを回していくことが統合型マネジメントシステムの要諦

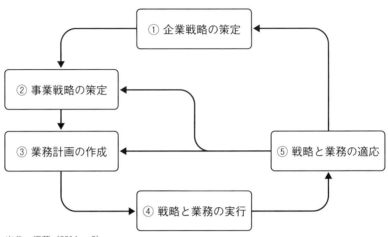

図表6-2　統合型マネジメントシステム

① 企業戦略の策定

② 事業戦略の策定

③ 業務計画の作成

④ 戦略と業務の実行

⑤ 戦略と業務の適応

出典：伊藤（2014, p.2）。

である。つまり，統合思考とは，戦略の策定と実行を統合して戦略を実行することである。この統合思考の中で重要なことは，戦略の修正である。この戦略修正の情報の１つとして，ステークホルダーエンゲージメントの情報がある。

　要するに，統合思考とは企業の組織内の関係や短期・中期・長期のバランスを可視化することである。言い換えれば，統合思考を考慮した企業戦略の下で，シナジー創出と価値毀損の抑制を可視化するとともに短期・中期・長期のポートフォリオ・マネジメントを可視化することである。また，企業戦略と事業戦略，それらを落とし込んだ業務計画を実行して，環境に適応するように業務計画だけでなく，戦略を修正することで戦略を実現することである。この統合思考を実現するには，第３章で検討したように，戦略策定と実行のマネジメントシステムであるBSCが効果的である。

2.2　価値創造

　IIRCフレームワーク（2013）では，統合思考の狙いは価値創造であった。この点についてDumay et al.（2017）は，価値創造の中に価値毀損も含むの

かどうかはっきりしないという批判を行った。既述したように，IIRC フレームワーク（2021）では，統合思考の狙いは価値創造だけではなく，維持と毀損を含めている。価値の維持は，価値創造した結果として維持するかあるいは価値毀損を抑制した結果として維持できる。そのため，経営者の活動として考えれば，統合思考の狙いは価値創造と価値毀損の抑制からなる。

　我が国ではこのところSDGsが話題となっている。その中心は社会的課題の解決であるが，第5章で明らかにしたように，社会的課題の解決には価値創造と価値毀損の抑制の両側面がある。そのため，社会的課題の解決は1つの戦略マップに描くことが難しい。結局，価値創造と価値毀損の抑制に区分して戦略マップを作成しなければならない。日本企業の統合報告書の多くは社会的課題の解決を狙った事業戦略を実現する価値創造プロセスを可視化している。しかし価値創造と価値毀損の抑制に区分して価値創造プロセスを可視化すべきである。そのためには価値創造と価値毀損の抑制に区分して戦略を可視化する必要がある。このような考えを図示すると図表6-3となる。

　図表6-3によれば，企業価値は価値創造と価値毀損の抑制によって創造される。これらのうち価値創造は経営戦略によって創造される。この経営戦略は，事業部の事業戦略と本社の企業戦略によって構築される。事業部による事業戦略は顧客から利益を獲得するものであり，戦略の中心である。本社の企業戦略は，ポートフォリオ・マネジメントもあるが，その中心はシナジーの創出である。

　他方，価値毀損の抑制には，事業戦略に関係のない環境負荷の低減や貧困対策などの社会貢献が含まれる。確かに社会的課題の解決には，顧客ニーズ

図表6-3　価値創造と価値毀損の抑制による企業価値の創造

価値創造　経営戦略　＋　価値毀損の抑制　社会的課題の解決　＝　企業価値

出典：著者作成。

167

に対応した製品開発を考えることができる。しかし，事業戦略に関わることであれば，それは企業の本源的責務であり，戦略として認識すべきものである。国連サミットで取り上げられたSDGs（Sustainable Development Goals: 持続可能な開発目標）は，イノベーションがあるが，これは社会的課題であると同時に事業戦略にも関わるものであり，戦略として捉えるべきである。

　社会的課題の解決というとき，事業戦略と関係のない課題への対策に限定すべきである。温暖化対応，貧困対策などの社会貢献などが中心であり，これらは企業が無視できる問題ではなく，取り扱わないことでコーポレート・レピュテーションが下がり，価値毀損する可能性がある。

　要するに，統合報告書を戦略マップで可視化するには，事業戦略と社会的課題の解決を可視化するのではなく，価値創造と価値毀損の抑制を可視化することを忘れてはいけない。また，価値創造は事業戦略に直接関わるものと捉えることと，事業戦略に直接関係はないが企業として執行すべきものは価値毀損の抑制と捉えることも忘れてはいけない。

2.3　情報の結合性

　情報の結合性とは，第4章で検討したように，内容項目間および内容項目と資本の結合性のことである。内容項目間の結合性とは，IIRCフレームワーク（2021）で示されたオクトパスモデルのすべての項目を，密接に関連させることである（図表6-4参照）。これらの内容項目の中で，外部環境，目的・ミッション・ビジョン，およびガバナンスは，それ以外の項目を取り巻く環境や経営方針である。したがって，抽象的な環境や経営方針を具体的な事業活動と密接に関連づけることは困難である。一方，それ以外の項目は，比較的情報の結合性を明らかにしやすい。そこで，それ以外の項目について情報の結合性を検討する。

　情報の結合性の第1は，リスクや機会を考慮して策定した事業戦略や資源配分と密接に関連させながら，ビジネスモデルの下で財務情報と非財務情報を結合することである。この第1の結合性を財務情報と非財務情報の結合性と呼んだ。第2の情報の結合性は，資本をインプットして活動を行って価値

図表6-4　オクトパスモデル

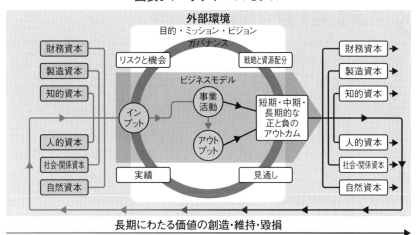

出典：IIRC（2021, p.22）.

　創造した資本との間での結合性である。この第2の情報の結合性を活動と資本の結合性と呼んだ。統合報告書での価値創造プロセスの可視化に当たっては，これらの2つの情報の結合性を明示しなければならない。

　ところで，IIRCフレームワーク（2021）が示すオクトパスモデルは情報の結合性を可視化できているのであろうか。この点については残念ながら難しいといわざるを得ない。オクトパスモデルは，内容項目としてどのような項目があるのかの概要を図示しただけであり，それらの関係まで図示できているわけではない。そのため，情報の結合性を担保する別の可視化が求められている。この点について，すでに第3章で明らかにしたように，BSCの戦略マップによって，財務情報と非財務情報の因果関係を明らかにすることができる。つまり，戦略マップを作成すれば，第1の情報の結合性は確保できる。しかし，これだけでは第2の情報の結合性は可視化できない。非財務情報としてのインタンジブルズの測定ができなければ，内容項目と資本を結びつけることができない。さらなる工夫が求められている。

3 日本企業の統合報告書

　日本企業は，世界の中で最も多くの統合報告書を開示している。その報告書を毎年WICIジャパンが表彰している。その賞の中でも最も優れた報告書に贈られる優秀企業大賞を受賞した企業がこれまで3社ある。2017年のオムロン株式会社（以下，オムロンという），2018年のMS&ADインシュアランスグループホールディングス株式会社（以下，MS&ADという），2019年の日本精工株式会社（以下，日本精工という）である。これらの企業が2020年度に作成した統合報告書の要点を明らかにする。

3.1　オムロンの統合レポート

　オムロンは，創業者である立石一真氏のサイニック理論を経営の羅針盤としている。つまり，「事業を通じて社会的課題を解決し，よりよい社会を作るにはソーシャルニーズを世に先駆けて創造することが不可欠になる，そのためには未来を見る羅針盤が必要だ」として科学・技術・社会の円環的な相互関係から未来を予測するサイニック理論を構築した。つまり，社会的課題の解決が企業目的である。このサイニック理論がオムロンの企業理念である。

　同社のCEOメッセージによれば，オムロンは，企業理念の下で選択と分散を推進してきたという（オムロン，2020, p.12）。つまり，企業理念の下で複数の事業が自律的に行動してもシナジーを創出できることと，多様性を取り入れた事業ポートフォリオによって強靭化に取り込んでいる。自律的行動がシナジー創出できることには疑問がある。ところが，シナジーの創出についてはこれ以上の説明はない。

　一方，ポートフォリオは図表6-5を示して解説している。オムロンのポートフォリオは，ROIC（return on invested capital: 投下資本利益率）と売上高成長率によって4つの領域に分類している。ROICは10%を，売上高成長率は5%をそれぞれの閾値としている。このようなポートフォリオ・マネジメントによって，事業ユニットごとに分散させていることが理解できる。

図表6-5　オムロンの事業ポートフォリオ

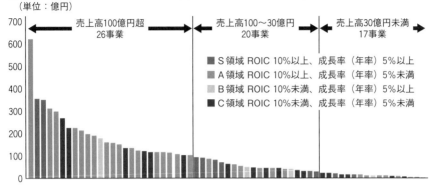

■ポートフォリオマネジメントの対象となる事業ユニット（2019年度）
（単位：億円）

出典：オムロン（2020, p.27）。

　オムロンの価値創造プロセスは図表6-6の通りである。オムロンの価値創造プロセスは5つの**資本**を事業創造プロセスに**インプット**して，**事業活動**の結果を**アウトプット**し，ドメインごとに**社会的価値**を創造し，併せて**中期経営計画**と**サステナビリティ**に関わる目標を実現するというものである。

　図表6-6の価値創造プロセスは，価値創造について課題がある。サイニック理論を標榜しているために，社会的価値を創出することが大切であり，社会的課題を解決するための価値創造プロセスとなっている。事業戦略による社会的課題の解決だけでなく価値毀損の抑制も可視化すべきである。

　図表6-6で，事業創造プロセスとは，企業理念の下で，社会的課題（人口動態，資源制約，技術革新）を探索し，近未来のデザインを行う。これをベースにして，コア技術の進化とビジネスモデルを設計する創造プロセスから，製品化・サービス開発を行い，事業の立ち上げ，収益化を目指す事業化プロセスへと橋渡しをするビジネスプロセスのことである。4つのドメイン（ファクトリーオートメーション，ヘルスケア，モビリティ，エネルギーマネジメント）ごとに，製品・サービスのアウトプットによって社会的価値を創造し，一方では中期経営計画の実現を目指すとともに，サステナビリティ目標の実現にも寄与する。

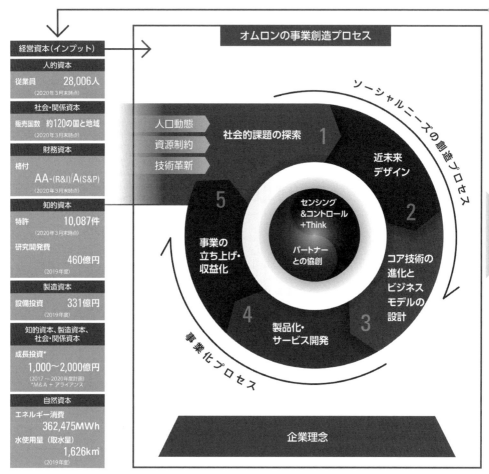

図表6-6　オムロンの価値創造プロセス

出典：オムロン（2020, pp.9-10）。

　オムロンの中期経営計画（VG2.0）は，10年間の長期ビジョン（Value Generation 2020）の最終ステージとして2017年にスタートした。この中期経営計画は4年間を対象としたものである（図表6-7参照）。

　図表6-7より，社会的課題と急速な技術革新に対処するために，事業戦略として①注力ドメインを再設定し事業を最強化，②ビジネスモデルの進化，③コア技術の強化を策定した。またパートナーとの協創を行うとともに，運

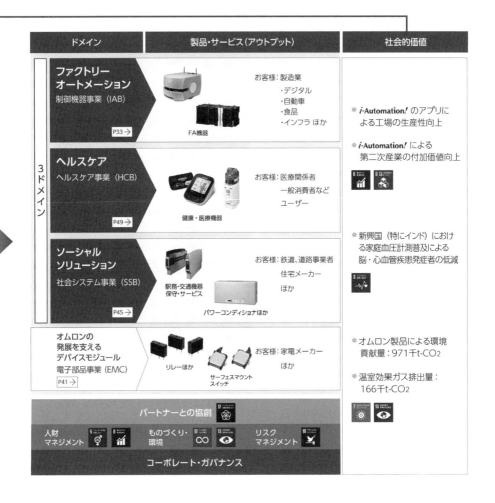

営機能戦略としては人財マネジメント，ものづくり・環境，リスクマネジメントを行うことで，サステナビリティの重要課題に対処している。サステナビリティの重要課題とは，事業を通じて社会的課題を解決したり，パートナーと協創したり，ステークホルダーの期待に応えるというもので，価値創造と価値毀損の抑制に区分されているわけではなかった。その結果は，中期経営計画の実現を目指すとともに，超長期的にSDGsの達成への貢献に区分し

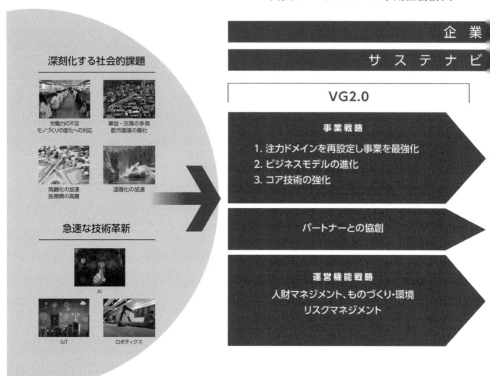

図表6-7　オムロンの中期経営計画

出典：オムロン（2020, pp.29-30）。

ていた。なお，マテリアリティについての記述は見つけることができなかった。

　価値創造プロセスは，社会的課題を解決するために，企業戦略ではなく一歩踏み込んで事業戦略を可視化している（オムロン, 2019, pp.21-24）。事業戦略まで可視化することで，顧客との関係が明瞭になる。また，パートナーとの協創も含めて，事業を通じてステークホルダーの期待に応えるという価値創造と価値毀損の抑制の目的がうまく描かれている。ただし，価値創造と価値毀損の抑制に区分はされていなかった。

　図表6-6の価値創造プロセスからは，情報の結合性について可視化されて

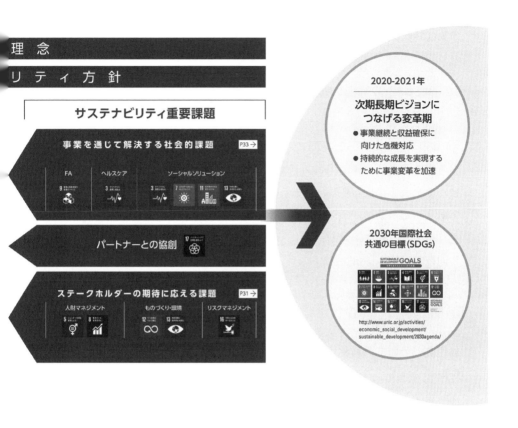

　いないことがわかった。価値創造プロセスが抽象的な概念図のために，情報の結合性の具体的な可視化は困難だったのであろう。

　オムロンの価値創造プロセスにはいくつかの特徴がある。第1は，統合思考に関して，ポートフォリオ・マネジメントに特化しており，シナジーの創出についての可視化ができていなかった。第2に，価値創造に関して，社会的課題の解決によって中期経営計画とSDGsの達成を目指していた。そのため，価値創造と価値毀損の抑制を峻別していなかった。なお，両者に関わるものとして，ものづくり・環境とリスクマネジメントを扱っていた。第3に，情報の結合性に関わる課題として，同社の価値創造プロセスでは，財務情報

と非財務情報がどのような因果関係にあるのかがわからず，第1の情報の結合性に課題がある。また，活動とアウトカムや資本との関係もはっきりせず，第2の情報の結合性にも課題が残されている。

3.2　MS&ADの統合レポート

　MS&ADのミッション，ビジョン，バリューは，報告書の裏表紙に示されている。ミッションは「グローバルな保険・金融サービス事業を通じて，安心と安全を提供し，活力ある社会の発展と地球の健やかな未来を支えます」，ビジョンは「持続的成長と企業価値向上を追い続ける世界トップ水準の保険・金融サービスグループを創造します」，そしてバリューは「お客様第一，誠実，チームワーク，革新，プロフェッショナリズム」である。

　同社では，Vision2021のステージ2として，グループ総合力，デジタライゼーション，ポートフォリオの3点を明らかにしている。グループ総合力はシナジー創出に関わる点があるので，これを図表6-8に示す。

　この図表6-8を見ると，強みを生かして成長を，グループ連携して収益力強化を，そして共通化・共同化によって業務効率を高めようとしていることが理解できる。これらすべてがシナジー創出である。成長に向けては共同で商品開発してシナジー創出を図る。収益力強化では，国内損保事業，国内生保事業，金融サービス事業，海外事業，リスク関連サービス事業の5つの事業ドメインを連携して，収益力を強化する。共通化・共同化によって業務を効率化する。具体的なシナジー創出はセグメント別成長戦略の中の国内損害保険事業で明らかにしている。共同開発の例であるが，三井住友海上とあいおいニッセイ同和損保による共同開発商品として「見守るクルマの保険（ドラレコ型）」を例示している。これが同社のシナジー創出の具体的な例示である。

　一方，ポートフォリオについては，図表6-9のように示している。この図表6-9から，2015年度には国内損保事業が50%以上を占めていることがわかる。これを将来目指す姿と比較してみよう。将来目指す姿は，海外事業が50%を目指していることがわかる。同時に，国内損保事業としては2019年度から

図表6-8　MS&ADのシナジー創出

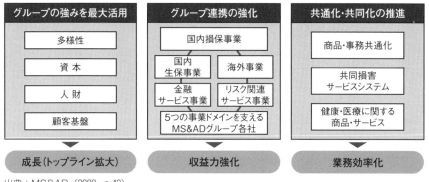

出典：MS&AD（2020, p.43）。

図表6-9　MS&ADのポートフォリオ

重点戦略 3 ポートフォリオ変革

● 事業ポートフォリオの分散は、新型コロナウイルス感染拡大の影響もあり、新規事業リスク拡大を抑制的に行うことなどから、目標達成は後ろ倒しとなるが、将来めざす姿に向け、まずはオーガニックな成長をベースに着実な取組みを継続する。
● 政策株式リスクの削減は、目標水準に到達したが、マーケットのボラティリティの高まりも踏まえ、引き続きピークリスクの削減に取り組む。

▶ **グループ修正利益の事業ポートフォリオ別割合**

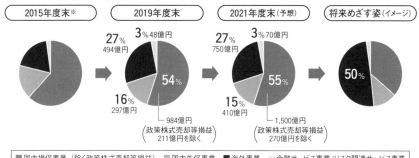

※ポートフォリオ変革取組のスタート時点
出典：MS&AD（2020, p.43）。

2021年度で1.5倍増加しながら比率としては54％から55％に構成比が微増する予定である。また，海外事業は2019年度から2021年度で1.5倍増加しながら，比率としては27%を維持する予定である。

　MS&ADのマテリアリティは，社会的課題だけでなく，同社の事業をも併せて考察した社会的課題であるという。ESGの領域ごとに７つのマテリアリティを抽出した。各課題は，①気候変動の緩和と適応に貢献する，②「誰一人取り残さない」を支援する，③レジリエントなまちづくりに取り組む，④「元気で長生き」を支える，⑤自然資本の持続可能性向上に取り組む，⑥事故のない快適なモビリティ社会を作る，⑦新しいリスクに対処する，以上の７つである。MS&ADの長期的な成長と社会の持続可能性への貢献度からなるマトリックスで描くと，図表6-10となる。

　図表6-10より，同社のマテリアリティ・マップは第５章で取り上げた社会的課題のマテリアリティと類似していた。GSSB（2016）を参考にMS&AD

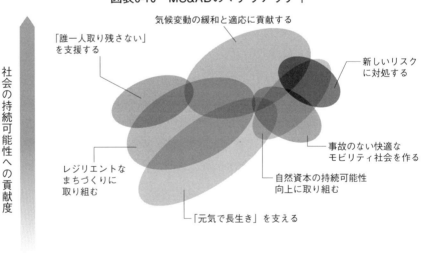

図表6-10　MS&ADのマテリアリティ

出典：MS&AD（2020, p.39）。

なりの工夫を凝らした図となっている。

　MS&ADの価値創造プロセスは，図表6-11の通りである。図表6-11から，**社会的課題**を解決するために，５つの**資本**をMS&ADのビジネスモデルに**インプット**して，５つの**事業ドメイン**で価値創造した結果として，５つの**資本**が形成されていることが理解できる。ここで，MS&ADのビジネスモデルとは，リスクを見つけ，リスクが現実となったときの経済的負担を小さくし，リスクの発現を防いでリスクの影響を小さくするものである。この価値創造プロセスは，IIRCフレームワーク（2021）とはいくつかの点で異なっている。

　まず，価値創造と価値毀損の抑制という区分はしていない。同社は社会的課題を事業戦略で解決するというCSV（共有価値）を想定しているために，価値毀損の抑制を価値創造プロセスとして可視化していない。CSVに関わる取組としては，中小企業へのサイバーセキュリティ対策，アメリカでのテレマティクス事業の展開，長野県SDGs推進企業登録制度への支援，「人生100年時代」の到来を見据えた長寿リスクに備える「トンチン年金」の提供，オープンイノベーション認知症早期発見への取組，ABINC（いきもの共生事業所®）認証制度の取組，フィリピンにおける零細企業家を支えるマイクロインシュアランスである。いずれも社会貢献する事業であり，社会的課題を解決するだけでなく，事業戦略として経済的メリットもある。これだけしか行わないとすると，価値毀損を抑制する活動が提案されなくなってしまうという課題がある。

　図表6-11の価値創造プロセスは，財務情報と非財務情報の結合性についての可視化が行われていない。まったく無視しているわけではなく，財務・非財務ハイライトとして実績を明らかにしている。また，将来見通しについては中期経営計画であるVision2021として財務数値目標を明らかにしている。しかし，これらの数値にどのような関係があるのかについては明らかにしていない。要するに，情報の結合性についての課題がある。

　MS&ADの価値創造プロセスにはいくつかの特徴がある。第１は，統合思考に関して，シナジー創出とポートフォリオ・マネジメントがうまく可視化されていた。第２に，価値創造に関して，社会的課題の解決のために事業戦

MS&ADを支える資源

当社グループが持つ多様な資源を事業活動に
活用することで、新たな価値創造へとつなげていきます。

(2019年度実績)

財務資本

● お客さまのリスクを引き受けるのに十分かつ健全な財務基盤

連結純資産 ……… **2兆4,940**億円

人的資本

● グローバルで多様な人財
● 保険・リスク関連等の知識に精通したプロフェッショナルな人財

連結従業員数 ……… **41,582**名

知的資本

● 長い歴史と経験に支えられた知見と信用力
● 国内・ASEANで最も豊富なリスクデータ

リスクサーベイ実施回数 ……… **1,312**件

社会・関係資本

● 国内No.1の規模を誇る顧客層

国内個人お客さま数 ……… 約**4,300**万人

国内法人お客さま数 ……… 約**240**万社

● ASEAN域内 No.1の総収入保険料
● 国内No.1の代理店ネットワーク

国内損害保険代理店数 ……… **84,676**店

国内営業拠点[1] ……… **258**部支店・**999**課支社

国内事故対応拠点[2] ……… **419**ヵ所

● 海外拠点等[3] ……… **50**ヵ国・地域

● トヨタグループ、日本生命グループ、三井グループ、住友グループ
など、異業種のトップ企業とのパートナーシップ

※1 国内保険会社の拠点数の単純合算値(2020年4月1日現在)
※2 国内損害保険会社の事故対応拠点の単純合算値(2020年4月1日現在)
※3 SLI Cayman Limited(金融サービス事業)があるケイマン諸島を含む(2020年4月1日現在)

自然資本

● 地球の安定した気候システム
● 生物多様性が保全された生態系
● 持続可能な自然資源
● 紙使用量 ……… **11,080**トン

出典：MS&AD (2020, pp.14-15)。

活力ある社会の発展と

社会的課題

社会を取り巻く多様なリスク

❶ 多様化・甚大化する事故・災害
❷ 限界に近づく地球環境
（気候変動や資源枯渇等）
❸ 高齢化に伴う介護・医療の負担増
❹ 格差拡大等による社会の活力低下

MS&ADの
ビジネスモデル

リスクが現実と
なったときの
経済的負担を
小さくする

リスクを見つけ
伝える

リスクの
発現を防ぐ、
リスクの影響を
小さくする

企業価値創造

環境変化に
対応できる
レジリエントな態勢

最適な資源配分と
リスクの適切な管理

中期経営計画 ▶ P.40

ERM ▶ P.76

地球の健やかな未来

レジリエントで
サステナブルな社会

安定した人々の生活
活発な事業活動

安心・安全
の提供

グローバルな保険・金融サービス事業
5つの事業ドメイン

国内損害保険事業	▶ P.54
国内生命保険事業	▶ P.56
金融サービス事業	▶ P.60
リスク関連サービス事業	▶ P.62

海外事業 ▼ P.58

を支える仕組み

社員がいきいきと活躍できる経営基盤	コーポレートガバナンスの強化
人財育成	コーポレートガバナンス
▶ P.79	▶ P.83

ステークホルダーとともに創出する価値（P.24参照）

事業活動によるアウトプットを通じて、
ステークホルダーとともに社会的価値の創造を目指します。

| お客さま | 株主 | 代理店 | 取引先 | 社員 | 地域社会・国際社会 | 環境 |

（2019年度実績）

財務資本

- 資本効率の向上
- グループ修正利益の向上
- 株主還元

※TSR（Total Shareholder Return/株主総利回り）：株式投資により一定期間に得られた利益（配当とキャピタルゲイン）を株価（投資額）で割った比率

グループ修正利益　**2,331**億円

グループ修正ROE　**8.0**%

過去5年間のTSR※　**8.5**%

人的資本

- 更に働きがいを実感し、成長できる職場環境の提供
- 安定し、かつ、ワーク・ライフ・バランスにも配慮した雇用

社員満足度※1　**4.4**ポイント　　有給休暇取得日数※2　**15.7**日

※1 社員が「誇り、働きがい」を持って働いていると感じている度合い（社員意識調査結果。6ポイントが満点の社員平均値ポイント）
※2 ［定例・繰越休暇］と［特別休暇］の社員平均取得日数

知的資本

- 専門性の高い社員の育成
- 変化する多様なお客さまニーズにお応えする商品・サービスの提供
- リスク関連の調査研究成果の社会への提供

調査レポート※1　**85**件　　アクチュアリー人数※2　**111**人

※1 CSR、企業リスク、BCM、労災リスク、交通リスク、海外危機管理情報、感染症情報などのレポートを発行
※2 商品開発、リスク管理、財務の健全性確認等に確率・統計等の手法を駆使する数理のプロフェッショナルである社員の在籍数（2020年4月1日時点）

社会・関係資本

- 適切かつ迅速な保険金の支払い
- 事故・災害を未然に防ぐサービスの提供
- 高品質かつ多様な代理店ネットワークの提供
- 取引先との協力関係による社会的責任の遂行
- 社会インフラや行政サービス等の社会資本をリスクから守る商品・サービスの提供

保険金支払額※1　**2兆4,038**億円　　お客さま満足度※2　**96.5**%

※1 正味支払保険金と生命保険金等の合算値
※2 自動車保険の事故対応に満足しているお客さまの割合（対象：三井住友海上、あいおいニッセイ同和損保）

自然資本

- 気候変動の進行緩和につながるCO_2排出量削減
- 生物多様性の保全への貢献
- 持続可能な自然資源の利活用につながる負荷削減

社会貢献活動参加社員数※　**27,673**人

※会社又は個人でボランティア活動へ参加したり、寄付を行ったりした社員数（国内）

略を策定していた。そのため，価値創造と価値毀損の抑制を峻別していなかった。第3に，情報の結合性に関して，同社の価値創造プロセスでは，情報の結合性が可視化されていないという課題が残されている。

3.3 日本精工のNSKレポート

日本精工では，NSKレポート2020の裏表紙で，企業理念，経営姿勢・行動指針，ビジョンを明らかにしている。企業理念としては，「NSKは，MOTION & CONTROL™[2]を通じ，円滑で安全な社会に貢献し，地球環境の保全をめざすとともに，グローバルな活動によって，国を超えた人と人の結びつきを強めます」となっている。経営姿勢は「1.世界をリードする技術力によって，顧客に積極的提案を行う，2.社員一人ひとりの個性と可能性を尊重する，3.柔軟で活力のある企業風土で時代を先取りする，4.社員は地域に対する使命感をもとに行動する，5.グローバル経営をめざす」である。行動指針は，「個を超えて，今を超えて」である。そしてNSKビジョン2026は「あたらしい動きをつくる。」である。

日本精工の社長・CEOは，成長のためにはM&Aやオープンイノベーションを重視すべきだとしている。そのためには，イノベーション・センターを設立したり，ヨーロッパでベアリング，精密製品，コンディションモニタリングの技術を持つ企業のM&Aや提携などを模索したいという。こうした成長戦略は統合思考に関わるシナジー創出やポートフォリオ・マネジメントを想定していると思われる。しかし，社長のコメントからは具体的な可視化についての記述がないためにこれだけでは同社の企業戦略は不明である。

企業戦略に関して日本精工では，図表6-12のように，グローバルマネジメントを支えるために事業と地域によるマトリックス組織を構築している。事業としては産業機械事業と自動車事業に分類しており，この点はポートフォリオ・マネジメントの表れであろう。また地域としては，7つの地域に区分している。その下に，①共通機能について重複業務とコストの削減，②意思

図表6-12　日本精工のグローバルマネジメント

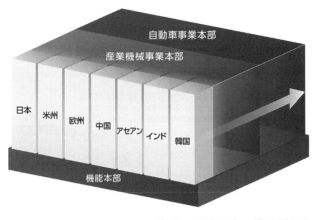

※NSKは各拠点を、それらが存在する地域別に「日本」「米州」「欧州」
「中国」「アセアン」「インド」「韓国」に分けています。

出典：日本精工（2020, p.44）。

決定のスピード化を図っている。これらはいずれもシナジー創出を図るグローバルマネジメントと考えられる。

　また，2026年の目指す姿であるNSKビジョン2026の下で，事業の成長と収益力，強靭な経営資源の活用，ESG経営という3つの経営課題を掲げて事業戦略を策定している。産業機械事業については「市場の伸びを上回る成長」を，自動車事業では「グローバル自動車生産台数の伸びを上回る成長とステアリングビジネス再成長に向けた受注獲得」を目指している。

　日本精工は，企業理念の下で社会的課題への貢献としてステークホルダーとの協創価値を目指している。この協創価値はSDGsが目指す2030年の目標のことである。SDGsへの取組としては5つの活動を明らかにしている。第1の取組は，イノベーションによる安全・安心な社会インフラ形成への貢献である。第2の取組は，事業活動における環境負荷を削減し気候変動対策に貢献することである。第3の取組としては，環境貢献型製品でムダのない社会づくり，資源の再利用，地球環境負荷の低減を行っている。第4の取組としては，多様性に富んだ組織で社員の働きがいと価値創造を両立しようとし

図表6-13　日本精工の協創価値モデル

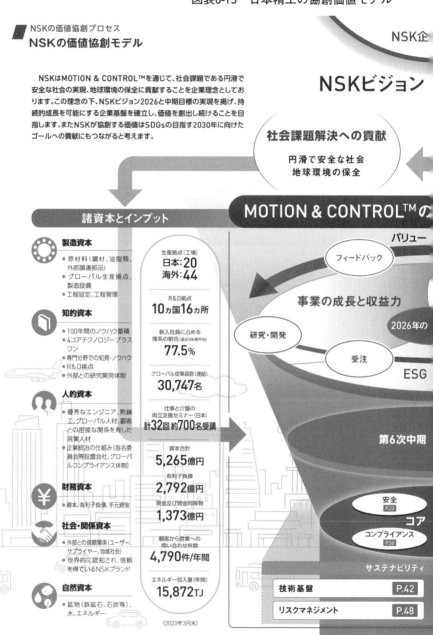

NSKの価値協創プロセス
NSKの価値協創モデル

NSKはMOTION & CONTROL™を通じて、社会課題である円滑で安全な社会の実現、地球環境の保全に貢献することを企業理念としております。この理念の下、NSKビジョン2026と中期目標の実現を掲げ、持続的成長を可能にする企業基盤を確立し、価値を創出し続けることを目指します。またNSKが協創する価値はSDGsの目指す2030年に向けたゴールへの貢献にもつながると考えます。

NSK企

NSKビジョン

社会課題解決への貢献

円滑で安全な社会
地球環境の保全

諸資本とインプット

MOTION & CONTROL™の

製造資本
- 原材料（鋼材、油脂類、外部調達部品）
- グローバル生産拠点、製造設備
- 工程設定、工程管理

生産拠点（工場）
日本：20
海外：44

バリュー

フィードバック

事業の成長と収益力

知的資本
- 100年間のノウハウ蓄積
- 4コアテクノロジープラスワン
- 専門分野での知見・ノウハウ
- R&D拠点
- 外部との研究開発体制

R&D拠点
10ヵ国16ヵ所

新入社員に占める理系の割合（過去5年間平均）
77.5%

研究・開発

2026年の

受注

ESG

人的資本
- 優秀なエンジニア、熟練工、グローバル人材、顧客との密接な関係を有した営業人材
- 企業統治の仕組み（指名委員会等設置会社、グローバルコンプライアンス体制）

グローバル従業員数（連結）
30,747名

仕事と介護の両立支援セミナー（日本）
計32回 約700名受講

第6次中期

財務資本
- 資本、有利子負債、手元資金

資本合計
5,265億円

有利子負債
2,792億円

現金及び現金同等物
1,373億円

安全
P.32

コア

社会・関係資本
- 外部との信頼関係（ユーザー、サプライヤー、地域社会）
- 世界的に認知され、信頼を得ているNSKブランド

顧客から営業への問い合わせ件数
4,790件/年間

コンプライアンス
P.50

自然資本
- 鉱物（鉄鉱石、石炭等）、水、エネルギー

エネルギー投入量（年間）
15,872TJ

（2020年3月末）

サステナビリティ

| 技術基盤 | P.42 |
| リスクマネジメント | P.48 |

出典：日本精工（2020, pp.12-13）。

184

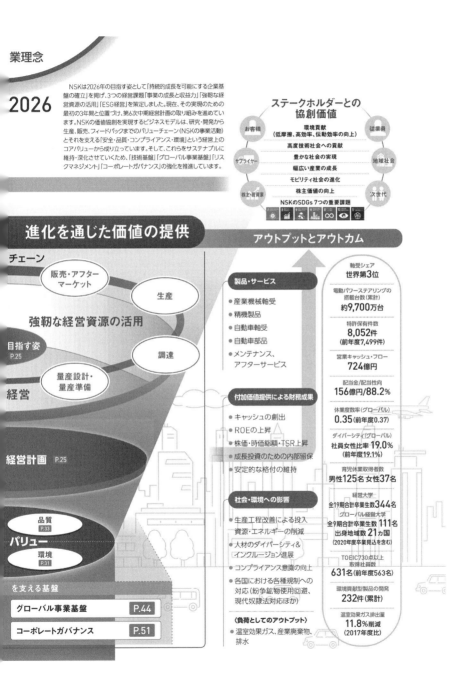

業理念

2026

NSKは2026年の目指す姿として「持続的成長を可能にする企業基盤の確立」を掲げ、3つの経営課題「事業の成長と収益力」「強靭な経営資源の活用」「ESG経営」を策定しました。現在、その実現のための最初の3年間と位置づけ、第6次中期経営計画の取り組みを進めています。NSKの価値協創を実現するビジネスモデルは、研究・開発から生産、販売、フィードバックまでのバリューチェーン(NSKの事業活動)とそれを支える「安全・品質・コンプライアンス・環境」という経営上のコアバリューから成り立っています。そして、これらをサステナブルに維持・深化させていくため、「技術基盤」「グローバル事業基盤」「リスクマネジメント」「コーポレートガバナンス」の強化を推進しています。

ステークホルダーとの
協創価値

お客様　従業員　サプライヤー　地域社会　株主・投資家　次世代

環境貢献
(低摩擦、高効率、伝動効率の向上)
高度技術社会への貢献
豊かな社会の実現
幅広い産業の成長
モビリティ社会の進化
株主価値の向上
NSKのSDGs 7つの重要課題

進化を通じた価値の提供

アウトプットとアウトカム

チェーン

販売・アフターマーケット　生産

強靭な経営資源の活用

目指す姿　P.25

量産設計・量産準備　調達

経営

経営計画　P.25

品質　P.33

バリュー

環境　P.31

製品・サービス

● 産業機械軸受
● 精機製品
● 自動車軸受
● 自動車部品
● メンテナンス、アフターサービス

付加価値提供による財務成果

● キャッシュの創出
● ROEの上昇
● 株価・時価総額・TSR上昇
● 成長投資のための内部留保
● 安定的な格付の維持

社会・環境への影響

● 生産工程改善による投入資源・エネルギーの削減
● 人材のダイバーシティ&インクルージョン進展
● コンプライアンス意識の向上
● 各国における各種規制への対応(紛争鉱物使用回避、現代奴隷法対応ほか)

〈負荷としてのアウトプット〉
● 温室効果ガス、産業廃棄物、排水

を支える基盤

グローバル事業基盤　P.44

コーポレートガバナンス　P.51

軸受シェア
世界第3位

電動パワーステアリングの搭載台数(累計)
約9,700万台

特許保有件数
8,052件
(前年度7,499件)

営業キャッシュ・フロー
724億円

配当金/配当性向
156億円/88.2%

休業度数率(グローバル)
0.35(前年度0.37)

ダイバーシティ(グローバル)
社員女性比率 19.0%
(前年度19.1%)

育児休業取得者数
男性125名 女性37名

経営大学
全19期合計卒業生数344名
グローバル経営大学
全9期合計卒業生数111名
出身地域数 21ヵ国
(2020年度卒業見込を含む)

TOEIC730点以上
取得社員数
631名(前年度563名)

環境貢献型製品の開発
232件(累計)

温室効果ガス排出量
11.8%削減
(2017年度比)

ている。第5の取組は，マルチステークホルダーパートナーシップで対話を深め，SDGsへの取組効果を高めることである。このような取組によってSDGsに貢献するという共有価値を目指していることが理解できる。

　日本精工の価値創造プロセスは協創価値モデルとして明らかにされている。この協創価値モデルを図表6-13で明らかにする。協創価値という用語から，日本精工だけでなく，顧客をはじめとするステークホルダーと一緒に価値を協創することが窺える。

　図表6-13から，中期経営計画の下で資本を**インプット**して，バリューチェーンの事業活動を通じて，**アウトプット**と**アウトカム**の目標値を達成することで，ステークホルダーとの**協創価値**に貢献するというモデルであることがわかる。この図表6-13から理解できるように，同社では，価値創造と価値毀損の抑制に区分しているわけではなく，社会的課題を解決するために事業戦略があるという位置づけである。マテリアリティについての記述も見当たらなかった。

　また，図表6-13では，アウトプットとアウトカムによって財務情報と非財務情報の実績値が明らかにされている。しかしそれらの因果関係までは明らかではない。事業活動が資本とどのように結びついているのかも不明である。したがって，内容項目間の関係である情報の結合性については可視化されていない。

　日本精工の価値創造プロセスにはいくつかの特徴がある。第1は，統合思考に関して，シナジー創出は可視化されていたが，ポートフォリオ・マネジメントは必ずしも可視化されているわけではなかった。第2に，価値創造に関して，社会的課題の解決のために事業戦略を策定していた。そのため，価値創造と価値毀損の抑制を峻別していなかった。第3に，情報の結合性に関して，同社の価値創造プロセスでは，情報の結合性が可視化されていないという課題が残されている。

4　3つの課題の検討

　ステークホルダー・エンゲージメントの情報を経営者が利用するためには，統合報告書の開示は統合思考，価値創造，情報の結合性について明らかにする必要がある。この3つの課題を検討するために，日本の優れた統合報告書を解説してきた。これらを再度検討する。

4.1　統合思考の検討

　オムロンの統合思考を検討する。企業戦略の情報開示については，シナジーの創出とポートフォリオ・マネジメントがある。同社の社長がシナジーの創出を考えていると指摘はしているが，具体的なシナジー創出についての記述はない。一方，ポートフォリオ・マネジメントについては，CFOメッセージで明らかにしている。全社を約60の事業ユニットに分解して，ROICと売上高成長率によるマトリックスでポートフォリオ・マネジメントを行っている。いわゆるボストンコンサルティングのPPM（プロダクト・ポートフォリオ・マネジメント）に類似した4つの分類である。ボストンコンサルティングのPPMが製品ライフサイクルをベースにしているように，同社でも4つの領域を新規参入，成長加速，構造改革，事業撤退と名づけて製品ライフサイクルを反映させたものとなっている。図表6-5はこの4つの領域に分類した事業ユニットを売上高の高い順に右下がり図を書いたものである。

　MS&ADでは，Vision2021のステージ2として，統合思考を明らかにしている。このステージ2の重点戦略1は，シナジー創出を明らかにしている。すなわち，グループの強みを最大限に活用して成長を図る成長戦略，グループ連携の強化による収益力の強化，共通化・共同化を推進した業務効率化である。また，重点戦略3では，ポートフォリオ・マネジメントを開示している。具体的には，国内損保事業中心だったグループ事業を，海外事業中心へと移行させようとしている。現在はその途中経過であり，2021年度予想は，国内損保事業を55%，国内生保事業15%，海外事業27%としている。

日本精工は，グローバル事業基盤としてグローバルマネジメントについて統合思考を記述している。同社は産業機械事業と自動車事業の2つの事業を行っている。地域的には，日本，米州，欧州，中国，アセアン，インド，韓国の7地域の事業遂行を，地域本部と機能本部が支援するマトリックス組織である。事業と地域のポートフォリオを意図しているようにも思えるが，ポートフォリオ・マネジメントに対する記述は見当たらない。このマトリックス組織により，共通する事業についてはグローバルに整合性を持った方針の下で重複業務とコストを削減し，かつ上位組織の大枠下で下位組織へと意思決定を委譲して意思決定を迅速に行うとしている。明確な記述はないが，この部分はシナジー創出を意図していると考えられる。

以上，3社の統合思考を比較検討すると，ポートフォリオ・マネジメント重視のオムロン，シナジー創出重視の日本精工，ポートフォリオ・マネジメントとシナジー創出をともに重視するMS&ADということがわかった。また，オムロンでは，ボストンコンサルティングが提唱したPPMをふまえてポートフォリオを図っているのに対して，MS&ADは将来のあるべき姿として事業構成比を想定し，その構成比への移行としてポートフォリオ・マネジメントを実施していた。さらに，シナジー創出については，MS&ADは，成長，収益向上，業務効率についてのシナジー創出を明示していた。オムロンと日本精工のシナジー創出は明確な記述がなかった。

4.2 価値創造の検討

価値創造は，戦略まで可視化するには価値創造と価値毀損の抑制に区分されるべきである。ところが，IIRCフレームワーク（2021, 2.4）は，価値創造の説明とは別に，自社のための価値創造と他者のための価値創造に区分していた。自社のための価値創造は事業戦略によって実現できるが，他者のための価値創造は，社会的課題の解決によって実現できると捉えられている。ところが，事業戦略と社会的課題の解決は独立しているわけではなく，むしろ社会的課題の解決によって自社と他者の価値創造を図る事業戦略を策定していた。これはPorter and Kramer（2011）の共有価値に符合した考え方であ

る。

　共有価値は，経済価値と社会価値を同時に達成できるというメリットはあるが，経済価値のみを追求することと社会価値のみを追求することは意図されていない。そのため，社会貢献があるかどうかわからない潜在的ニーズを掘り起こすような新製品開発で経済価値を追求できても共有価値とはならない。また，経済価値に貢献しない社会貢献は共有価値ではない。企業価値は共有価値であると捉えるのか，それともステークホルダー価値と捉えるのかで対応は異なる。本書はステークホルダー価値を標榜しているので，経済価値だけでも社会価値だけでもステークホルダーが満足できれば対象とすべきであると考えている。

　オムロン，MS&AD，日本精工のいずれもが，社会的課題を解決するための事業戦略を標榜している。社会的課題の解決だけが企業の役割であるという立場である。社会に貢献しない企業は存在価値がないというように受け止められる。共有価値の下で社会的ニーズに対応することによって社会的課題を解決できるかもしれない。しかし，すべてのステークホルダーを満足させるものではない。その不足分を補うために，日本企業の多くは統合報告書の開示にSDGsを導入しているのかもしれない。

　価値創造に関連して，マテリアリティへの対応について比較した。その結果，MS&ADはGSSB（2016）のマトリックス・マップを参考に同社なりのマップを作成して，7つの社会的課題を選択していた。一方，オムロンと日本精工はマテリアリティについての記述が見つからなかった。オムロンは，サイニック理論に関わりがあればすべてマテリアリティと捉えると考えれば，事業選択の基準ははっきりする。しかし，日本精工のマテリアリティははっきりしなかった。

4.3　情報の結合性の検討

　情報の結合性は，内容項目間の因果関係と，内容項目と資本との関係の2つからなる。前者の内容項目間の因果関係（第1の情報の結合性）については，外部環境やそれに対応するリスクや機会，戦略や資源配分と実績や見通

189

しについて因果関係を明らかにすることは困難であるが，ストーリーとして明らかにすることは可能である。そのストーリーの下で，ビジネスモデルに関わるインプット，事業活動，アウトプット，アウトカムの間の因果関係を財務情報と非財務情報の因果関係として明らかにする必要がある。

ところが，日本の優れた統合報告書として優秀企業大賞を獲得しているにもかかわらず，財務情報と非財務情報の因果関係の可視化が成功している統合報告書はなかった。このことから，財務情報と非財務情報の因果関係という第1の情報の結合性をいかに可視化するかは大きな課題といえよう。この点については，第3章で明らかにしたように，戦略マップで可視化すれば解決できる。戦略マップによって財務情報と非財務情報の因果関係を可視化することができれば，経営者だけでなくステークホルダーにとっても有益な情報になる。

また，後者の内容項目と資本（第2の情報の結合性），具体的には活動と資本の関係を明らかにすることも，経営者やステークホルダーにとって有用である。しかし，非財務情報であるインタンジブルズや自然資本は測定することが困難である。日本の優れた統合報告書でこの第2の情報の結合性を扱っている企業はなかった。この点については，戦略マップで可視化しただけでは解決しない課題である。インタンジブルズの測定が絡む複雑な問題である。この課題については，第7章で解決を試みる。

▶ まとめ

本章は，日本の優れた統合報告書に基づいて，ステークホルダー・エンゲージメントの経営への利用を行うために，統合思考，価値創造，情報の結合性という3つの要件の適合を検討した。その結果，3つの発見事項があった。

第1に，統合思考に関して，企業戦略としてシナジー創出とポートフォリオ・マネジメントを可視化している企業はMS&ADだけであった。そのMS&ADでも，シナジー創出とポートフォリオ・マネジメントは関連づけら

れているわけではなかった。一方，本書では，第3章で明らかにしたように，BSCを導入することで，戦略テーマによってシナジー創出とポートフォリオ・マネジメントを可視化できるだけでなく，密接に関連づけることができることを指摘した。オムロンは，ポートフォリオ・マネジメントを重視した統合思考になっていた。これらに対して日本精工は，シナジー創出もポートフォリオ・マネジメントも明示的ではなかった。

　第2に，日本企業の優れた統合報告書では，社会的課題を解決するために事業戦略を実施することを可視化していた。Porter and Kramer（2011）の共有価値に基づく価値観である。この価値観に従うと，2つの課題があると考えられる。まず，経済価値のみを追求することは許されず，かつ社会的価値のみを追求することも許されない。また，価値毀損の抑制については明示的な問題視がなされなくなる可能性がある。本書では，第5章で検討したように，戦略マップで価値創造を可視化するためには，価値創造と価値毀損の抑制に区別すべきであると提案した。この区分に従えば，戦略テーマによって価値創造と価値毀損の抑制を峻別できるようになる。

　第3に，日本の優れた統合報告書を検討した結果，情報の結合性は可視化されていなかった。第3章で明らかにしたように，BSCの戦略マップを作成すれば，財務情報と非財務情報の結合性を可視化できる。ただし，戦略マップを構築しても，活動と資本の関係を可視化できるわけではない。この点については，第7章で検討する。

　要するに，価値創造プロセスをBSCで可視化して統合報告書を作成すれば，3つの要件をすべて満足できることがわかる。ところが第3章で詳述したように，日本においてBSCを導入している企業は10%程度でしかない。そのため多くの企業はBSCで価値創造プロセスを可視化できない。日本でBSCの導入が進まない理由は，乙政（2003）によると，①業績指標の簡便性，②業績指標間のトレードオフの存在，③類似手法の存在，④コスト・ベネフィットが取れない，⑤従業員の理解が得られないという調査結果であった。BSC導入には困難もあるが，それ以上に価値がある。なぜなら，BSCによって価値創造プロセスを可視化できれば，ステークホルダー・エンゲージメ

ントの情報を経営に利用して戦略修正できるという最大のメリットがあるからである。まずはBSCを導入する企業が増加することを期待したい。

参考文献

Dumay, J., C. Bernardi, J. Guthrie and M. L. Torre (2017) Barriers to Implementing the International Integrated Reporting Framework: A Contemporary Academic Perspective, *Meditari Accountancy Research*, Vol.25, No.4, pp.461-480.

GSSB (2016) *GRI Standards*, Global Sustainability Standards Board.

IIRC (2013) *The International <IR> Framework*, International Integrated Reporting Council.

IIRC (2021) *International <IR> Framework*, International Integrated Reporting Council.

Porter, M. E. and M. R. Kramer (2011) Creating Shared Value, *Harvard Business Review*, Jan.-Feb., pp.62-77 (編集部訳 (2011)「共通価値の戦略」『DIAMONDハーバード・ビジネス・レビュー』6月号, pp.8-31).

伊藤和憲 (2014)『BSCによる戦略の策定と実行：事例で見るインタンジブルズのマネジメントと統合報告への管理会計の貢献』同文舘出版。

MS&ADインシュアランスグループホールディングス株式会社 (2020)『MS&AD統合レポート2020』。

乙政佐吉 (2003)「わが国企業における業績評価指標の利用方法に関する研究：バランス・スコアカードとの比較において」『六甲台論集　経営学編』Vol.49, No.4, pp.29-54。

オムロン株式会社 (2019)『統合レポート2019』。

オムロン株式会社 (2020)『統合レポート2020』。

日本精工株式会社 (2020)『NSKレポート2020』。

第**7**章

エーザイのBSCによる
情報の結合性

▶ はじめに

　国際統合報告評議会（International Integrated Reporting Council: IIRC）のIIRCフレームワーク（IIRC, 2013）の論点の１つは，古賀（2015）[1]が指摘するように，報告対象が財務資本の提供者かステークホルダーかという課題である。この課題については，第6章の我が国の統合報告書を検討した結果，どの企業も，統合報告書の報告対象をステークホルダーと考えていることがわかった。また，ステークホルダー・エンゲージメントのための，3つの要件[2]をすべて満たす価値創造プロセスを見つけることはできなかった。3つの要件を満足させるには，バランスト・スコアカード（balanced scorecard: BSC）を導入する必要があることはすでに述べた通りである。

　統合報告書の作成についてインタビュー調査を行った。本章のリサーチサイトは，日本の製薬業界のエーザイ株式会社（以下，エーザイという）である。同社は2014年の統合報告書をIR部で作成していたが，2015年以降は組織横断的に作成している。このように統合報告書の作業チームが大きく変わった点，統合報告書が機関投資家を対象としているにもかかわらず，ステークホルダーも意識している点に関心を持ってインタビューを行った。

　また，エーザイは，2015年版統合報告書における価値創造プロセスの可視化としてBSCの4つの視点を開示していた。これは伊藤（2014）が価値創造プロセスを戦略マップと連動させるべきであるとした提案に触発されたものであるという。この提案をさらに展開するために，2016年版のエーザイ統合報告書を参考に，情報開示と情報利用を考えた価値創造プロセスの可視化を提案した。その経緯とその結果としてのエーザイの価値創造プロセスの可視化を紹介する。さらに，情報の結合性を満足する価値創造プロセスの可視

---

1)　古賀（2015）によれば，統合報告には3つの論点があるという。第1は，統合報告書の報告対象は投資家かステークホルダーかである。第2は，統合報告の目的は内部経営管理か外部報告かである。第3は，統合報告の組織への影響は漸進的かドラスティックかである。本章は第2の論点に焦点を当てるが，第1と第3の論点にも若干触れる。

2)　3つの要件とは，統合思考，価値創造，情報の結合性である。

化を提案する。

　本章の目的は，エーザイをリサーチサイトとして，情報の結合性を実現する価値創造プロセスの可視化を提案することである。第1節で，サステナビリティレポートの開示目的を明らかにする。第2節で，情報利用としてのステークホルダー・エンゲージメントを検討する。第3節は，エーザイの統合報告書について，基本概念，作業チーム，エンゲージメント・アジェンダを明らかにする。第4節は，情報利用のためのエンゲージメント・アジェンダを紹介するとともに，情報の結合性を確保するための価値創造プロセスの可視化を提案する。最後に本章の発見事項をまとめる。

1 情報開示の目的とIIRCフレームワーク

　本節では，情報開示を目的としたサステナビリティレポートについて，その意義として提案されてきたアウトサイドイン，インサイドアウト，ツインという3つのアプローチを紹介する。次いで，IIRCフレームワークに準拠した統合報告書の開示は，このツイン・アプローチであることを指摘する。

1.1　情報開示の2つの目的

　企業がステークホルダーに対し，統合報告書やサステナビリティレポートを通じて情報開示を行う場合，大きく2つの目的がある（Burritt and Schaltegger, 2010; Schaltegger, 2012）。第1の目的は，法令や制度に準拠して必要な情報を開示することであり，これをアウトサイドイン・アプローチという。これに対して，第2の目的は，経営者の経営管理に関する情報を外部へ開示することであり，これをインサイドアウト・アプローチという。

　南アフリカのように統合報告書の開示を法的に定めている国であれば，アウトサイドイン・アプローチは必須のアプローチである。GRIガイドラインのG1からG3.1までは，開示内容を網羅しているかどうかというチェックリストが示されており，このチェックリストによって，ガイドラインへの準拠

性が確認できた。このように，ガイドラインに基づいた企業報告もアウトサイドイン・アプローチといえる。さらに，11産業79業種向けにサステナビリティ会計基準を設定したSASBもアウトサイドイン・アプローチである。アウトサイドイン・アプローチは，開示情報をステークホルダーの「情報要件に適合させること（Burritt and Schaltegger, 2010, p.832）」と特徴づけることができる。言い換えれば，アウトサイドイン・アプローチとは，「ステークホルダーという外部の期待に関わるガイドラインと要件への適合（Schaltegger, 2012）」のことである。

　他方，インサイドアウト・アプローチは，企業の戦略や経営活動を開示することにより，ステークホルダーからの意見と理解を求めることを目的としたアプローチである。GRIのG4ガイドライン（2013）[3]は，G1からG3.1までとは異なり，持続可能な価値創造に関する戦略の開示というインサイドアウト・アプローチを取り入れている。企業がステークホルダーに戦略や経営活動を開示する理由は，戦略を開示することで，ステークホルダーの期待に関わる情報を収集できるからである。また，経営活動を開示して，ステークホルダーに企業の理解を求めるためでもある。その意味で，インサイドアウト・アプローチを「情報収集とコミュニケーションのプロセス（Burritt and Schaltegger, 2010, p.832）」と特徴づけることができる。インサイドアウト・アプローチとは，経営者に有用な情報収集とコミュニケーションを目的として情報を開示するものといえよう。

1.2　ツイン・アプローチと社会的課題の解決

　これら2つのアプローチ以外に，アウトサイドインとインサイドアウトの2つの目的を併せ持ったツイン・アプローチと呼ばれる情報開示もある。Schalteggerは，ツイン・アプローチについて，「ステークホルダーの参加，

---

3)　GRIガイドラインはG3.1までは網羅性を重視しており，チェックリストによって網羅性を保証してきた。ところが，G4では戦略性を重視するようになり，チェックリストによって網羅性を担保してもよいし，戦略性の重視という点からチェックリストを無視してもよいことになった。したがって，GRIガイドラインは，G4以前と以後とではその本質が大きく変わったことがうかがえる。さらに，現在はGSSBからサステナビリティ・レポーティング・スタンダード（GSSB, 2016）が設定されている。このスタンダードでは，全部のスタンダードを開示するだけでなく，一部を利用することも可能である。

協働的な戦略の策定，外部報告，コミュニケーション，会計を巻き込んだもの（Schaltegger, 2012）」と定義している。これは法令や制度への準拠と経営活動の情報開示を両取りしたアプローチである。

　ところで，共有価値（creating shared value: CSV）の下で，社会的課題の解決のために事業戦略を実行する企業がある。また，顧客ニーズに応えるために社会的課題を問題視する企業がある。外圧に対応するために社会的課題を問題視する企業もある。このような場合には，投資家だけでなくステークホルダーの外圧によって社会的課題の解決へと向かうようになる。

　たとえば，資材調達を考えてみよう。品質を落とさず，事業目的を実現する資材調達であれば，投資家は特に問題視しないと思われる。児童労働をさせたり，ウイグルの強制労働に関与している企業から資材調達していたとしよう。たとえ投資家は問題視しないとしても，消費者団体が不買運動によって企業を糾弾する可能性がある。このように，企業はステークホルダーによって社会的課題を解決しなければならないというニーズが生まれる。そのため，投資家よりもステークホルダーによって社会的課題の解決へと向かう可能性がある。

　企業は，投資家だけを情報開示の対象にしているわけではなく，ステークホルダー・エンゲージメントのために情報開示している。第6章で検討したように，事業戦略と社会的課題の解決のために，価値創造と価値毀損の抑制に区分して戦略を可視化した方が，戦略目標間の因果関係が複雑にならなくて済む。BSCの戦略マップで価値創造プロセスを可視化することによって，財務情報と非財務情報の因果関係が確保できるようになる。つまり，戦略マップで価値創造プロセスを可視化できれば，第1の情報の結合性を実現できる。エーザイは，戦略マップで可視化した価値創造プロセスを開示している。

　要するに，多くの企業は，統合報告書の作成に当たって，できるだけIIRCフレームワークに準拠した形で価値創造プロセスを可視化しようとしていた。このとき，価値創造だけでなく，価値毀損の抑制に貢献する資源配分や経営活動を一緒に情報開示する必要がある。したがって，IIRCフレームワークへの準拠という意味でアウトサイドイン・アプローチを行っており，

戦略や経営活動をステークホルダーに情報開示するためにインサイドアウト・アプローチを行っている。つまり，ステークホルダーへの統合報告書の開示は，ツイン・アプローチで行っていると考えられる。

1.3　IIRCにおける統合報告の狙い

IIRCフレームワーク（2013; 2021）は，3つの情報開示アプローチのどれを想定しているのかをさらに詳細に検討する。そこで，統合報告の狙いについて，IIRCフレームワークを再度検討する。

IIRCフレームワークでは，①財務資本提供者に対する情報の質の改善，②複数の報告書をまとめる効率的アプローチ，③広範な資本間（財務，製造，知的，人的，社会・関係，および自然の6つの資本）の相互関係の理解，④統合思考[4]等への貢献，の4点を挙げている（IIRC, 2013; 2021, p.2）。

第1の情報の質の改善とは，財務情報を非財務情報と結合することによって投資家の意思決定に資する情報を入手できるようにすることである。第2の効率的アプローチとは，複数の報告書を無関連に報告するのではなく，関連づけて長期にわたる価値創造プロセスを開示することである。第3の資本間の相互関係の理解とは，企業の経営活動の結果を6つの資本として開示することで，資本間の相互関係を明らかにすることである。第4の統合思考等への貢献とは，企業の短・中・長期の価値創造プロセスに焦点を当てた情報を開示することによって，企業の統合思考が浸透して，経営者の意思決定および行動を支援することである。このようにIIRCフレームワークは，投資家への情報開示だけを問題視しているわけではなく，経営者の情報利用にも有用であることが理解できる。情報開示については，原則主義であり，企業のユニークな価値創造プロセスを自由に可視化することを求めている。したがって，統合報告書はツイン・アプローチによる情報開示であるが，情報利用も意図していると推察される。このIIRCフレームワークの情報開示の狙

---

[4]　統合思考とは，「企業内の様々な事業単位および機能単位と，企業が利用し影響を与える資本との間の関係について，企業が積極的に考えることである。統合思考は短，中，長期の価値創造を考慮した，統合的な意思決定と行動につながる」（IIRC, 2013; 2021, p.2）と説明されている。

図表7-1　IIRCフレームワークの情報開示の狙い

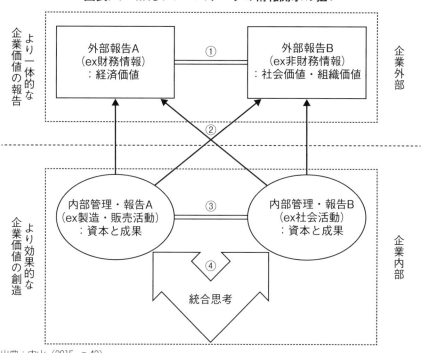

出典：内山（2015, p.43）。

いを，内山（2015）は図表7-1のように整理している。

　図表7-1から理解できるように，IIRCフレームワークの情報開示の狙いは，事業活動の経営管理と社会活動の経営管理を財務報告書とサステナビリティレポートを統合して報告することである。内山（2015）の理解では，IIRCフレームワークは情報開示だけを問題視している。ところが，すでに議論したように，IIRCフレームワークは，図表7-1には書かれていないが，企業外部から企業内部への情報の流れもある。つまり，経営者の情報利用も問題視していることが理解できる。したがって，IIRCフレームワークはツイン・アプローチの下で情報開示するとともに，経営者とステークホルダーによる価値共創のための情報利用も扱っていると考える必要がある。

2 情報利用を目的とした ステークホルダーとの価値共創

　統合報告書の目的は，単に情報開示だけに止まらず，経営者の情報利用にもある（伊藤，2014）。それは，「統合報告は，統合報告書によって短期，中期，長期の価値創造についてステークホルダーとコミュニケーションをとるプロセスである」（伊藤，2014，p.83）という主張からくる。アウトサイドインかインサイドアウトか，あるいはツイン・アプローチかという議論は，あくまでも外部への情報開示に関する議論であって，管理会計研究にとっては本質的なものとはいえない。むしろ，統合報告書を用いたステークホルダー・エンゲージメントを通じて，経営者の戦略の策定と実行のための情報利用のあり方を考えることこそが重要である（伊藤・西原，2016）。さらに，ステークホルダー・エンゲージメントで示唆したように，社会的課題の解決に貢献することによってステークホルダーの期待に応えることも大切な仕事である。このとき，経営者だけが情報利用するのではなく，ステークホルダーも情報利用できるため，価値共創として考える必要がある。

　以上の情報開示と情報利用を考慮に入れた統合報告書を作成する必要がある。この利点として，指導原則との関係で次の3つが考えられる。

　第1の利点は，ステークホルダーの情報ギャップの解消である。指導原則のステークホルダーとの関係性で検討したように，開示情報が財務情報だけでは，ステークホルダーは正しい意思決定を行うことができない。その補完として非財務情報の開示は有益である。また，ステークホルダーは，価値共創のために価値創造プロセスを正しく理解することも必要である。

　第2の利点は，ステークホルダーの企業に対する指導原則の信頼性と完全性の向上にある。価値創造プロセスや戦略など企業内部の非財務情報をステークホルダーへ開示して価値共創することによって，ステークホルダーからの企業への信頼度が向上する。また，価値創造と価値毀損の抑制を可視化することで，完全な情報開示になり，信頼性が高まる。つまり，財務報告書と

サステナビリティレポートを単に結合させるだけでなく，マテリアリティ[5]をベースにして，2つの報告書を密接に関連づけた報告書へと統合することが指導原則の信頼性と完全性の向上を担保することになる。

　第3の利点は，戦略の策定と実行の改善である。指導原則にあるように，事業戦略と社会的課題のマテリアリティを情報開示して初めて，ステークホルダー・エンゲージメントが機能し始め，それによってステークホルダーの意見を取り入れて，経営者の戦略の策定と実行に活かすことができる。その結果，指導原則の戦略への焦点と将来志向も改善していく。つまり，経営者にとっては，戦略の策定と実行がステークホルダー・エンゲージメントを通じて外部情報によって改善できる。他方では，ステークホルダーも価値創造や価値毀損の抑制に貢献することによって価値共創できるようにもなる。このようにして，指導原則の戦略への焦点と将来志向，ステークホルダーとの関係性，マテリアリティが密接に関わっている。

3 エーザイの統合報告書

　エーザイ[6]の統合報告書の特徴を紹介する。エーザイは，2014年から統合報告書を公表している。エーザイの統合報告書は，第1に，BSCを用いて価値創造プロセスを開示している。第2に，機関投資家のための統合報告書という色彩が強い。第3に，統合報告書の作成がIR部から組織横断的チームになった。こうした事実確認とその理由を探るために，インタビュー調査[7]

---

5)　戦略マップは戦略目標間の因果関係によって価値創造と価値毀損の抑制を可視化することができる。そのため，作成していれば，戦略目標がマテリアリティであると考えることができる。Green and Cheng (2019) は実証研究によって，監査人が戦略マップの情報を得ることで，監査効率を高めることができるというエビデンスを明らかにしている。BSCの導入企業が少ない我が国では，戦略マップを監査に使えるわけではない。そのため，日本企業ではマテリアリティの誤報を見抜けない可能性が高いことがわかる。

6)　エーザイは1941年に設立され，売上高6,956億円，従業員10,998人（いずれも2019年度連結）を擁する我が国製薬業界有数の企業である。

7)　インタビュー調査は3回実施した。2015年4月24日の16時から17時まで，同年9月25日の14時から15時30分まで，2016年9月23日の17時から18時までである。いずれも，同社の当時専務執行役CFO（最高財務責任者）の柳良平氏とIR部の林直子氏（当時）に対応していただいた。

を行った。また，戦略マップによる価値創造プロセスの改善提案に対して，同社の意見を聞くためのインタビューでもあった。

3.1 価値創造プロセスの可視化

エーザイは，IIRCフレームワークに基づいて，企業理念を前面に出した価値創造プロセスを可視化している。たとえば，同社の2015年度の統合報告書では，価値創造プロセスを図表7-2のように示した。また，同図で，BSCの4つの視点によってビジネスモデルを説明していた[8]。

エーザイの統合報告書の目的は，柳氏によれば，機関投資家の正しい意思決定に向けた情報開示にある。同社の統合報告書は，IIRCフレームワークのオクトパスモデルではなく，機関投資家を対象としたインサイドアウト・アプローチによる情報開示を目的としている。投資家とのエンゲージメント後の，経営者による情報利用までは考えていない。情報開示を目的とした統

図表7-2　エーザイの価値創造プロセス

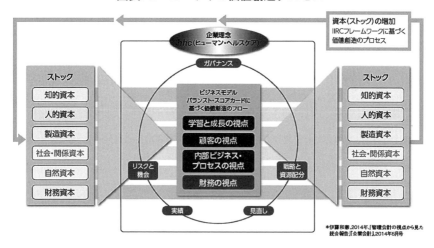

出典：エーザイ（2015, p.2）。

---

[8]　エーザイの価値創造プロセスは，図表7-2で示されているように，伊藤（2014）の提案を参考にしたものである。

合報告書における価値創造プロセスの開示の意義よりも，柳氏は独自に開発した価値関連性モデル（図表7-3）だけで機関投資家を満足させられると指摘している。

　　「投資家からは『非財務資本とエクイティ・スプレッドの価値関連性モデル』だけを見せてくれればよいといわれると思います。彼らは1分で勝負をつける人達ですから，統合報告書1冊全部を読んでいる時間がありません。極端な話ですが，これ一枚だけでよいと思います。」

　つまり，機関投資家は価値創造にのみ関心があり，社会的課題の解決についても，資本コストや収益性に影響するという意味での価値創造のみを問題

図表7-3　非財務資本とエクイティ・スプレッドの価値関連性モデル

■非財務資本とエクイティ・スプレッドの価値関連性モデル[*1]

図表 1 Intrinsic Value モデル[*2]

| 株主価値 |

| 図表 2 エーザイのPBRモデル |

資本コストの低減
サステナビリティ価値（ESG/CSRの価値）
顧客の価値
人の価値
組織の価値
マージンの改善

市場付加価値（MVA）
株主資本簿価（BV）

非財務資本
知的資本
人的資本
製造資本
社会・関係資本
自然資本

財務資本（IIRCのフレームワーク）

図表 3
オールソンモデル[*3]

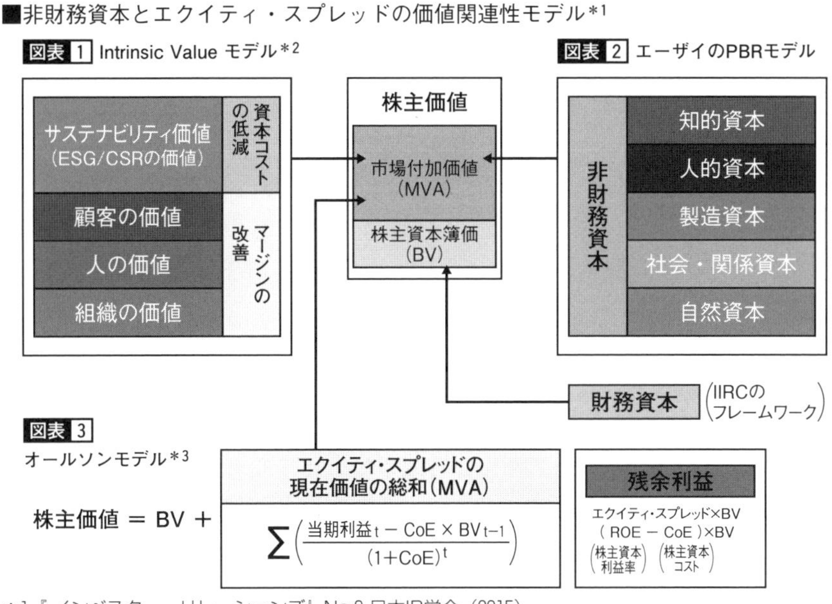

$$株主価値 ＝ BV ＋ \sum \left(\frac{当期利益_t － CoE × BV_{t-1}}{(1+CoE)^t} \right)$$

エクイティ・スプレッドの現在価値の総和（MVA）

残余利益
エクイティ・スプレッド×BV
（ ROE － CoE ）×BV
（株主資本利益率）（株主資本コスト）

*1『インベスター・リレーションズ』No.9 日本IR学会（2015）
*2『企業価値最大化の財務戦略』同友館（2009）
*3 Ohlson（1995）
出典：エーザイ（2015, p.57）。

視している。資本コストや収益性に影響しない環境負荷やレピュテーションの毀損は，価値毀損の抑制となったとしても問題視しないということになる。過酷な労働環境のサプライヤーから資材調達するケースはエーザイには存在しないと思うが，仮にそうした実務があったとしよう。統合報告書を詳しく見ないという長期投資家は，資本コストに影響がないとわかればこうした実務にも反応することはない。しかし，機関投資家だけを対象にした価値関連性モデルでよしとするのではなく，戦略マップによる価値創造プロセスを用いたステークホルダー・エンゲージメントへの役立ちを期待したい。

　柳氏の指摘によれば，エーザイの機関投資家は，非財務資本とエクイティ・スプレッドの価値関連性モデル（図表7-3）を用いて，エーザイの戦略とその将来予想を開示することを望んでいる。ただし，機関投資家に対しては，価値創造プロセスと資本の関係，およびこれらに強く影響を及ぼしているエーザイの企業理念との関係についても説明しているという。柳氏は続けていう。

　　「価値創造プロセスは，ストックtoストックであり，IIRCがいう資本がストックになっています。資本と資本との真ん中をフローの概念としてBSC，そして根っこにあるのは企業理念です。とくに目的と結果の順番が大切だというのが我々の価値創造の基本です。」

　要するに，社会的課題はエーザイにとってはhhcという企業理念そのものであり，社会的課題の解決は機関投資家が望む価値創造と乖離をきたさない。図表7-3の株主価値評価を想定する限り，非財務資本は市場付加価値に反映されている。社会的課題への対応は株式市場を通じてすべて株主価値として創造される。企業が株主価値の創造だけを問題視すると仮定すると，株式市場での評価にマイナスの影響をもたらすCO_2削減投資は，回避されてしまう可能性がある。図表7-3において，複数の資本間でトレードオフとなるケースでは，株主価値のみを追求してしまう可能性がある。ステークホルダー志向のBSCと株主価値のみを重視する価値関連性モデルは矛盾するように思

われる。

3.2　社会的課題を解決する経済価値の向上

　エーザイは，事業活動によって顧客の創造と維持，および顧客満足を向上させることを企業目的としている。同社の定款には，「患者様とそのご家族の喜怒哀楽を第一義に考え，そのベネフィット向上に貢献することである」という企業理念が記述されている。同社の*hhc*という企業理念について，図表7-4を用いて解説してくれた。

　　　「要は，患者様第一主義です。*hhc*というのは社会的価値，すなわち患者様価値を会社の使命としてまず創造して，その結果として利益を創造します。」

　エーザイの企業価値観は，図表7-3では株主価値をモデル化しているが，定款によって，Porter and Kramer（2011）のCSVと近似していることが理解できる。共有価値は，単にCSRや経済価値だけを追求するのではなく，経済価値をもたらすCSR，つまりCSRと経済価値の共通部分を追求すべき

図表7-4 企業理念（*hhc*）

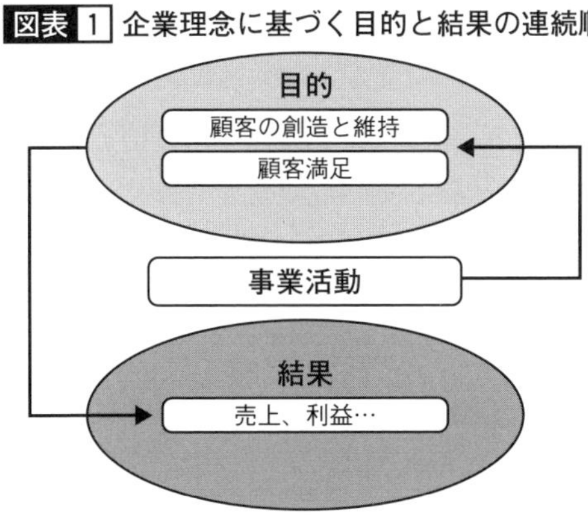

図表 1 企業理念に基づく目的と結果の連続順

出典：エーザイ（2015, p.2）。

だという主張である。これに対してエーザイは，まずCSRを実現して，その結果として経済価値を増大することを使命としている。こうした考え方は，実はCSVと少し異なっている。エーザイが目指すのはCSRと経済価値の共通部分ではない。まずCSRがあり，その結果としての経済価値を追求している。すべての事業活動の基本はCSRであり，その結果として経済価値の追求を目指すことである。柳氏は，エーザイの興味深い社会的課題への貢献を紹介してくれた。

　　「世界保健機関（WHO）と組んで，フィラリアの薬を22億錠，無料で配ることにしました。これはhhcの理念の具体化であり，ロングタームインベストメントです。それは，エーザイブランドの拡大や開発途上国・新興国への本格進出などを通じて，やがて結果として利益がついてくるものです。もちろん１年，２年ではなく，10年，20年，あるいは30年というスパンです。」

　この文言から，エーザイの価値創造は社会的課題を解決することで究極的な経済価値の向上を目指すという図式になっていることがわかる。社会的課題の解決は短期的には価値毀損になることもある。しかし社会的課題を解決しないことによる価値毀損を抑制しているという意味でレピュテーションの向上につながる。言い換えれば，価値創造と価値毀損の抑制を行うことでステークホルダーの価値創造につながるということになる。
　hhcという患者様第一主義の企業理念は，価値創造と価値毀損の抑制に関わるすべての活動の根幹となっている。また，サプライヤーや従業員であってもhhcの患者様を支える活動の主体である。その結果，図表7-3の株主価値とは異なって，ステークホルダー価値を追求していると考えられる。hhcと経済価値の関係については，営利企業である限り経済価値の追求は当然であり，ステークホルダー価値も企業理念としてエーザイでは当然の追求すべき価値である。このように考えると，経済価値とステークホルダー価値の間に順番はなく，どちらも追求すると考えるべきであろう。ただし，企業理念

を追求した結果としての株主価値という順番によって，企業理念の意義を明確にしたものと思われる。したがって，企業理念の下で，事業戦略と社会的課題の解決を求めて，価値創造と価値毀損の抑制を同時に実現していると著者は考えている。だからこそ，BSCというステークホルダー志向のマネジメントシステムで価値創造プロセスを可視化したのではないかと考えられる。

3.3　組織横断的チームによる統合報告書の作成

エーザイの2014年版統合報告書は，IR部がアニュアルレポートとして作成したが，2015年版の統合報告書は組織横断的なチームをつくって作成した。同社では，2014年度までは，総務環境安全部というESGのE（Environment）の部分の所管組織と，S（Social）の部分を担当するPR部（メディアなどを担当する広報部署）が環境・社会報告書を作成していた。

当初はIR部だけが統合報告書の作成を担当した。ところがその後，組織横断的に作成するようになった。その詳細を柳氏に質問したところ，以下のような回答があった。

　　「2014年の統合報告書はIR部が単独で所管しました。柳がトップで作りました。2015年は3つの部門の合同プロジェクトチーム（IR部，PR部，総務環境安全部）が統合報告書の作成を担当しました。このなかで誰が委員長，副委員長という組織建てを明確にしたわけではありません。実質面で申し上げるとIR部がリードしました。」

次に，IR部が単独で作成していた統合報告書を，1年で組織横断的に作成するようになった理由について質問した。この組織体制の変更理由について柳氏は以下のように回答した。

　　「3つの部門の役員の中で，ここ数年侃侃諤諤の議論を行いました。総務環境安全部とPR部からは，最初から一緒にやってくれという話がありましたが，IR部は，まずIIRCのフレームワークを研究すべきだと（考

えて・・・著者追加）これを拒否しました。このように，2014年版は
IR部が担当し，2015年版で組織横断的に作成するという2段階方式を
踏むことによってスムーズに着手できたので，まったくといってよいほ
ど組織内からの抵抗はありませんでした。」

　総務環境安全部とPR部が意図したコスト低減だけを目的にすると，IIRC
フレームワークの目的と齟齬が生じて，機関投資家への情報開示が不徹底と
なることを恐れたためである。そこで，最初はIR部がIIRCフレームワーク
をベースに統合報告書を作成した。その上で，コスト削減することも目的に
加えて，組織横断的に統合報告書を作成した。この点については，同席した
林氏（当時IR部）も同様の意見を示してくれた。

　　「初めから社内の意思を統一するのは非常に難しいと思うのですが，こ
　　れをパイロットに出して外部の意見をたくさんもらい，逆に社内を説得
　　していき，補強されてできたのです。」

　ここでの外部の意見とは，機関投資家からの意見のことである。機関投資
家の意見を吸い上げて，統合報告書に記載すべき内容をブラッシュアップし
たということである。また，組織横断的チームの効果について質問したとこ
ろ，柳氏は以下のような回答をした。

　　「3人の役員もある程度連携して，全社横断的な意識やモチベーション
　　が高まりました。副次的効果として，予算も手間も削減することができ
　　ました。」

　サイロで業務するという意識から組織横断的に業務するという価値観へと
変化してきたというメリットがあった。当初は経費節減を目的としていたが，
これは副次的成果でしかなかった。この点は，Stubbs and Higgins（2014）
のインタビュー結果と整合している。つまり，統合報告書の作業チームはサ

イロでは仕事にならず，組織横断的に行わなければならない。それだけでなく，エーザイでは組織横断的な意識の醸成が起こっていた。アニュアルレポートを作成していたときとは違って，価値観変革がもたらされているケースである。この点で，エーザイのケースは，Stubbs and Higgins（2014）が発見できなかった価値観変革を達成した，興味深いケースである。

　エーザイでは，統合報告書は環境への配慮も踏まえ，Web掲載の開示を行っている。また，統合報告書を幹部登用試験にも活用しており，同社の経営職登用試験の試験問題は，統合報告書の内容からも出題されることを明らかにした。

> 「統合報告書は社内Webで公開しておりますし，社員全員が見ております。・・・経営職登用試験の教科書にも使われております。課長になろうという人は，みんな統合報告書を読んでしっかり理解しないと課長にはなれません。」

　同社のこのような統合報告書の活用は，統合報告書の内容を従業員に熟知させる優れた利用方法といえよう。統合報告書を通じて，課長候補者までが自社の企業理念や価値創造プロセスを共有できるようになれば，そのことで将来的には戦略の実行を強力に支援できる要因になると推察される。

　以上より，エーザイでは統合報告書は機関投資家への情報開示を主目的としていたが，企業理念によってステークホルダー価値を追求していることが理解できる。それだけでなく，組織横断的なプロジェクトチームを作成することで価値観変革がもたらされていた。また，社会的課題の解決に貢献することで，エーザイが開発途上国・新興国へ進出する出発点となり，ステークホルダーとの価値共創が芽生えていた。価値創造だけでなく，価値毀損の抑制も実現しているケースである。さらに，機関投資家の意見で統合報告書を改善したり，経営職登用試験に利用して，従業員との情報共有にも活用していた。経営者が統合報告書をステークホルダー・エンゲージメントに活用するようになれば，将来的には，戦略の策定と実行の修正にも利用される可能

性があり，経営者の情報利用に限りなく近づいたケースになるといえよう。

4 情報利用のためのエンゲージメント・アジェンダ

　統合報告書の狙いは，ステークホルダー・エンゲージメントのための情報
開示と経営者の情報利用にあると考えられる。エーザイをリサーチサイトと
して，情報開示と情報利用という点から再検討する。再検討に当たっては，
同社の戦略マップによる価値創造プロセスの可視化によって解決できなかっ
た第2の情報の結合性を問題視する。そして，第2の情報の結合性を満足す
るために，レディネス評価によるインタンジブルズの測定を提案する。

4.1　エンゲージメント・アジェンダとしての情報開示

　ステークホルダー・エンゲージメントによって対話すべき話題は，価値創

図表7-5　投資家のエンゲージメント・アジェンダ

日本企業に対する投資家の対話のテーマ	国内投資家		外国人投資家		合計	
	度数	%	度数	%	度数	%
自己資本利益率（ROE）の向上策	29	48	31	62	60	55
決算数値，業績予想数値の背景確認	7	12	4	8	11	10
バランスシート・マネジメントの観点からの株主還元の改善	5	8	1	2	6	5
コーポレートガバナンスの改善	4	7	4	8	8	7
リストラの実施やコスト削減策	0	0	0	0	0	0
業界再編，経営統合，事業売却の促進	1	2	1	2	2	2
当該企業が提供している製品やサービス，事業内容の理解	0	0	2	4	2	2
中期計画の内容と背景の確認	4	7	4	8	8	7
リスク管理体制	0	0	0	0	0	0
環境問題への取り組みや社会貢献活動	1	2	0	0	1	1
その他	9	15	3	6	12	11
計	60	100	50	100	110	100

出典：柳（2015, p.157）に基づいて著者作成。

造プロセスの可視化である。もう少し具体的に記述すれば，まず，外部環境と内部環境についての内容項目の可視化がある。また，ビジネスモデルとの関係で，事業戦略と社会的課題の解決への貢献，それらのマテリアリティとしての優先順位づけ，実績と将来見通し，およびそれらの関係性といった内容項目の可視化も重要である。この点に関して柳（2015）は，機関投資家を対象としたエンゲージメント・アジェンダとして，10項目を取り上げている（図表7-5参照）。

　図表7-5より，機関投資家へのフィールドスタディの結果，国内投資家も外国人投資家も重視する項目として，自己資本利益率（ROE）の向上策を取り上げていた。他には，決算数値や業績予想数値の背景であることがわかる。機関投資家は，経営者と違って，ROEという財務業績への関心が極めて高い。

　柳はROEには，良いROEと悪いROEがあるという指摘をしている（柳，2016, pp.114-115）。ROEに対してしばしば短期志向の財務偏重という悪いROEをイメージするが，良いROEという指摘は興味深い。この良いROEと悪いROEを図表7-6に示す。

　図表7-6より，良いROEは中長期志向で，ROEだけを狙っているわけではないことがわかる。逆に，悪いROEは短期志向で，ROEだけを狙っている。投資家といっても多様であり，投機家は短期志向であるのに対して，機関投資家は中長期志向であるという違いがあることを指摘していると考えられる。

　機関投資家とのエンゲージメントのアジェンダとして，経営者が問題視するような関心事に対して機関投資家の関心は低い。たとえば，リスク管理体制，CSRに関わる環境問題と社会貢献，戦略などが，機関投資家にとってほとんど関心事ではないことは興味深い事実である。

　機関投資家と面談するとき柳氏は，統合報告書以外にもESGパッケージという冊子を準備して臨んでいるという。ESGパッケージには，将来見通しに関する注意事項，*hhc*という企業理念，新興国および途上国への戦略と医薬品アセスメントへの取組，ガバナンス体制，環境保全活動，ROE経営という統合報告書に記載されている内容が盛り込まれている。

図表7-6　良いROEと悪いROE

良いROE	悪いROE
中長期志向（例えば10年平均） ＊中長期視点からの投資	短期志向（裁量的利益調整） ＊投資の先送りや強引なリストラ
成長見込みある低ROE ＊将来投資のための一時的なEPS低下	成長見込みのない低ROE ＊収益回復シナリオのない低EPS
収益絶対額を伴うROE ＊投資を行い持続的に利益も増加トレンド	縮小均衡のROE（デフレ要因） ＊リストラや分母対策で比率のみ重視
中長期で会計平準化・修正 ＊特別利益・会計基準変更の影響も長期では平準化	会計上の短期変動を重視した利益調整 ＊短期主義の特別利益，会計基準変更による一時的な利益かさ上げ
バランスシートマネジメント ＊最適資本構成を求めてバランスシートを管理するガバナンスを持つ	過剰レバリッジ ＊分母対策で借入金を過剰に利用して倒産リスクを負う。リキャップCBなどの技巧
簿価主義 ＊ROEは簿価指標であるが長期ではTSRに収斂する。時価と簿価は乖離が縮小する	時価主義 ＊株価は時価なのにROEは簿価だから不要とする考え
資本コストを上回るROE ＊持続的に資本コストを上回る価値創造	極大化・継続増要求 ＊毎年右肩上がりのROE上昇を求める
アカデミック論文 ＊オールソンモデル（＝残余利益モデル）等からROEと株主価値の関係は証明済み	感情論 ＊ROEは企業価値と無関係との誤った主張や，ROEを嫌悪する感情論
日本企業（周回遅れ） ＊日本の低ROEから投資家は対話の中でROE改善を強く求めるのは理解すべき	米国企業では課題とされていない ＊米国では既にROEは高い水準で定着しているから（宿題済み）
業績予想・中期計画開示あり ＊東証の精度もあるが，日本の低ROEから目標開示による底上げは必要	米国では目標開示がない ＊目標開示がないからROE不要という暴論。米国企業内では極めて重視されている
優れた財務リテラシー・管理会計 ＊社内に財務の専門家を擁し，中長期的ROE改善の戦略を自ら企画できる	盲目的政府追従 ＊政府の指示に盲目的・形式的に追従しているだけの表面上のROE言及
ESG/CSRとの両立 ＊中長期的にwin-winですべてのステークホルダーを満たすROE経営	株主原理主義（株主だけのROE） ＊株主だけが利益を得るためのROE重視で短期主義や数字合わせが横行

出典：柳（2016, pp.114-115）。

　IR部は報告対象を機関投資家に設定していた。しかし，総務環境安全部とPR部は報告対象をステークホルダーに設定していると考えられる。企業理念を念頭に置いて，ステークホルダーとの価値共創を想定する総務環境安全部とPR部は，ステークホルダー・エンゲージメントのテーマが必ずしも機関投資家が重視するテーマと同じとは考えていない。むしろ，ステークホ

ルダー・エンゲージメントのアジェンダは，ESGパッケージに盛り込まれた社会的課題の解決を重視していると考えられる。こうしたステークホルダー・エンゲージメントを考慮した結果として，図表7-6の良いROEが構築されたと考えられる。この図表の最後に，良いROEとして，ROEとESG/CSRの両立があるのは，まさにそのためであると考えられる。

　次に，エーザイのステークホルダー・エンゲージメントの結果として，ステークホルダーの評価結果を紹介する。ダボス会議の目玉の1つは「世界で最も持続可能な100社（Global 100 Most Sustainable Corporations in the World）」のセッションである。エーザイは，2019年に，日本企業としては最上位の73位にランキングされた。この評価指標はサステナビリティ情報開示，財務状況，製品カテゴリー，制裁（サステナビリティに関する罰金のチェック）といった4項目であり，各企業の財務情報や統合報告書などの開示情報に基づいて評価された。

　また，「医薬品アクセスインデックス（Access to Medicine Index: ATMインデックス）」の2018年のランキングでは，エーザイは8位にランキングされた[9]。この評価指標は，マネジメント，市場の効果・コンプライアンス，研究開発，価格・製造・配送，特許・ライセンス，キャパシティの構築，製品の寄付という7つの分野による世界の医薬品会社への調査結果である。

　さらに，エーザイは，ESGで企業の持続可能性を評価するSRI指数[10]算定のメンバーである。インデックスのメンバーになることは持続可能性企業の証でもある。このように，エーザイは，ESGに関心の高いステークホルダーから高評価を得ている。

4.2　ステークホルダー・エンゲージメントのための戦略マップ

　エーザイの価値創造プロセスの可視化は，2015年度は図表7-2に示した通

9） 2018年のATMインデックスについては，以下よりダウンロードできる。https://accesstomedicinefoundation.org/media/uploads/downloads/5cb9b00e8190a_Access-to-Medicine-Index-2018.pdf（2020/1/9）。

10） このSRI指数は，スイスのロベコ（Robeco Switzerland Ltd.）社とアメリカのS&Pダウ・ジョーンズ・インデックス（S&P Dow Jones Indices）社が1999年に創設した世界初のSRI指数である。

りである。これをさらに一歩進めるために，統合報告書（エーザイ，2016）に基づいて戦略マップの作成を試みたい。

　まず，BSCの4つの視点ごとに戦略目標を特定する。この4つの視点とは，財務の視点，顧客の視点，内部プロセスの視点，学習と成長の視点である。これらを区分するために，横棒の実線で示す。また，戦略目標はBSCでしばしば示されるように楕円で示した。この楕円の戦略目標間を矢印で結んで，その因果関係を明らかにすることで，戦略マップを図示する。BSCは，第3章で詳述したように，戦略マップとスコアカードで構成されている。このうちスコアカードは，戦略目標の達成度を測定する尺度，尺度の実績値と目標値，実績値と目標値のギャップを埋めるための戦略的実施項目を特定しなければならない。スコアカードについては，エーザイの事業戦略や内情を知らない著者には特定することは不可能なので，ここでは統合報告書から把握できる戦略マップだけを作成することにする。

　学習と成長の視点の戦略目標は，人的資産，情報資産，組織資産で構成される。情報資産と考えられる戦略目標は統合報告書の15ページに見つけることができる。そこで，ページを明記した戦略目標「ICTによるデータセンターの高度化（15）」を設定した（カッコ内の数字は統合報告書の開示ページである。以下同様）。この情報資産の戦略目標を実現するための基盤となる組織資産の戦略目標を探したが見つからなかった。そこで，組織資産の戦略目標として「価値観変革」を追加した。この価値観変革という戦略目標は，*hhc*の価値観を否定するという意味ではなく，*hhc*を追求して，これまで以上に革新的な薬品を創出したり，製品の安全性を重視する価値観へと従業員をシフトするという意味である。そのような価値観が醸成されれば，革新的製品と製品の安全性を創出するデータセンターを高度化することができる。

　次に，統合報告書に基づいて，BSCの戦略マップに関わる4つの視点のすべてで戦略目標と推定できる記述を見つけることができる。学習と成長の視点では，情報資産の戦略目標を実現することによって人的資産の戦略目標を推進すると考えられる。人的資産の戦略目標としては，統合報告書に「グローバルリーダー養成の強化（41）」が記述されている。また，情報資産は

「ICTによるデータセンターの高度化（15）」であり，これによって「グローバルリーダー養成の強化（41）」がされる。上述した戦略目標の他に「倫理性と透明性の進展（33）」がある。既述したように，最も根底に，企業理念の共有を意味する「価値観変革（2）」を設定した。これは「価値観共有」と呼んでもよい。

　内部プロセスの視点の戦略目標には，「革新的製品の増加（13）」，「治癒薬剤の増加（13）」，「製品の安全性と副作用への対応強化（53）」，「医薬品アクセスの向上（46-49）」，「コーポレートガバナンスの強化（64-65）」，「コンプライアンス・リスク管理の強化（70-71）」という戦略目標を設定した。

　顧客の視点の戦略目標には，「顧客創出の増大（3）」，「顧客満足度の向上（3）」，「顧客維持の拡大（3）」，「社会価値の向上（6-7）」を設定した。そして，**財務の視点**の戦略目標には，「収益増大（16）」と「利益増大（16）」を設定した。以上のようにして，統合報告書に記述されている戦略的に重要な開示情報を戦略マップとして図示すると，図表7-7のように作成することができる。

　図表7-7は，左側には収益増大へとつながる価値創造の戦略テーマを，また右側には利益増大へとつながる価値毀損の抑制の戦略テーマを示している。戦略マップによって，価値創造と価値毀損の抑制を共存させている。同社は，医薬品を扱う単一事業会社なので，企業戦略と事業戦略の統合という問題は発生しない。ただ，事業戦略の中で，時間軸の異なる戦略目標を持つことで，短期・中期・長期のバランスを図っている。同時に，戦略のカスケードにより，部門間での調整も行うことができる。また，戦略マップを構築できたことで，財務情報と非財務情報の因果関係という第1の情報の結合性を確保できた。つまり，この時点で，価値創造の可視化の要件である3つの要件[11]のほとんどが満足できていることがわかる。課題は，事業活動と資本に関わる第2の情報の結合性である。

　第2の情報の結合性を検討する前に，図表7-7の戦略マップによる可視化

11）第6章で検討したように，価値創造プロセスの可視化の要件は，①統合思考，②価値創造と価値毀損の抑制，③情報の結合性である。

図表7-7　エーザイの戦略マップ

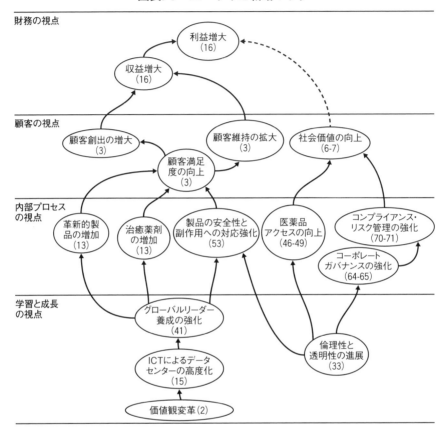

注）括弧内の数字は統合報告書2016のページ数
出典：エーザイ（2016）に基づいて著者作成。

に当たっていくつか不明な点があった。この点を明らかにしておきたい。

　財務の視点に原価低減を設定しなかった。統合報告書には原価低減についての記述がないことから，戦略マップの財務の視点でも原価低減という戦略目標がないまま収益増大だけで利益増大を狙うというものになってしまった。統合報告書にパートナーシップにより生産性向上の記述があるので，これを戦略マップにどのような因果関係でつなげるのかを検討する必要がある。つまり，経営企画室の担当者たちは，企業経営として原価低減は重要であり，

その戦略目標を取り込んだ戦略マップの修正が考えられよう。

　また，財務の視点に関して，図表7-7の戦略マップと図表7-3に示した価値関連性モデルとの関係が不明であった。エーザイの2020年版統合報告書によると，戦略マップによる価値創造プロセスの可視化は図表7-8の通りである（エーザイ，2020, pp.19-20）。この図表7-8より，財務の視点は収益の増大と利益の増大による長期株主価値の拡大である。このことから，現在は記述の一貫性が持たれているといえる。

　顧客の視点に関して，統合報告書では顧客創造，顧客維持，顧客満足についての記述はあるが，その達成度を測定する尺度が見えてこない。つまり，顧客とは誰なのかがはっきりしない。エーザイにとっての顧客は，統合報告書では患者のようにも受け取れるが，医薬を選択するのは多くの場合，病院の医師である。また，一般消費者向けに薬局なども顧客と認識する必要がある。現在，エーザイが重要視しているビジネスは抗がん剤のオンコロジーと神経領域のニューロロジーである。これらはいずれも医師向けの治療薬である。医師からの信頼と評判が重要であり，そのためには，すでに指摘した「世界で最も持続可能な100社」，「医薬品アクセスインデックス」のランキングなどの尺度を取り入れることが考えられる。

　内部プロセスの視点に関して，統合報告書では生産体制の刷新が取り上げられている。生産モデルから脱却して，世界規模でのデマンドイノベーション活動を行っていくといった趣旨である。このことは生産効率ではなく，顧客ニーズにマッチした製薬メーカーへの転換である。戦略マップに示すことはできなかったが，この戦略目標は重要であり検討を期待したい点である。同時に，既述したパートナーシップによる生産の効率化という戦略目標の設定も期待したい。図表7-7では，生産の効率化に関する戦略目標が設定されておらず，この点は現時点でも課題と考えられる。

　学習と成長の視点に関わって，統合報告書では倫理性と透明性の進展という記述があった。これは研究開発との関係で記述しているため，内部プロセスの視点の戦略目標とすべきだったかもしれない。図表7-7では内部プロセスの視点の戦略目標を達成するための組織文化の醸成という意味で捉えて学

図表7-8　2020年版価値創造プロセスの可視化（エーザイ）

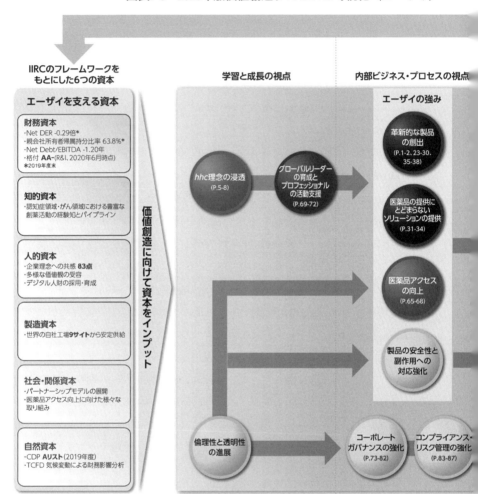

出典：エーザイ（2020, pp.19-20）。

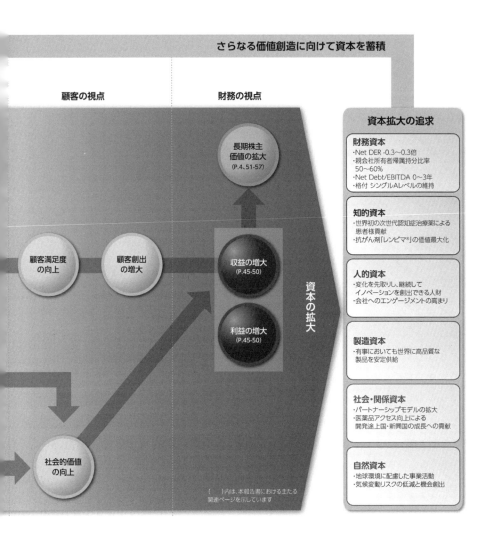

さらなる価値創造に向けて資本を蓄積

顧客の視点　　　　　財務の視点

資本拡大の追求

財務資本
・Net DER -0.3〜0.3倍
・親会社所有者帰属持分比率
　50〜60%
・Net Debt/EBITDA 0〜3年
・格付 シングルAレベルの維持

知的資本
・世界初の次世代認知症治療薬による
　患者様貢献
・抗がん剤「レンビマ®」の価値最大化

人的資本
・変化を先取りし、継続して
　イノベーションを創出できる人財
・会社へのエンゲージメントの高まり

製造資本
・有事においても世界に高品質な
　製品を安定供給

社会・関係資本
・パートナーシップモデルの拡大
・医薬品アクセス向上による
　開発途上国・新興国の成長への貢献

自然資本
・地球環境に配慮した事業活動
・気候変動リスクの低減と機会創出

長期株主
価値の拡大
(P.4、51-57)

顧客満足度
の向上

顧客創出
の増大

収益の増大
(P.45-50)

利益の増大
(P.45-50)

資本の拡大

社会的価値
の向上

（　　）内は、本報告書における主たる
関連ページを示しています

習と成長の視点の戦略目標とした。図表7-8で明らかにしたように，学習と成長の視点には，*hhc*理念の浸透という戦略目標が設定されていた。このことから，戦略として倫理性と透明性を実現するのではなく，日常業務で倫理性と透明性を確保するように戦略の可視化が修正されていた。

4.3　インタンジブルズの貨幣測定の限界

戦略マップで価値創造プロセスを可視化する大きな狙いの１つは，情報の結合性を確保することである。第１の情報の結合性は，戦略マップを作成することで解決した。問題は第２の情報の結合性であり，事業活動と資本の結合性を確保することである。以下ではこの第２の情報の結合性を満足するための提案を行う。

第２の情報の結合性は，価値創造プロセスの資本のインプットが事業活動を通じてアウトプットからアウトカムへと変換し，最終的に資本へと結びついていることを明らかにすることである。この関係の中で，資本→活動→資本という関係が構築できれば，第２の情報の結合性は確保されたことになる。

ところで，戦略を可視化する戦略マップは戦略目標間の因果関係が描かれており，そこには事業活動が図示されているわけではない。事業活動は，戦略マップに基づいて作成されるスコアカード（戦略目標の達成度を測定し管理するマネジメントシステム）の中で計画される。スコアカードには，実績値と目標値のギャップを埋めるための手段として**戦略的実施項目**（strategic initiatives）という戦略的プログラムが計画される。この戦略的実施項目こそ戦略に関わる重要な行動計画（action plan）であり，活動である。また，事業活動を行って一定期間が経過すると，戦略目標の達成度を測るために実績値を測定する。その実績値が活動を行った結果であるという関係になっている。つまり，活動を行う前の実績値は期首資本であり，活動を行った結果が期末資本であり，この差分が活動の測定値になっている。このことから，期首資本→活動→期末資本という関係が導き出される。

たとえば，期首資本に製造資本100がストックしてあり，活動を行った結果として期末資本が120となったときは，製造資本のフロー（活動）は正味

20増加したことがわかる。この関係は財務資本についても同様であり，これまでも貸借対照表で測定し作成してきた。問題は人的資本，知的資本，社会・関係資本というインタンジブルズと自然資本でも実現させることである。

　インタンジブルズの測定を貨幣評価することは，財務会計研究者が逸早く問題視してきた。インタンジブルズの資産性では，すでにオンバランスされている特許権，著作権，商標といったような知的財産の測定に関しては，統合報告書を作成するからといって追加すべき問題はない。ところが，開発途上の研究開発，事業で知り得た機密事項，レピュテーション資産，独自のマネジメントシステムやビジネスプロセスなど支配可能であっても分離して販売できない資産は，測定することが困難という課題がある。さらに，人的資本，コア・コンピタンス，組織資本，社会・関係資本などは企業が完全には支配することができないために，資産性があるともいえず，測定できないといわれてきた。このように，知的財産権以外のインタンジブルズに資産性は認められていない（Blair and Wallman, 2001, pp.51-56）。言い換えれば，財務会計研究の成果として，インタンジブルズの貨幣による測定は難しいという結論に至っている。

4.4　インタンジブルズのレディネス評価による情報の結合性

　一方，インタンジブルズの測定という課題に対して，Kaplan and Norton は，レディネス評価という測定方法を開発した。Kaplan and Norton（2004, p.237）は，Gray Syracuse 社のケースを用いて人的資産のレディネス評価を紹介している。インタンジブルズに関する第2の情報の結合性を実現するには，彼らのレディネス評価を用いることで解決が可能である。そこで，Kaplan and Norton（2004）のレディネス評価のケースを紹介する。

　冶金会社のGray Syracuse 社は，顧客からの返品が大量に発生してしまい，その対応として人材育成を定量的に管理することが提案されたというケースである。同社では，顧客から返品された不良品のクレーム対応のために，金型組立工は補修作業に追われていた。この補修作業を半減するために，補修増加の原因探索が行われたところ，金型組立工に失敗の原因があることが判

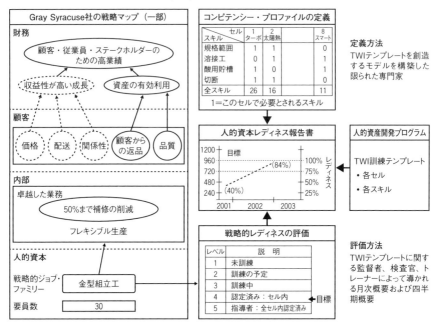

図表7-9　Gray Syracuse社の人的資産の構築

Gray Syracuse社の戦略マップ（一部）

財務
- 顧客・従業員・ステークホルダーのための高業績
- 収益性が高い成長
- 資産の有効利用

顧客
- 価格
- 配送
- 関係性
- 顧客からの返品
- 品質

内部
- 卓越した業務
  - 50%まで補修の削減
  - フレキシブル生産

人的資本
- 戦略的ジョブ・ファミリー → 金型組立工
- 要員数　30

コンピテンシー・プロファイルの定義

スキル	セル 1 ターボ	2 太陽熱	…	8 スマート
規格範囲	1	1		0
溶接工	0	1		1
酸用貯槽	1	0		1
切断	1	1		0
全スキル	26	16		11

1＝このセルで必要とされるスキル

定義方法
TWIテンプレートを創造するモデルを構築した限られた専門家

人的資本レディネス報告書

（グラフ：目標 1200/960/720/480/240、(84%)、(40%)、2001・2002・2003、100%/75%/50%/25% レディネス）

人的資産開発プログラム
TWI訓練テンプレート
- 各セル
- 各スキル

戦略的レディネスの評価

レベル	説　明
1	未訓練
2	訓練の予定
3	訓練中
4	認定済み：セル内 ←目標
5	指導者：全セル内認定済み

評価方法
TWIテンプレートに関する監督者、検査官、トレーナーによって導かれる月次概要および四半期概要

出典：Kaplan and Norton（2004, p.238）．

明した。また，人的資産の戦略的ジョブファミリーという職務一覧表を調査したところ，新入社員を教育訓練しないまま組立業務につかせていたことが判明した。

　そこで人的資産マネジメントとして，4つのステップからなる人的資産開発プログラムが提案された。この戦略的ジョブファミリーに基づく人的資産開発プログラムの構築を図表7-9に示す。

　第1ステップは，戦略課題となっている戦略的ジョブファミリーを特定することである。ここでの戦略課題は補修の半減であり，また，補修に関わっているのは金型組立工の30名である。

　第2ステップは，戦略的ジョブファミリー[12]のコンピテンシー・プロ

---

12) Gray Syracuse社では，「補修の削減」という戦略にとって重要な内部ビジネスプロセスとして，初

ファイル[13]）を定義することである。具体的には，金型組立工に必要な
スキル，それ以外のセルに必要なスキルといったように，それぞれのセ
ルごとにスキルと人数のマトリックス表を作成する。

第3ステップは，戦略的レディネスの実績評価と目標値を設定すること
である。それぞれのセルで必要なスキルと人数について，5段階で評価
を行う。1段階目のまだ訓練していない段階から5段階目の指導者レベ
ルまでランクをつける。それぞれの従業員の現在のレベルと補修が半減
できるレベルを数値で設定する。このケースでは，現在の40%（400点）
を1年後の84%（810点）へと向上させるというレディネス（準備度）
の目標値が設定された。

第4ステップは，戦略的レディネスの目標値を達成するために人的資産
開発プログラムを実施することである。このケースでは，セルごとに
TWI（training within industries: 職場内訓練）という職業訓練のテン
プレートに従って，スキルを磨くプログラムが実施されることになった。

Gray Syracuse社の人的資産開発プログラムによって補修の半減という戦
略目標を実現するために，金型組立工のスキルをレディネス評価したという
ケースである。この中で，スキルをレディネス評価した点がインタンジブル
ズの測定に関わっており，第2の情報の結合性に応用できる。つまり，現在
の期首スキル（人的資産）400点を1年後の期末スキル（人的資産）810点に
する。この差分の410点をスキルアップするという戦略目標を設定して，
TWIという訓練で実現するという計画である。繰り返せば，期首資本（400）
→活動（410）→期末資本（810）という計画が設定された。このレディネス
評価を用いてインタンジブルズを測定することによって，人的資産の第2の
情報の結合性は確保されたことが理解できよう。このレディネス評価を応用
すれば，すべてのインタンジブルズと自然資本について第2の情報の結合性

心者レベルの金型組立工に問題があることがわかった。このように，戦略実行にとって重要なプロセスを「戦
略的ジョブファミリー」と呼んだ。

13) Gray Syracuse社ではまた，戦略的ジョブファミリーに関わるすべての部署にとって必要なスキルを
整理することを「コンピテンシー・プロファイル」と呼んだ。

が確保できよう。

　たとえば，エーザイの戦略マップである図表7-7で，学習と成長の視点にある「グローバルリーダー養成の強化」にレディネス評価を応用する。グローバルリーダーをまだ教育していないという第1段階から指導者レベルになったという第5段階までを設定する。これに基づいてリーダー候補者たちを評価していくと，現在の期首人的資本が測定できる。一定期間が経過したとき，再度リーダー候補者たちを測定すると期末人的資本が測定できる。同時に，期首と期末の差分として一定期間の活動結果を測定することができる。

　すべての戦略目標についてレディネス評価を検討する紙幅はない。この点は，いまなお課題として残されたままであるという可能性もある。確かにすべてを扱うことはできないが，図表7-7の学習と成長の視点の価値観変革という極めて定量化困難な組織資産を取り上げてレディネス評価を例示する。

　価値観変革に関わる要因とは何かをまず洗い出す。たとえば，hhcという企業理念を実践しているか，革新的な薬品を創出するという戦略を理解しているか，そうした努力をしているか，製品の安全性を重視しているか，組織横断的なチームで仕事をしているか，といった要因を従業員のアンケート調査により総合評価する。1人当たり満点をたとえば50点として，すべての従業員の得点を測定する。これらの得点を合計した結果が期首組織資産であり，一定期間経過後に希望する期末組織資産を設定する。その差分が組織資産の活動で期待される目標値となる。このようにして，組織資産の情報の結合性は確保できる。

　以上のように，レディネス評価を応用して，すべてのインタンジブルズをレディネス評価すれば，これまでは困難として半ばあきらめかけていたインタンジブルズや自然資本の測定が可能になる。その結果，第2の情報の結合性が確保できよう。

▶ まとめ

　本章では，BSCを用いたエーザイの統合報告書による価値創造プロセスの可視化に関するケーススタディを通じて，情報の結合性について検討した。このケースは，Stubbs and Higgins（2014）が問題視した価値観変革を実現しているという点に大きな特長がある。つまり，Stubbs and Higgins（2014）はサステナビリティレポートを作成した企業は組織横断的になったが，価値観変革には至っていなかったと指摘していた。しかし，エーザイは，組織横断的チームで作業を進めているだけでなく，組織横断的な意識が醸成されたとして価値観変革に導いたケースであった。

　エーザイの統合報告書では，統合思考についての記述はなかった。しかし，ケーススタディによって，価値創造と価値毀損の抑制の共存，ステークホルダーとの価値共創，情報の結合性が解決できたことがわかる。

　本章における第1の発見事項は，価値創造と価値毀損の抑制という併置した価値創造プロセスを可視化できたことである。エーザイの統合報告書の報告目的は，投資家への情報開示にあると指摘していた。ところが，*hhc*という企業理念に基づいて，社会的課題の解決を目指していた。価値創造と価値毀損の抑制の関係は，ステークホルダーの価値毀損の抑制を究極目的とした機関投資家への価値創造という関係にあった。他方，著者は戦略マップで価値観変革をベースとして，価値創造と価値毀損の抑制をともに実現する価値創造プロセスを可視化する提案を行った。現在でもこの提案を統合報告書に採用しているところから，実際には価値創造と価値毀損の抑制をともに実現する価値創造プロセスの可視化が行われているといえよう。

　第2の発見事項は，ステークホルダー・エンゲージメントによって価値共創していたことである。ステークホルダー・エンゲージメントとしては，アウトサイドイン・アプローチ，インサイドアウト・アプローチ，あるいはツイン・アプローチが考えられる。エーザイのステークホルダー・エンゲージメントは，こうした情報開示だけを問題視しているわけではなかった。ステ

ークホルダー・エンゲージメントにより，無料で薬品を提供するという価値共創が行われていた。これは，ステークホルダーである発展途上国のニーズに応えるだけでなく，エーザイにとっては支援のために低コストで薬品を製造しなければならず，ステークホルダーとの価値共創をも実現していた。さらに，統合報告書を経営職登用試験に利用して，従業員の情報利用としても活用していた。将来的には経営者の戦略の策定と実行に情報利用できる可能性が芽生えているといえよう。

　第3の発見事項は，情報の結合性を目指して戦略マップとレディネス評価による価値創造プロセスの可視化が可能なことである。第1の情報の結合性については，戦略マップを作成すれば財務情報と非財務情報の結合性は確保できる。このことは，戦略目標間の因果関係として図表7-7で確認した。問題は第2の情報の結合性であり，活動と資本の結合性を図ることである。財務情報であれば，貸借対照表でこれまでもこの結合性は確保されてきた。インタンジブルズは測定そのものが困難であり，非財務情報の結合性をいかに解決するかという課題が残されていた。ここでKaplan and Norton（2004）が提案するレディネス評価を応用して，第2の情報の結合性への解決を試みた。

　単一事業のエーザイには企業戦略と事業戦略の区別はない。しかし神経系の事業とがん系の事業を持っているため，企業戦略としてこれらの事業のシナジー創出とポートフォリオ・マネジメントを期待したい。また，統合思考により，事業戦略を部門へとカスケードすることは，スコアカードを作成しなければ展開できない。この点は，エーザイの今後の課題である。要するに，BSCによる価値創造プロセスの可視化は，価値創造の要件をすべて満足できるといえよう。

参考文献

Blair, M. M. and S. M. H. Wallman（2001）*Unseen Wealth: Report of the Brookings Task Force on Intangibles,* Brookings Institution Press（広瀬義州他訳（2002）『ブランド価値評価入門：見えざる富の評価』中央経済社）.

Burritt, R. L. and S. Schaltegger（2010）Sustainability Accounting and Reporting: Fad or Trend?, *Accounting, Auditing & Accountability Journal*, Vol.23, No.7, pp.829-846.

GRI（2013）*G4 Sustainability Reporting Guidelines: Reporting Principles and Standard Disclosures*, Global Reporting Initiative.

Green, W. J. and M. M. Cheng（2019）Materiality Judgments in an Integrated Reporting Setting: The Effect of Strategic Relevance and Strategy Map, *Accounting, Organizations and Society*, Vol.73, pp.1-14.

GSSB（2016）*GRI Standards*, Global Sustainability Standards Board.

IIRC（2013）*The International <IR> Framework*, International Integrated Reporting Council.

IIRC（2021）*International <IR> Framework*, International Integrated Reporting Council.

Kaplan, R. S. and D. P. Norton（2004）*Strategy Maps: Converting Intangible Assets into Tangible Outcomes*, Harvard Business School Press（櫻井通晴・伊藤和憲・長谷川惠一監訳（2005）『戦略マップ：バランスト・スコアカードの新・戦略実行フレームワーク』ランダムハウス講談社）.

Porter, M. E. and M. R. Kramer（2011）Creating Shared Value, *Harvard Business Review*, Jan.-Feb., pp.62-77（編集部訳（2011）「共通価値の戦略」『DIAMONDハーバード・ビジネス・レビュー』6月号, pp.8-31）.

Schaltegger, S.（2012）Sustainability Reporting in the Light of Business Environments: Linking Business Environment, Strategy, Communication and Accounting, *Discussion Paper*.

Stubbs, W. and C. Higgins（2014）Integrated Reporting and Internal Mechanisms of Change, *Accounting, Auditing & Accountability Journal*, Vol.27, No.7, pp.1068-1089.

伊藤和憲（2014）「管理会計の視点からみた統合報告」『企業会計』Vol.66, No.5, pp.731-736。

伊藤和憲・大原利昭（2016）「エーザイのステークホルダー・エンゲージメント」『産業経理』Vol.76, No.2, pp.39-51。

内山哲彦（2015）「経営管理からみた統合報告の役割と課題（投資家との新たなコミュニケーション）」『青山アカウンティング・レビュー』Vol.5, pp.42-46。

エーザイ株式会社（2015）『統合報告書2015』。

エーザイ株式会社（2016）『統合報告書2016』。

エーザイ株式会社（2020）『統合報告書2020』。

古賀智敏（2015）「統合報告研究の課題・方法の評価と今後の研究アジェンダ」『會計』Vol.188, No.5, pp.515-529。

柳良平（2015）『ROE革命の財務戦略：外国人投資家が日本企業を強くする』中央経済社。

柳良平（2016）「コーポレートガバナンス改革と企業価値」西川郁生編著『企業価値向上のための財務会計リテラシー』日本経済新聞出版。

第**8**章

統合報告時代の
戦略的意思決定

▶ はじめに

　アニュアルレポートに代表される財務報告書は，法律に準拠した過去の財務情報である。客観的で比較可能ではあるが，投資家を含むステークホルダーには，財務報告書だけでは意思決定に有用でないばかりでなく，誤った意思決定に導くといわれる。そのため，「企業は，もはや関連性がない静的なコミュニケーションをする必要はない」（IIRC, 2013, p.2）と指摘されている。むしろ，財務情報と非財務情報を統合した情報の結合性に従って，また，短・中・長期の価値創造という統合思考による統合報告書を開示する必要がある。統合報告書が求められるようになったのは，企業を取り巻く環境の変化に原因がある。ここでの環境変化とは，グローバリゼーション，デジタル化，競争の激化であり，これらが相互に影響して統合報告のニーズは高まっている（Smith, 2017, p.1）。

　グローバリゼーションに関しては，企業の不祥事や環境負荷が多発しており，その影響が迅速にかつグローバルに拡大している。たとえば，フォルクスワーゲン社の排出ガス規制のすり抜け事件では，ディーゼル車を購入した世界中のユーザーをだまし続けてきた。それだけではない。業績が良好であるとしてフォルクスワーゲン社の投資家をもだましていた。また，排ガスによる環境負荷は持続可能な社会に悪影響をまき散らしている。こうした事件が世界中で散見されるようになってきた[1]。

　デジタル化に関しては，ビッグデータの利用を意図したITの最近の動きを見れば明らかである。とりわけ，過去データの回帰によって現状把握していた時代から，ビッグデータにより精度の良い将来予測ができるような時代になってきた。さらに，最近のAIは人間の判断に代わって自動的に意思決定するまでになった。このような中で，グローバルな企業間競争がますます

---

1)　日本でも，2016年に三菱自動車で燃費計測データの不正が，またスズキで計測方法の法令違反が発覚した。その後，三菱自動車は日産の傘下になり，スズキもトヨタと提携することになった。両社に対するマスコミや投資家の反応は大きく異なっている。この点については，以下の記事を参照していただきたい。https://www.j-cast.com/2016/05/19267274.html?p=all（2020/1/10）。

激化している。将来が不確実になっており，過去情報としての財務情報だけでは将来を予測することが不十分である。投資家だけでなく，ステークホルダーの意思決定を支援するには，将来予測に影響を及ぼす非財務情報としての環境・社会・ガバナンス（environment, social, governance: ESG）情報が必要である。

　本章は，統合報告書の機能としてこれまで扱ってこなかった意思決定への役立ちについて検討する。ここでの意思決定とはSmith（2017）が提案する経営者による戦略的意思決定のことである。本章の構成は以下の通りである。第1節では，戦略的意思決定の構想を明らかにする。第2節で，戦略的意思決定構想の特徴を紹介する。その上で，第3節で，戦略的意思決定構想をIIRCフレームワークと比較検討する。第4節では，戦略的意思決定における価値創造の意義とKPQs（重要業績検討項目）について掘り下げて検討する。最後に，本章の発見事項をまとめる。

1 戦略的意思決定の構想

　本節では，Smith（2017）が提案する戦略的意思決定の構想を明らかにする。また，Smithが自著のタイトルとした戦略的管理会計とその中身である戦略的意思決定の違いを明らかにする。そして最も重要な提案である戦略的ヘッドセットの概念を明らかにする。

1.1　戦略的意思決定のモデル化

　会計の機能は，データを収集し，分析して，報告書を作成し，必要な情報を内外のステークホルダーに公表することである。これは従来の財務報告だけでなく，Smith（2017）の提唱する戦略的意思決定構想でも同様である[2]。

---

[2]　ここでの戦略的意思決定は，Eccles and Krzus（2010）がOne Reportで主張した統合報告書の意思決定への役立ちと符合する。One Reportには具体的な意思決定の仕方は示されていなかった。そのため，統合報告書がどのような意思決定に利用できるのかわからなかった。これに対する回答として，Smith（2017）の著書は好書である。

ただし，入手するデータは財務情報だけでなく，ESG情報のような非財務情報も収集しなければならない。

　Smith（2017）によれば，戦略的意思決定構想では，管理会計担当者の役割は，経営意思決定者に根拠のある一貫した予測情報を提供することである。経営者の戦略的意思決定のためには，ビッグデータを扱うことができるアナリティクスという分析ツールを用いる必要がある。ここで戦略的意思決定すべき事項，すなわち昨今極めて重要視されている課題（Smithによればクリティカルパス）は，ガバナンス・イニシアティブとサステナビリティ・イニシアティブの意思決定である。ガバナンスとサステナビリティに関わる戦略的意思決定を行うには，それをビジネスプロセスに落とし込む必要がある。また，ビジネスプロセスを経営者が適切にマネジメントした結果として，その意思決定が複数の資本とインデックスにどのような影響を及ぼすかを予測する必要がある。この予測ツールがアナリティクスと呼ばれるものである。

　戦略的意思決定の構想では，収集したデータに基づいて戦略的管理会計担当者が分析ツールのアナリティクスを用いて分析する。分析に当たっては，企業経営に関わる戦略的意思決定とESGインデックスへの影響を予測する必要がある。このとき，意思決定によってビジネスプロセスを効果的に実施

図表8-1　戦略的意思決定の構想

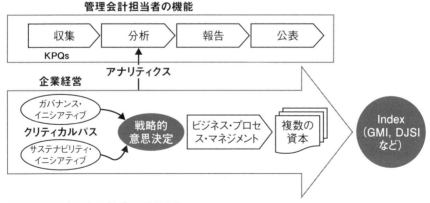

出典：Smith（2017）に基づいて著者作成。

する必要がある。また，その結果として，複数の資本モデルにどのような影響を及ぼし，それがガバナンス・メトリックス・インターナショナル（Governance Metrics International: GMI）やダウ・ジョーンズ・サステナビリティ・インデックス（Dow Jones Sustainability Index: DJSI）のようなインデックスに及ぼす影響を予測することになる。要するに，アナリティクスを用いた予測情報により，経営者は戦略的意思決定を効果的に行うことができる。これらの関係を図示すると図表8-1となる。

1.2　戦略的管理会計と戦略的意思決定の相違点

　Smith（2017）は，戦略的意思決定の意味で戦略的管理会計という用語を用いた。そこで，戦略的管理会計と戦略的意思決定の違いについて明らかにしておきたい。言い換えれば，Smithが用いた戦略的管理会計であれば，第7章までで検討してきたように，統合報告書の開示によるエンゲージメント情報によって戦略の策定と実行をいかに行うかを議論すると考えられる。両者の違いをまず検討する。

　櫻井（2019）による管理会計の体系によれば，管理会計は，戦略の策定のための会計，経営意思決定のための会計，マネジメント・コントロールのための会計からなる。戦略の策定は，バランスト・スコアカード（balanced scorecard: BSC）や原価企画，ABC（activity-based costing）などで構成される。経営意思決定は，戦略的意思決定と業務的意思決定からなる。戦略的意思決定は，設備投資計画に代表されるように，企業に長期にわたって影響を及ぼすような意思決定である。また，業務的意思決定は，日常的な意思決定であり，自製か購入か，操業度決定といった意思決定の内容である。マネジメント・コントロールは，予算管理が中心で，伝統的な管理会計はすべてここに含まれる。

　戦略的管理会計とは，一般的にいえば，伝統的な経営意思決定とマネジメント・コントロールからなる管理会計だけでなく，戦略の策定と実行のすべてを含めた管理会計全体の総称である。このような意図から，Smithに戦略的管理会計の意味を確認したところ，戦略的意思決定のことであるという回

答があった。これは，アメリカでは戦略的管理会計についての議論がなかっ
たために起こった用語の誤解によると考えられる（伊藤，2018）。Smithの意
図を汲み取り，本章では，戦略的意思決定と名称変更して検討を進める。つ
まり，Smithの戦略的意思決定の構想は図表8-1のように図式化することがで
きる。図表8-1を概観すれば，戦略的意思決定が及ぼす複数の資本やインデ
ックスへの影響をアナリティクスで予想するという構想であることが理解で
きる。

ところで，Eccles and Krzus（2010, p.151）によれば，統合報告書（彼ら
はOne Reportという）は経営者の意思決定に有用であると指摘した。その
意味については，Smithの図表8-1で明確である。つまり，複数の資本やイン
デックスへの影響を考慮に入れてサステナビリティ・イニシアティブとガバ
ナンス・イニシアティブの意思決定を行う必要があるということである。確
かに第7章のエーザイの事例検討でも，「世界で最も持続可能な100社」や「医
薬品アクセスインデックス」といったインデックスの順位を問題視していた。
この順位を上げるために戦略的意思決定を行うことは考えられる。

1.3　戦略的ヘッドセットの意義

外部環境の変化が一層，競争を激化させている。投資家やステークホルダ
ーの意思決定を支援するには財務報告書だけでは不十分である。また，経営
者も，外部環境の変化を取り入れた戦略の策定と実行をしなければならない。
統合報告書の開示によってステークホルダーとエンゲージメントを図る企業
の経営者は，情報を開示するだけでなく，戦略の策定と実行に有用な情報を
取り入れるべきである。こうした財務情報と非財務情報の情報開示と，戦略
的意思決定プロセスへの情報インプットを行う統合報告の機能を**戦略的ヘッ
ドセット**と呼ぶ（図表8-2参照）[3]。

Smithは，「外部利用者からの要請を認識することと，これらの要請が及
ぼす影響を企業の意思決定プロセスに取り込むことは，戦略的ヘッドセット

---

[3]　この図表8-2を図表6-1の（b）と比較していただきたい。経営者の戦略修正への情報利用と同じ図に
なっていることが理解できよう。

図表8-2　戦略的ヘッドセット

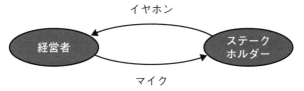

出典：著者作成。

を開発し維持するために必要なステップである（2017, p.181)」として，戦略的ヘッドセットの意義を明らかにしている。要するに，経営者は，ステークホルダーへの情報開示というマイクの機能と，戦略的意思決定への情報インプットを行うイヤホンの機能を持つ戦略的ヘッドセットが必要である。同様の趣旨で，伊藤・西原（2017）は，ステークホルダーの情報開示と経営者の戦略への情報利用という機能があると指摘した。

　伊藤（2014）は，情報開示と情報利用を明らかにしている。統合報告書の管理会計上の意義として第3章で検討したが，改めて指摘しておきたい。企業は統合報告書をステークホルダーに情報開示することによって，ステークホルダーとの間に信頼関係を樹立しようとする。一方，ステークホルダーは価値共創を目指してステークホルダー・エンゲージメントを行う。ここでの情報内容は，根拠のない単なる希望的将来予測ではなく，価値創造もしくは価値毀損を抑制する事業戦略を実現したり社会的課題の解決に貢献するというコミットメントあるいは確約である。そのような市場で確約した将来予想を実現すべく，経営者は市場の論理（市場からの見えない圧力といってもよい）を受け入れなければならない。確約した企業価値を創造するために戦略の策定と実行を行うとともに，価値毀損を抑制する必要がある。そのためには，従業員のスキルをアップしなければならず，また部門間や事業部間での戦略共有と協力体制を築く必要があり，企業戦略と事業戦略も統合する必要がある。さらに，従業員がコミットメントを実現する組織文化を形成していく必要もある。これらが実現できるようになれば，コーポレート・レピュテーションが高まり，最終的に企業は価値創造が実現できる。

2 戦略的意思決定構想の特徴

　戦略的意思決定構想の特徴は，IIRCフレームワークの基本概念および指導原則と比較できる。ここでは，資本，情報の結合性，比較可能性の3つに限定して順に検討する。

2.1　価値創造の可視化と資本の情報開示

　基本概念（fundamental concepts）については，IIRCフレームワークでは，価値創造，資本，価値創造プロセスの3つを取り上げている。いずれも重要であるが，戦略的意思決定構想では，資本を複数の資本モデルと呼び変えて言及している。ここでの問題は資本のみを大きく取り上げているのはなぜか，その理由についてである。この点について私見を述べる。

　Smithの戦略的意思決定構想では，財務資本と製造資本からなる従来の財務報告書を財務報告1.0としている。一方，統合報告書を複数の資本モデルの開示なので財務報告2.0と呼んだ（Smith, 2017, p.73）。つまり，財務情報だけでなく，インタンジブルズや自然資本といった非財務情報の開示を含んだ統合報告書を財務報告2.0と指摘している。この表現は，統合報告も財務の報告が中心であるかのような呼称であり，統合報告の本質を誤解させてしまうように思える。BSCに代表されるように，非財務情報はパフォーマンス・ドライバーであり，原因としての意義がある。一方，財務情報は過去に意思決定した結果でしかない。このような因果関係の思考が管理会計研究の成果である。財務報告2.0という用語には，非財務情報を財務情報に変換して，将来的にはすべて財務情報で開示するというもくろみがあると受け止められる。しかし，すべての情報を財務情報に変換されてしまっては統合報告書の意味がなくなってしまう。

　次に，既述したように，戦略的意思決定構想では，価値創造と価値創造プロセスについては何の指摘もない。この点についてSmithに質問したところ，「複数の資本モデルを扱うことと価値創造を扱うことは同じことである」と

いう回答が寄せられた。この点について私見を述べよう。戦略的意思決定構想では，戦略的意思決定を行う重点課題がESGという社会的課題であった。事業戦略による価値創造についてはまったく問題視していなかった。したがって，Smithは，ESGの意思決定が資本にどのように影響を及ぼし，その結果，インデックスにどのように反映されるのかに経営者の関心があると捉えていた。一方，IIRCフレームワーク（2021, 1.1）では，価値創造と価値毀損の抑制が企業価値を創造すると考えている。そのため，ステークホルダー・エンゲージメントが重要であり，ステークホルダーに対して価値創造プロセスを可視化して価値共創する必要があると捉えている。

　要するに，戦略的意思決定構想とIIRCフレームワークは，関心事が異なるために，基礎概念として重視する項目も違っている。戦略的意思決定構想では経営者のESG意思決定による資本の増減に関心があるために，価値創造や価値創造プロセスを基礎概念としては取り扱わず，資本のみを捉えていた。これに対して，IIRCフレームワークでは，投資家やその他のステークホルダーへの情報開示に関心がある。価値創造プロセスの可視化として，ストックとしての資本だけでなく，期首と期末の資本間の増減である価値創造も重要であり，さらにそうした価値創造に至るプロセスがより重要であると捉えている。このように，関心事の違いから，基本概念に対する捉え方が異なっていることがわかる。

2.2　情報の結合性とストーリー性

　IIRCフレームワークでは，情報の結合性と指摘していた指導原則を，Smithは情報のストーリー化と表現した。この点は卓見である。第4章の情報の結合性で検討したように，この情報にストーリー性（narative structure）を持たせるということは，①財務情報と非財務情報をストーリーとして結合すること，②活動と資本の関係がストーリーを持って結合することである。Smith（2017, pp.41-42）は定量的情報と定性的情報のストーリー化を指摘している。情報のストーリー化のためには，KPI（key performance indicators: 重要業績評価指標）を設定することも重要であるが，KPIを特定

する重要業績検討項目（key performance questions: KPQs）がより重要であると指摘している。このKPQsについては，第3節で検討する。

KPIによる情報のストーリー化に当たって，Smithは社会的課題→ビジネスプロセス・マネジメント→資本→インデックスを想定している。つまり，社会的課題を解決するための戦略的意思決定がクリティカルパスとしてのビジネスプロセスのマネジメントに影響を及ぼす。それが，統合報告書の複数の資本に反映され，結果としてインデックスのスコアに影響を及ぼすという関係である。この関係を特定して戦略的意思決定を行うには，ビッグデータを取り入れてアナリティクスで分析することを提唱している。

この情報のストーリー化に関わる研究は，管理会計ではしばしば行われてきた。たとえば，Ittner and Larcker（1998）は，顧客満足度が顧客の購買行動（維持，売上高，売上高成長率），顧客数の伸び率，財務業績（ビジネス・ユニットの売上，粗利，売上高利益率）の先行指標であるといった実証研究を行った。また，Searsの事例研究によって，従業員の態度が顧客満足度に影響を及ぼし，顧客満足度が財務業績に影響を及ぼすことを実証研究したサービス・プロフィットチェーン（Rucci et al., 1998）の研究成果もある。こうした研究成果は，ときには矛盾する結論に至ることもある。これらの研究成果をさらに発展させると，4つの視点の戦略目標間の因果関係を可視化した戦略マップというKaplan and Norton（2004）の提案にまで行き着く。このように試行錯誤的に因果関係を特定することも有用ではあるが，アナリティクスによって意思決定を支援すべきだというのがSmithの提案である。

2.3　情報開示の比較可能性とインデックス

IIRCフレームワークでは，既述したように，比較可能性という指導原則を明記している。比較可能性について検討したところ，IIRCフレームワークは投資家による企業間比較を想定していたが，本書では，経営者とステークホルダーによるエンゲージメントのための比較と捉えるべきであると考えている。つまり，ステークホルダーが経営者と価値共創を行うには，価値創造プロセスを正しく理解して，価値創造と価値毀損の抑制に貢献する必要が

ある。これは価値創造プロセスの可視化を前提にしたステークホルダー価値の創造を目指すためである。

　一方，Smith（2017）による戦略的意思決定構想は，経営者がインデックスを用いて企業間比較することを想定していた。経営者は，企業間比較で自社のインデックスの順位を上げるように意思決定するというものである。このように，Smithは経営者による企業間比較を前提として比較可能性を捉えている。Smithのような比較をするのであれば，インデックスのスコアを評価する明確な基準が求められよう。この評価を公正にするために，GMIやDJSIなどの評価機関では基準を明示している。

　戦略的意思決定構想の比較可能性というニーズではなく，Ecclesは統合報告書の作成でも比較可能性が重要であるという意見を提示した。Harrell（2015）のインタビューに対して，Ecclesは次のように回答したという。つまり，「企業は様々な質，タイプ，量の情報を報告しているが，このことが，企業が実際にどのように活動しているかに関する，非常に大きな混乱につながった（Smith, 2017, p.163）」として，比較可能性を重視すべきだという。投資家のために，統合報告書で企業間比較を担保するというEcclesの指摘は，SASB（Sustainability Accounting Standards Board）に影響を及ぼしたと考えられる。SASBでは，業界間での比較可能性を重視して，グルーピングと開示内容について規定している[4]。

　以上のように，比較可能性については，IIRCフレームワーク，本書の主張，Smithの解釈は違っている。投資家を対象にするのであれば，IIRCフレームワークが指摘するように企業間での比較可能性は担保されなければならない。そのためにSASBのサステナビリティ会計基準が制定されたと考えられる。一方，経営者の戦略的意思決定のためであれば，Smithが提案するように，インデックスの算定基準は企業間で比較可能でなければならない。これらに対して，統合報告書がステークホルダー・エンゲージメントのコミュニケーションツールであるとすると，企業間の比較可能性は限定的とならざ

---

[4]　SASBは，2012年以降，11産業79業種向けに，環境・社会的な要因からなる非財務情報を財務報告書に組み込むためのサステナビリティ会計基準を公表している。

るを得ない。むしろ，企業間の違いに重要な価値があると捉えるべきである。

3 IIRCフレームワークと 戦略的意思決定構想の比較検討

IIRCフレームワークと戦略的意思決定構想に関わる重要な用語として5点を比較検討する。サステナビリティ，マテリアリティ，データ・アナリティクス，パラダイムシフト，重要業績検討項目（KPQs）を順に検討する。

3.1 サステナビリティにおける情報開示と情報利用

IIRCフレームワークでは，サステナビリティについてはまったく言及していない。サステナビリティという概念は，国連が1987年に公表したSustainable Developmentという理念で生まれた。その後，国連が1997年にGRI（Global Reporting Initiative）ガイドラインとしてサステナビリティレポートに関するガイドラインを発行した。2015年には，持続可能な開発目標（Sustainable Development Goals: SDGs）が提案され，社会的課題の解決に対して企業も貢献すべきであると指摘するようになった。

サステナビリティでしばしば取り上げられるトリプルボトムラインは，Elkington（1999）のアイディアである。Elkingtonのトリプルボトムラインとは，今日CSRとして知られている経済，環境，社会という3つの側面を経営で重視するという価値観である。GRIは，ステークホルダーに対して，トリプルボトムラインという情報開示のガイドラインやスタンダードを発表してきた。

ところで，ステークホルダーには，Freeman and Reed（1983, p.89）によれば，主要なステークホルダーと副次的ステークホルダーがあった（第5章参照）。主要なステークホルダーは，企業に対して影響を及ぼすかあるいは企業から影響を直接受ける関係にある。たとえば，主要なステークホルダーには，顧客とサプライヤー，金融機関，従業員，それに地域社会がある。これに対して副次的ステークホルダーは，企業と主要なステークホルダーに影

響を及ぼすという関係にある。たとえば，政府，競争相手，消費者団体，特別利害団体，メディアなどが考えられる。

　サステナビリティレポートによる開示は，Schaltegger（2012）の分類でいえば，社会的課題の解決に関わる企業の経営活動を可視化するので，インサイドアウト・アプローチの典型といえよう。サステナビリティ・レポーティング・スタンダード（GSSB, 2016）やSASBといった基準に準拠した報告をするのであれば，サステナビリティレポートといってもアウトサイドイン・アプローチとなる。IIRCフレームワークは統合報告書を提案しているが，原則主義であり，また必ずしも適用しなければならないわけでもない。社会的課題の解決を価値創造プロセスとして可視化する場合でも，IIRCフレームワークにできるだけ準拠しながらも経営活動を可視化するので，統合報告書でのサステナビリティの開示はツイン・アプローチといえよう。

　次に，戦略的意思決定構想のサステナビリティについて検討する。サステナビリティとは，持続可能な社会を目指すことである。サステナビリティレポートでのサステナビリティの取り扱いは，ステークホルダー・エンゲージメントのためにトリプルボトムラインの経済，環境，社会について情報開示することである。一方，戦略的意思決定構想でのサステナビリティの取り扱いは，必ずしも情報開示を問題視しているわけではない。サステナビリティ・イニシアティブに関する戦略的意思決定が資本やインデックスに影響を及ぼすので，これらの関係を分析対象にすべきであると指摘している。したがって，情報開示ではなく，経営者の戦略的意思決定のための情報利用に重点がある。ステークホルダーへの情報開示と経営者の戦略的意思決定への情報利用という戦略的ヘッドセットに戦略的意思決定構想の特徴がある。

3.2　マテリアリティからクリティカルパスへ

　IIRCフレームワークにはマテリアリティ（materiality: 重要性）という指導原則がある。一方，これと類似の概念が戦略的意思決定構想ではクリティカルパスとして取り上げられている。IIRCフレームワークのマテリアリティは，価値創造に実質的な影響を及ぼす事象に関するマテリアリティについ

ての情報を統合報告書で開示しなければならない（IIRC, 2013; 2021, 3.17）。このように，IIRCフレームワークでは価値創造に影響を及ぼす事象に焦点が置かれているため，マテリアリティの決定プロセスや優先順位の評価が問題となる。ここでの事象とは，BSCでいえば戦略的実施項目のことである。

　一方，クリティカルパスとは，当面の経営課題と戦略的実施項目を推進する最も重要なプロセス（Smith, 2017, pp.74-75）のことである。当面の経営課題としては，図表8-1より，ガバナンス・イニシアティブとサステナビリティ・イニシアティブに関わる戦略的意思決定と理解できる。一方，最も重要なプロセスとは，イニシアティブに関わって選択された企業の実施項目を現場に落とし込んでいかにビジネスプロセスを効率的・効果的に管理するか，その結果が資本にどのような影響を及ぼすかということである。要するに，戦略的意思決定からビジネスプロセス・マネジメントを通じて資本に影響する一連の関係性のうち最も重要なプロセスがクリティカルパスである。

　以上を比較すると，IIRCフレームワークは戦略的実施項目に限定してマテリアリティを用いている。これに対してSmithがクリティカルパスというとき，戦略的実施項目によって解決しようとしている経営課題と，戦略的実施項目の実行プロセス，その資本への影響までを含めていることが理解できる。経営者の意思決定にとっては，IIRCフレームワークが想定する意思決定の事象だけでなく，クリティカルパスはそれに関わるすべてのストーリー（具体的な実行プロセスとその価値創造への影響）を含む。したがって，クリティカルパスのマテリアリティを捉える方が戦略的実施項目のマテリアリティより内容が充実している。

　一方，ステークホルダーにとっては，戦略的実施項目だけのマテリアリティと戦略的実施項目の実行プロセスや資本への影響まで含めた開示情報のどちらがより有益といえるのであろうか。ステークホルダーにとっては，戦略的実施項目のリスクマップを可視化するだけでも意思決定を支援する。ところが，そのような戦略的実施項目の重要な実行プロセスと価値創造への影響までも可視化すると，ステークホルダーの将来予測の推定に有用となり，ステークホルダーの価値共創にとっても効果的であると考えられる。このこと

から，マテリアリティという概念を取り上げているIIRCフレームワークよりもSmithのクリティカルパスという概念の方が優れた概念であると考えられる。

　こうしたマテリアリティの考え方をサステナビリティレポートの情報開示に応用すれば，社会的課題のマテリアリティだけでなく，社会的課題を解決するための実行プロセスおよびその結果としての課題への影響まで可視化した上でマテリアリティを判断する必要がある。要するに，マテリアリティを可視化するとき，事象や課題だけを捉えるべきではなく，具体的な実行プロセスとその価値創造への影響を含めて可視化した事象や課題の優先順位づけをする必要がある。

3.3　データ・アナリティクスによる将来予想

　アナリティクスは，IIRCフレームワークではまったく取り扱われてこなかった概念である。一方，戦略的意思決定構想では，図表8-1で示したように，アナリティクスは極めて重要な概念として取り上げられている。アナリティクスを正しく理解しておくことが，戦略的意思決定構想にとって重要である。

　アナリティクスについて，Davenport（2013）は3段階に区分できると説いている。初期のアナリティクス1.0は，**説明的アナリティクス**（descriptive analytics）と呼ばれる。これは1950年代半ばの分析ツールのことである。経営者の意思決定に有用な生産工程や販売，顧客とのやり取り，その他に関するデータを記録・収集・分析することで現状を正確に把握しようとして開発されたアナリティクスである。

　その後2000年代はビッグデータの時代となり，**予測的アナリティクス**（predictive analytics）と呼ばれるアナリティクス2.0が開発された。この予測的アナリティクスは，内部だけでなく外部の情報源からもデータが供給されて，新たな収益獲得のチャンスを見つける分析ツールとなった。たとえば，アマゾンのおすすめ商品などはアナリティクス2.0である。

　現在は，説明的アナリティクスや予測的アナリティクスだけでなく，むしろ**指示的アナリティクス**（prescriptive analytics）であるアナリティクス3.0

が重要視されるようになってきた。このアナリティクス3.0では，経営者は意思決定を改善するだけでなく，AIと結びつき，価値の高い製品やサービスを自動的に意思決定する。たとえば，配送業務で街の混雑を認識して，自動的に最短経路で配送を指示するのがこのアナリティクスである。

ところで，戦略的意思決定構想のアナリティクスは，上記のどのアナリティクスと考えることができるであろうか。Smithによれば，「アナリティクスはビッグデータと代替的に用いられることもある。しかし，ビッグデータとは違って，アナリティクスでは情報に焦点がおかれ，企業の経営意思決定と問題解決への分析の適用を志向している。戦略的意思決定（原文は管理会計）との関係では，戦略的意思決定（原文は管理会計）の機能を十分に果たしうるためには，アナリティクスおよびそのツールと手続きの適用が極めて重要な役割を果たしうる。（Smith, 2017, p.xiv）」と指摘している。この点は図表8-1の解説でも明らかにしたが，戦略的意思決定による資本とインデックスへの影響を予測するためにアナリティクスを利用している。つまり，アナリティクス2.0の予測的アナリティクスを想定していることが理解できる。指示的アナリティクスのように，戦略的意思決定をアナリティクスにすべて任せるには至っていない状況にある。

3.4　会計担当者のパラダイムシフト

戦略的意思決定構想は，統合報告を戦略的ヘッドセットとして機能させることを提案している。Smithは，これまでの会計担当者は簿記屋（bean counter）でしかなかったと揶揄する。いまや会計担当者は戦略的意思決定者（bean growing）に成長しなければならない。ここでの戦略的意思決定者とは，統合報告書を作成して情報開示するだけでなく，戦略的意思決定のために情報提供するという機能も実現する者である。

会計担当者は，簿記屋から戦略的意思決定者へとパラダイムシフトする必要があることを強調する（Smith, 2017, p.71）。そのためには，財務報告と過去の財務分析を行うだけではいけない。経営意思決定者のために予測情報を提供することが戦略的意思決定者の役割である。戦略的意思決定者に関わる

3つの役割として，データ生成，ストーリー性，戦略的意思決定に注意すべきである。

データ生成（data generation）とは，アナリティクスを用いて根拠のある一貫した予測情報を生成することである。予測のためにアナリティクスにインプットするデータは必須である。同時に，アウトプットとして，財務情報だけを開示するのではなく，主としてESG情報からなる非財務情報の財務情報への影響も明確化する必要がある。このためには，非財務情報と財務情報の**ストーリー性**を明示する必要がある。同時に，活動と資本の結合性および事業部と全社の統合思考にもストーリーを持たせることが重要である。さらに，そのようなストーリーによって財務情報と非財務情報の因果関係を明らかにすることができれば，現在の業績から将来予測に導かれるロードマップがわかり，経営者が行う**戦略的意思決定**（strategic decision making）を支援できるようになる。以上の3点は，戦略的意思決定者が担うべき役割である。

3.5　情報収集のためのKPQs

アナリティクスを用いるには，意思決定に必要なデータを収集する必要がある。そのとき質問すべきKPQsは5つの検討事項である。このKPQsとは，①戦略，業務，報告書の関連性，②現場と支援部隊の情報連携，③統合報告の内容理解，④意味を持つ情報への焦点，⑤将来展望，という5つの質問からなる。戦略的意思決定構想を参考にしながら，それぞれのKPQsの意味を検討する（図表8-3参照）。

第1のKPQsは，投資家へ情報開示する内容が戦略と業務に関わる資本への影響という点である。開示する情報の原因である戦略的意思決定とビジネスプロセス・マネジメントについての情報開示が重要である。つまり，戦略と業務活動，およびその結果である資本について投資家に適切に情報開示しなければならない。そのため，複数の資本だけでなく，その原因である戦略と業務活動についても調査しておく必要がある。

第2のKPQsは，戦略的意思決定では膨大なビッグデータを扱うため，効

図表8-3　KPQs

> 1．戦略，業務，報告書の関連性
>   現代の市場が求めるように情報の幅を広げて，適切な方法でステークホルダー
>   などのエンドユーザーに公表しなければならない。
> 2．現場と支援部隊の情報連携
>   企業は膨大な量のデータを持っているが，この情報から経営上の洞察を解釈して，
>   効率よく収集できるようにする必要がある。
> 3．統合報告の内容理解
>   サステナビリティやガバナンスの追加情報とアナリティクスを求めていき，統
>   合報告はそのような領域を積極的に構築する機会を提供すべきである。
> 4．意味を持つ情報への焦点
>   経営にとってはどんな形式でも報告は必要であるが，コストがかかるといった
>   見方だけをするべきではない。経営者がその情報から洞察して経営行動に活用
>   できるような情報でなければならない。
> 5．将来展望
>   ステークホルダー・ニーズに配慮し経営者が使用すべき将来への意思決定のロー
>   ドマップが得られなければならない。

出典：Smith（2017, p.22）.

率的にデータ収集しなければならないという点である。効率的なデータ収集
のためには，データを発生させる現場とこのデータを収集する支援部隊との
間の情報連携を密にしておくことが重要である。また，そのような情報を適
切に入手できるように適切な調査を行う必要がある。

　第3のKPQsは，戦略的意思決定による資本やインデックスへの影響を特
定するという点である。戦略的意思決定では，ガバナンス・イニシアティブ
やサステナビリティ・イニシアティブの選択が行われる。したがって，戦略
的意思決定による資本とインデックスへの影響を検討しておく必要がある。
そこから得られたデータをアナリティクスで分析して，将来を予測する必要
がある。戦略的意思決定構想では，戦略的実施項目についての調査は欠かせ
ない。

　第4のKPQsは，ストーリー性に関わるインプットとアウトプットの関係
性を特定するという点である。このような情報のストーリー化ないし因果関
係をアナリティクスで分析して，将来予測を的確に推定しなければならない。
アナリティクスは，経営者の戦略的意思決定に有用な情報を提供できなけれ

ばならない。言い換えれば，アナリティクスによるストーリー性の特定と的確な将来予測ができる意味のある情報を収集できるように調査しなければならない。

　第5のKPQsは，将来予測を的確にすることで経営者のニーズを満足させられる点である。アナリティクスを用いれば，資本やインデックスを予想することができる。重要な点は，アナリティクスの結果が将来を的確に予想できるかということである。将来予測が的確であれば，経営者による戦略的意思決定が正しく行われる。意思決定によって，将来のロードマップが確定できる。要するに，将来予測が的確に行えるような調査が必要である。

　以上より，戦略と業務，効率的なデータ収集，戦略的意思決定の資本やインデックスへの影響，ストーリー性，的確な将来予測についてのKPQsが求められよう。

4 価値創造プロセスと戦略的意思決定の意義

　戦略的意思決定構想にとって，価値創造プロセスを可視化する意義はどこにあるのだろうか。また，戦略的意思決定に必要な情報は，価値創造プロセスの内容とは異なるのだろうか。この点を検討する。

4.1　戦略的意思決定における価値創造プロセスの意義

　まず，企業が価値創造プロセスを可視化する意義を考察する。経営者にとっては戦略の策定と実行による価値創造や価値毀損の抑制が必要であり，その修正のためにステークホルダー・エンゲージメントの情報利用が必要である。ステークホルダーは，ステークホルダー・エンゲージメントによって社会的課題の解決に貢献して価値共創することで，ステークホルダーの意思決定にも有用な情報を入手できる。同時に，経営者も，エンゲージメントの結果を，新たな戦略の策定と実行へのインプットとして情報利用できる。また，ステークホルダーは，経営についての内部情報を得ることができるし，とき

にはコミュニケーションを取ることもできる。

　一方，戦略的意思決定構想を念頭に置いたとき，価値創造プロセスの可視化の意義はわかりにくい。戦略的意思決定では，価値創造プロセスはデータ・アナリティクスによって推定される対象である。つまり，経営者は，戦略的実施項目の選択を行い，選択した実施項目を実行するときにビジネスプロセス・マネジメントを効果的かつ効率的に機能させる必要がある。その結果として，複数の資本もしくはインデックスのスコアが生み出される。これらの間の関係をデータ・アナリティクスで分析する。要するに，戦略的意思決定では，価値創造プロセスはデータ・アナリティクスが推定することになる。

　ところで，最適な結果を得るためには，もしくは理想的な将来予測のためには，戦略的実施項目として何を選択すべきかをシミュレーションすることになる。このツールがデータ・アナリティクスである。言い換えれば，IIRCフレームワークではこれまで価値創造プロセスの可視化を問題視してきたが，戦略的意思決定ではこれをデータ・アナリティクスが担当する。そのため，戦略的意思決定構想では，価値創造や価値創造プロセスの可視化という問題はなくなる。むしろ，複数の資本やインデックスが期待通りになるような情報インプットを追い求めるシミュレーションが必要である。

　戦略的意思決定のためには，データ・アナリティクスを用いて，what-if，ゴール・シーキング，あるいは感度分析といったシミュレーションが行われることになろう。たとえば，イニシアティブへの投資を倍増したときには，インデックスのスコアはどこまで上がるかといったwhat-ifシミュレーションが用いられよう。また，インデックスのスコアの順位を1番高くするには，イニシアティブへの投資をいくら増やさなければならないかといったゴール・シーキングもある。あるいは，どのイニシアティブがインデックスのスコアに影響を及ぼしやすいかという感度分析もある。

　要するに，戦略的意思決定では，その意思決定に関わる価値創造プロセスをデータ・アナリティクスで自動的に推定し，意思決定を支援することになる。その推定では，インデックスのスコアが信頼できるという条件付きである。インデックスのスコアが信頼できない場合には，それに基づいてシミュ

レーションしたとしても，正しい意思決定を行うことはできない。この戦略
的意思決定構想では，価値創造プロセスはアナリティクスで分析されるだけ
で可視化はしない。結果としての資本あるいはインデックスのスコアしか可
視化できない。Smith が資本のみを重視して，価値創造プロセスという表現
を一切しなかったのは，このデータ・アナリティクスという考え方があった
ためである。

4.2　内容項目と KPQs の経営への役立ち

　IIRC フレームワークの内容項目と戦略的意思決定構想の KPQs の経営へ
の役立ちについて検討する。

　まず，IIRC フレームワーク（2021）で取り上げられる内容項目を再度明
らかにしておく。外部環境の認識，目的・ミッション・ビジョン，ガバナン
ス，リスクと機会，戦略と資源配分，実績，将来見通しについての情報開示
が必須である。また，ビジネス・モデルの下で，インプットする資本，事業
活動，アウトプット，アウトカム，そして資本の増減結果を可視化する。ス
テークホルダーが企業の経営状態を知るには，この内容項目が網羅されてい
る必要がある。

　統合報告書の機能はステークホルダーへの情報開示だけでなく，経営者の
情報利用にまで拡大する必要がある。ステークホルダー・エンゲージメント
を行い，その結果得られた情報を用いて，経営者は戦略の修正のための情報
をインプットすることができる。一方，ステークホルダーにとっても，ステ
ークホルダー・エンゲージメントは価値共創の情報源となる。

　これに対して，戦略的意思決定構想に用いられる情報は，主に KPQs によ
って特定できる。言い換えれば，戦略的意思決定において，複数の資本とイ
ンデックスに影響を及ぼすと思われる情報は，意思決定の選択肢，ビジネス
プロセス・マネジメントの選択肢，およびそれらの関係性であるデータ・ア
ナリティクスである。つまり，ガバナンス・イニシアティブとサステナビリ
ティ・イニシアティブに関わる選択肢はもちろんのこと，それらを採択した
ときの経営や事業活動に関わるビジネスプロセスのマネジメントの仕方や資

本への影響，インデックスのスコアもデータ・アナリティクスの分析対象である。こうした情報を入手するための価値ある問いがKPQsである。

Smith（2017, p.22）が指摘するKPQsは，このようなデータ・アナリティクスのインプット情報と捉えることができる。そこで，5つのKPQsをデータ・アナリティクスのインプットという点から注意点のみを指摘するにとどめよう。

①戦略と業務に関して，戦略の策定と実行のためのビジネスプロセス・マネジメントと，その結果である資本やインデックスとの関係性を明らかにするための質問がインプットされなければならない。

②効率的なデータ収集に関しては，現場と支援部隊の情報連携が欠かせない。

③戦略的意思決定の資本への影響については，それらの関係性を把握するインプット情報が欠かせない。

④ストーリー性に関しては，情報間の因果関係を確保しなければならない。

⑤的確な将来予測に関しては，データ・アナリティクスを活用する必要がある。

要するに，IIRCフレームワークの下では，ステークホルダー・エンゲージメントのために，内容項目を情報開示する必要がある。また，経営者とステークホルダーの価値共創のためには，内容項目についてのエンゲージメント情報を利用できるようにする必要がある。一方，戦略的意思決定構想の下では，経営者の意思決定のために，KPQsによって情報を入手する必要がある。

▶ まとめ

本章では，戦略的意思決定構想について，その意義，特徴，IIRCフレームワークとの相違点について検討した。その結果，3点の発見事項があった。

第1の発見事項として，統合報告に関わって，戦略的意思決定をするためには資本とインデックスへの影響を考慮に入れて意思決定をすべきであると

いうことがわかった。Eccles and Krzus（2010, p.151）が統合報告書の役立ちとして意思決定を取り上げているのはまさにこのためである。今日の意思決定問題として，ガバナンス・イニシアティブとサステナビリティ・イニシアティブの重要性が高まっている。こうしたイニシアティブの選択が資本やインデックスに影響するという関係性を利用するのが戦略的意思決定構想である。

　第2の発見事項として，戦略的意思決定構想では，データ・アナリティクスが重要な役割を担っていることがわかった。戦略的意思決定によってイニシアティブとビジネスプロセスのマネジメントの仕方を選択して事業活動を行った結果，6つの資本とインデックスのスコアへの影響をデータ・アナリティクスのインプットにする。データ・アナリティクスに関わって，情報開示した結果を情報利用のインプットにするという戦略的ヘッドセットの概念が大きな特長である。

　第3の発見事項として，データ・アナリティクスへのインプットとアウトプットの情報のストーリー性を的確に捉える必要がある。戦略的意思決定構想では，イニシアティブの選択肢，ビジネスプロセス・マネジメントの仕方，資本とインデックスのスコアへの影響，およびこれらの関係性について正しく把握してデータ・アナリティクスを構築しなければならない。そのためには，KPQsによって正しい情報を入手する必要がある。

　最後に，戦略的意思決定構想とIIRCフレームワークの併用による経営者への役立ちを提案する。戦略的意思決定構想の最大の特徴は，戦略的意思決定に限定した意思決定モデルという点にある。一方，IIRCフレームワークは，ステークホルダー・エンゲージメントによる戦略の修正やマネジメントへの情報利用に活用できる。それぞれ目的が異なっている。要するに，戦略的意思決定構想とIIRCフレームワークを併用することによって，戦略的意思決定にも有用で，かつ戦略の修正やマネジメントにも有用な情報開示と情報利用が可能となる。

参考文献

Davenport, T. H.(2013)Analytics 3.0, *Harvard Business Review*, Dec., pp.64-72.

Eccles, R. G. and M. P. Krzus(2010)*One Report: Integrated Reporting for a Sustainable Strategy*, John Wiley & Sons(花堂靖仁監訳(2012)『ワンレポート：統合報告が開く持続可能な社会と企業』東洋経済新報社）.

Elkington, J.(1999)*Cannibals with Forks: The Triple Bottom Line of 21st Century Business*, Capstone Publishing Ltd.

Freeman, R. E. and D. L. Reed(1983)Stockholders and Stakeholders: A New Perspective on Corporate Governance, *California Management Review*, Vol.25, No.3, pp.88-106.

GSSB(2016)*GRI Standards*, Global Sustainability Standards Board.

Harrell, E.(2015)How Accounting can Help Build a Sustainable Economy, *Harvard Business Review Digital Article*.

IIRC(2013)*The International <IR> Framework*, International Integrated Reporting Council.

IIRC(2021)*International <IR> Framework*, International Integrated Reporting Council.

Ittner, C. D. and D. F. Larcker(1998)Are Nonfinancial Measures Leading Indicators of Financial Performance? An Analysis of Customer Satisfaction, *Journal of Accounting Research*, Vol.36, Supplement, pp.1-35.

Kaplan, R. S. and D. P. Norton(2004)*Strategy Maps: Converting Intangible Assets into Tangible Outcomes*, Harvard Business School Press（櫻井通晴・伊藤和憲・長谷川惠一監訳（2005）『戦略マップ：バランスト・スコアカードの新・戦略実行フレームワーク』ランダムハウス講談社）.

Rucci, A. J., S. P. Kirn and R. T. Quinn(1998)The Employee-Customer-Profit Chain at Sears, *Harvard Business Review*, Jan. - Feb., pp.82-97.

Schaltegger, S.(2012)Sustainability Reporting in the Light of Business Environments: Linking Business Environment, Strategy, Communication and Accounting, *Discussion Paper*.

Smith, S. S.(2017)*Strategic Management Accounting: Delivering Value in a Changing Business Environment Through Integrated Reporting*, Business Expert Press, LLC（伊藤和憲・小西範幸監訳（2018）『戦略的管理会計と統合報告』同文舘出版）.

伊藤和憲（2014）「管理会計における統合報告の意義」『會計』Vol.185, No.2, pp.160-172。

伊藤和憲（2018）「統合報告の戦略的管理会計への役立ち：Smith（2017）に基づいて」『専修商学論集』No.106, pp.1-14。

伊藤和憲・西原利昭（2017）「エーザイの統合報告書による情報開示と情報利用」『会計学研究』Vol.43, pp.1-26。

櫻井通晴（2019）『管理会計　第七版』同文舘出版。

終章

結論と指導原則との関係

▶ はじめに

2013年に国際統合報告評議会（International Integrated Reporting Council: IIRC）からIIRCフレームワーク（IIRC, 2013）が提案されて以来、統合報告の研究はその数も質も充実してきている。最近は、IIRCフレームワークの内容紹介に関する論文をほとんど見かけなくなってきた。いまでは、財務会計（Botosan, 2019; Pavlopoulos et al., 2019）だけでなく、サステナビリティ（Reimsbach et al., 2018; Tilt et al., 2018; Le Roux and Pretorius, 2019）、リスクマネジメント[1]（Caraiani et al., 2018; Albertini, 2019; Barnabè et al., 2019）、監査（Moroney and Trotman, 2016, Rikhardsson et al., 2019; Green and Cheng, 2019）など多様な研究領域からの研究成果が報告されるようになってきた。そのような中で、管理会計による統合報告研究はまだ始まったばかりである。本書は、そのような管理会計としての統合報告研究を行ってきた。

当初は、統合報告研究は情報開示のテーマが中心となって研究が行われてきた。管理会計は経営者への経営管理情報の提供を扱う学問であり、ステークホルダーへの情報開示だけを問題視すると管理会計研究では統合報告を研究する意義が半減してしまう。本研究では、情報開示を前提として、ステークホルダー・エンゲージメントによる結果を経営者が戦略策定や戦略の修正、経営管理の情報インプットとして利用すべきであるとして、経営者による情報利用を提案してきた（伊藤, 2014; 伊藤・西原, 2016; Massingham et al., 2019; 伊藤, 2019）。

経営者による情報利用の課題としては、統合報告の本質に関わって、統合報告は情報開示なのか情報利用なのかがある。また、統合思考、情報の結合性、価値創造といった概念の定義がはっきりしない中で、価値創造プロセス

---

1) 貝沼・浜田（2019, p.77）は、保険会社のMS&ADのビジネスモデルとして、「リスクを発見し、それを最小化し、万が一の場合には補償をするということを通じて、社会に対する価値提供を実現する」としており、リスクマネジメントを使命としていることを明らかにしている。

の可視化をいかにすべきかという課題がある。さらに，そうした概念の提案を確認するために日本企業の統合報告の実態把握とあるべき価値創造プロセスの可視化のためのケーススタディをするという課題もある。最後に，社会的課題への戦略的意思決定という管理会計のもう1つの課題が考えられる。本書では，それぞれの章でこれらの課題を詳細に検討してきた。

　本章の目的は，これらの課題ごとにそれぞれの結論をまとめると同時に，各章には指導原則が深く関わっていることを明らかにすることである。第1節では，各章の7つの課題を再度明らかにするとともに，各章の結論を整理する。第2節では，7つの課題が指導原則とどのように関わっていたのかについて明らかにする。最後に，第3節の本書の結論で，価値創造プロセスの可視化に対する本書の主張を明らかにする。

1 各章の課題と結論

　第1章で提示した7つの課題とは，Dumay et al.（2017）が指摘した問題意識に端を発したものである。Dumay et al.（2017）は，IIRCフレームワークには，いくつかの課題があると指摘した。第1章で明らかにしたように，報告対象が混乱しており統合報告の本質はどこにあるのかという課題である。また，統合思考，情報の結合性，それに価値創造の概念がはっきりしないという課題もある。さらに，もちろん本書で検討してきたように，経営者の情報利用が検討不足といった点もある。

　Dumay et al.（2017）の指摘を7つの課題に置き替え，さらに各章のテーマを設定した。具体的には，統合報告の本質との関係で，統合報告は情報開示か情報利用かという課題である。また，統合思考の下で，企業戦略と事業戦略の価値創造プロセスをいかに可視化するかという課題である。価値創造プロセスの可視化に当たって情報の結合性をいかに確保するかという課題もある。価値創造には価値毀損の抑制は含まれるのかという課題もある。さらに，日本企業の統合報告書を経営者の情報利用という点から調査するという

課題がある。経営者に有用な価値創造プロセスの可視化とはバランスト・スコアカード（balanced scorecard: BSC）との連動であり，実態把握とそのためのアクション・リサーチを行うという課題である。最後に，Eccles and Krzus（2010）が提案した統合報告書の意思決定への有用性について検討するという課題である。これらの課題について各章でどのような解決をしたのかについて整理する。

第1の課題は統合報告書の本質を検討するために，第2章でステークホルダーへの情報開示と経営者の情報利用として検討した（Ito and Iijima, 2018）。企業報告書としての財務報告書，サステナビリティレポート，統合報告書の違いを正しく理解する必要がある。とりわけIIRCフレームワークにおける統合報告書の正確な理解が必要である。IIRCの報告対象は一貫性がないことがわかった。IIRCディスカッションペーパーでは，報告対象をステークホルダーとしていたが，IIRCフレームワークでは財務資本提供者に限定したからである。そのため，IIRCフレームワークでは，財務資本提供者が自らの意思決定情報のために統合報告書を活用することになる。現実的には統合報告書は，報告対象をステークホルダーにも拡大しており，さらに情報開示だけでなく，経営者の情報利用としても活用できることがわかった。

第2の課題は統合思考の意義であり，第3章で統合思考による統合報告書の開示として検討した。その結果，統合報告の企業価値は，株主価値ではなく，ステークホルダー価値と捉えるべきことがわかった。また，今日の経済はインタンジブルズが重要であり，経営者がインタンジブルズと密接な戦略を問題視すべきであることがわかった。このような価値創造プロセスの可視化としてIIRCフレームワークはオクトパスモデルを提案している。しかし，オクトパスモデルは必要な内容が網羅されているというメリットもあるが，インタンジブルズと戦略，戦略と価値創造プロセスの関係などがはっきりしないというデメリットもある。そこで，管理会計研究の成果，とりわけKaplan and Norton（2004）が提案したBSCの戦略マップを利用することを提案した。また，統合思考については統合型マネジメント・システムを提案した。

　第3の課題は財務情報と非財務情報の結合性および活動と資本の結合性であり，Dumay et al.（2017）で問題視された情報の結合性の内容がはっきりしないという課題である。これらは第4章で情報の結合性の文献レビューとして検討した。価値創造プロセスの可視化について先行研究をした結果，オクトパスモデルと連結させた統合情報管理システムもトリプルボトムラインの情報開示である複数資本スコアカードモデルも財務情報と非財務情報をいかに関係づけるかについては問題があることがわかった。財務情報と非財務情報の結合性については戦略マップの作成で解決できることもわかった。さらに，事業戦略のマテリアリティとサステナビリティのマテリアリティを共存させるべきであることもわかった。戦略マップを作成することによって，戦略目標を達成するための戦略的実施項目がマテリアリティであることもわかった。

　第4の課題は，SDGsが話題（Shoaf et al., 2018）であり，Dumay et al.（2017）がIIRCフレームワーク（2013）の価値創造では価値毀損の扱いが不明確であるとした課題でもある。その社会的課題の解決を，第5章で価値創造と価値毀損の抑制として検討した。その結果，利害関係者とステークホルダーには大きな違いがあることがわかった。また，ステークホルダー・エンゲージメントによって経営者は社会的課題の解決を考えるようになるということがわかった。さらに，ステークホルダー・エンゲージメントをする目的は，ステークホルダーと経営者がともに価値創造と価値毀損の抑制を共創することであることがわかった。

　第5の課題は統合報告書の実態把握であり，第6章で日本企業の統合報告書を検討した。この結果，統合思考に関して，企業戦略としてシナジー創出とポートフォリオ・マネジメントを可視化している企業はMS&ADだけであった。そのMS&ADでも，シナジー創出とポートフォリオ・マネジメントは関連づけられているわけではなかった。日本企業の優れた統合報告書では，社会的課題を解決するために事業戦略を実施していた。このままでは価値毀損の抑制が無視される可能性がある。さらに，日本の優れた統合報告書を検討した結果，情報の結合性は可視化されていなかった。

第6の課題は，価値創造プロセスの可視化に当たって情報の結合性をいかに確保するべきかであり，第7章でエーザイのBSCによる情報の結合性として検討した。エーザイをアクション・リサーチすることで，価値創造と価値毀損の抑制という併置した価値創造プロセスを可視化できた。また，エーザイはステークホルダー・エンゲージメントによって価値共創していたことがわかった。さらに，問題の第2の活動と資本の結合性についてもチャレンジした。Kaplan and Norton（2004）が提案するレディネス評価を応用して，第2の情報の結合性への解決を試みた。

　第7の課題は社会的課題を解決する戦略的意思決定であり，第8章で統合報告時代の戦略的意思決定として検討した。Eccles and Krzus（2010）が問題視したテーマである。ESG情報が重要視されている今日，戦略的意思決定でもそうしたESG情報を取り込んで資源配分する必要がある。Smith（2017）の戦略的意思決定構想を検討した結果，戦略的意思決定をするためには資本とインデックスへの影響を考慮に入れて戦略的意思決定すべきであるということがわかった。また，戦略的意思決定構想では，データ・アナリティクスが重要な役割を担っていることがわかった。さらに，意思決定が効果的に行われるように，データ・アナリティクスへのインプットとアウトプットの情報のストーリー性を的確に捉える必要がある。そのためには重要業績検討項目（KPQs）による情報入手が求められることもわかった。

2 課題と指導原則の関係

　本書では，価値創造プロセスの可視化に関わる7つの課題を検討してきた。主要な関心事が価値創造プロセスであるため，IIRCフレームワーク（IIRC, 2013; 2021）の基本概念と内容項目についてはすべての章で扱ってきた。7つの課題は，必然的に指導原則とも深く関わっている。そこで，最後に，7つの課題と指導原則の関係について検討する。

　第1の課題を検討した第2章のステークホルダーへの情報開示と経営者の情

報利用は，指導原則のマテリアリティ，簡潔性および一貫性と比較可能性に関わっている。統合報告書は財務報告書とサステナビリティレポートを統合した報告書である。価値創造プロセスに関連性の乏しい情報は排除して，簡潔な報告書として開示する必要がある。また，IIRCフレームワークの報告対象は財務資本提供者であり，企業間比較するには統合報告書が情報の一貫性と比較可能性を確保していなければならない。第2章でも明らかにしたが，統合報告書はその利用者にとっては簡潔であることが重要である。しかし，報告対象をステークホルダーとすべきであり，その意味では，一貫性と比較可能性は限定的であることを明らかにした。さらに，先行研究のマテリアリティについて比較検討したところ，サステナビリティレポートと統合報告書ではマテリアリティを重視することがわかった。

　第2の課題を検討した第3章の統合思考による統合報告書の開示は，戦略への焦点と将来志向という指導原則と密接に関係する。統合報告では資本としてインタンジブルズが重視されており，そのインタンジブルズは戦略によって価値創造と結びつく。企業戦略と事業戦略の統合思考の下で，戦略実行した結果としての将来見通しを見据えた価値創造プロセスの可視化が求められる。このような戦略の可視化と価値創造プロセスの関係を明らかにした。その可視化として，BSCの戦略マップを提案した。戦略マップは，統合思考だけでなく，情報の結合性のうち，財務情報と非財務情報の因果関係を可視化するという利点があった。

　第3の課題を検討した第4章の情報の結合性の文献レビューは，指導原則の戦略への焦点と将来志向，情報の結合性，ステークホルダーとの関係性に関わる。情報の結合性については財務情報と非財務情報の結合性と事業活動と資本の結合性が問題視される。そのうち，価値創造プロセスを戦略マップで描くことで財務情報と非財務情報の結合性が可視化できるとともに，指導原則の戦略への焦点と将来志向を満足することができた。また，ステークホルダーの社会的課題の解決を扱うことで，ステークホルダーとの関係性をいかに可視化すべきかを検討することができた。

　第4の課題を検討した第5章の価値創造と価値毀損の抑制は，指導原則のス

テークホルダーとの関係性とマテリアリティに関わるだけでなく，それらによって信頼性と完全性にも関わっていた。報告対象をステークホルダーとすると，報告目的も利害関係者の利害調整ではなく，ステークホルダー・エンゲージメントによる価値共創にある。このような経営者とステークホルダーの価値共創を認識するとともに，ステークホルダーは社会的課題の解決を問題視していることも把握しなければならないことを明らかにした。また，価値創造と価値毀損の抑制という両面をエンゲージメントすることによって，ステークホルダーからの信頼性と完全性が高まる。

　第5の課題を検討した第6章の日本企業の統合報告書の開示であるが，統合思考と価値創造，指導原則の情報の結合性とマテリアリティに深く関わっていた。第5の課題の検討では，統合思考として，シナジー創出とポートフォリオ・マネジメントの実態を把握した。統合思考は，戦略への焦点と将来志向に深く関わっていた。また，マテリアリティについては扱っていない場合があり，扱っていた場合でも社会的課題のマテリアリティしか取り上げていなかった。さらに，オクトパスモデルだけでなく，日本企業の優れた統合報告書で開示している価値創造プロセスでも情報の結合性に問題があることを明らかにした。なお，戦略マップを作成すれば，統合思考，価値創造，マテリアリティ，それに第1の情報の結合性も解決できる。

　第6の課題を検討した第7章のエーザイのBSCによる情報開示であるが，指導原則の情報の結合性を解決するとともに，戦略への焦点と将来志向，ステークホルダーとの関係性，マテリアリティ，信頼性と完全性に関わっていた。第6の課題での検討では，財務情報と非財務情報の結合のみを扱い，戦略マップで価値創造プロセスを可視化すべきであるとした。BSCの導入を前提としたことで，戦略への焦点と将来志向を考慮できた。また，レディネス評価することを提案することで事業活動と資本の連動が実現できるようになった。要するに，情報の結合性を解決することができた。さらに，社会的課題の解決を戦略テーマとして可視化することで，指導原則のステークホルダーとの関係性やマテリアリティを扱うことができ，その結果として，信頼性と完全性をも扱うことができた。要するに，エーザイのケースを通じて，

ほとんどの指導原則を満足することができた。

　第7の課題を検討した第8章の統合報告時代の戦略的意思決定は，戦略への焦点と将来志向，情報の結合性，マテリアリティ，一貫性と比較可能性と関係する。Smith（2017）が提案した戦略的意思決定構想は，戦略的実施項目の選択に適応したビジネスプロセスが管理されると，資本に影響し，最後はインデックスのスコアに反映されるというモデルである。このような戦略的意思決定構想そのものが戦略への焦点と将来志向に関わっている。また，情報の結合性に関して，単に結合性とするのではなく，ストーリー性（narrative structure）という表現を用いた点はこの指導原則の本質をよく捉えていた。さらに，マテリアリティという指導原則についても，イニシアティブのマテリアリティだけを問題視するのではなく，イニシアティブから資本までのクリティカルパスを問題視している点は優れた指摘である。最終的には，経営者がインデックスのスコアを企業間比較してイニシアティブの意思決定をするため，スコアを評価する基準が一貫性と比較可能性を保つ必要もある。戦

図表終-1　7つの章と7つの指導原則の関係

章のタイトル	戦略への焦点と将来志向	情報の結合性	ステークホルダーとの関係性	マテリアリティ	簡潔性	信頼性と完全性	一貫性と比較可能性
第2章　ステークホルダーへの情報開示と経営者の情報利用			✓	✓	✓		✓
第3章　統合思考による統合報告書の開示	✓	✓					
第4章　情報の結合性の文献レビュー	✓	✓	✓	✓			✓
第5章　価値創造と価値毀損の抑制			✓	✓		✓	
第6章　日本企業の統合報告書の開示	✓	✓		✓			
第7章　エーザイのBSCによる情報の結合性	✓	✓	✓	✓		✓	
第8章　統合報告時代の戦略的意思決定	✓	✓		✓			✓

出典：著者作成。

略的意思決定構想でも，ほとんどの指導原則と密接に関わっていることが理解できる。

以上の7つの章と7つの指導原則の関係を図示すると，図表終-1となる。図表終-1より，ほとんどの章が，指導原則と関わって議論してきたことが理解できよう。

以上より，本書は価値創造プロセスに焦点を当てて検討してきたが，必然的に他の基本概念である価値創造と資本をも検討してきた。価値創造プロセスの検討に当たっては，ほとんどの章で内容項目の中身に踏み込んで検討した。具体的には，企業の内外環境とビジネスモデルである。企業の内外環境としては，企業概要と外部環境，それにガバナンスである。またビジネスモデル関係としては，ビジネスモデルだけでなく，リスクと機会，戦略と資源配分，実績，将来見通しである。ビジネスモデルについては，さらに，インプット，事業活動，アウトプット，アウトカムに細分して検討した。本書が価値創造プロセスの研究であるために，内容項目を網羅的に議論したと思われたかもしれないが，実は，指導原則についても網羅的に扱ってきたことが理解できよう。

3 本書の結論

本研究を通じて，これまでほとんど研究が進んでいなかった領域に対して，管理会計研究としての統合報告の研究を行った。本書で主張したい点を繰り返せば，BSCを導入し戦略マップを用いて価値創造プロセスを可視化することと，戦略的意思決定構想に従って意思決定すべきであるという2点である。また，経営者は，価値創造プロセスに関わって戦略の策定を修正したり経営管理を改善できるとともに，ステークホルダー・エンゲージメントによって，ステークホルダーと価値共創できることも提案した。さらに，経営者は，戦略的意思決定構想に関わって的確な意思決定を行うことができるようになる。

戦略マップは，このようにステークホルダーと経営者にとって有効に機能

することを指摘してきた。また，Green and Cheng（2019）は戦略マップを監査資料として追加することで，マテリアリティの誤解が減少し，監査が効率的になることを実証した。このエビデンスは，戦略マップが監査人にとっても有効であることを指摘している。ところが，我が国のBSC導入率は10%弱でしかない（企業予算制度研究会調査, 2018; 川野調査, 2014; 上東調査, 2014）。このような状況では，経営者やステークホルダーにとっても，監査人にとっても，戦略マップを効果的に使える企業は極めて限られてしまう。BSCの価値を正しく認識して，統合報告に対して，我が国でもBSCを導入する必要があると考えられる。

　本研究で提案したBSCと関連づけた価値創造プロセスによれば，事業戦略と社会的課題解決に関わって，価値創造と価値毀損の抑制を扱うことができる。また，企業戦略と事業戦略の統合思考によって短期・中期・長期の価値創造を考察できる。さらに，情報の結合性によって，財務情報と非財務情報の結合だけでなく，活動と資本の結合を実現できる。つまり，Dumay et al.（2017）が問題視したすべての課題を解決できる。

　また，Smith（2017）が提唱した戦略的意思決定構想を同時に実現すれば，戦略的ヘッドセットによって，一方では統合報告書で資本を情報開示でき，他方では戦略的実施項目によるインデックスのスコアへの影響を意思決定に情報利用できる。そのとき，戦略的実施項目のマテリアリティではなく，戦略的実施項目から資本までのクリティカルパスを考慮できるようになる。また，KPQsによる正しいデータ収集によって的確な意思決定ができるようになる。戦略的意思決定を問題視したSmith（2017）の提案は，Eccles and Krzus（2010）のコメントを具現化した優れた提案であった。

参考文献

Albertini, E.（2019）Integrated Reporting: An Exploratory Study of French Companies, *Journal of Management and Governance*, Vol.23, No.2, pp.513-535.

Barnabè, F., M. C. Giorgino and M. Kunc（2019）Visualizing and Managing Value Creation through Integrated Reporting Practices: A Dynamic Resource-Based Perspective, *Journal of Management and Governance*, Vol.23, No.2, pp.537-575.

Botosan, C. (2019) Pathway to an Integrated Conceptual Framework for Financial Reporting, *The Accounting Review*, Vol.94, No.4, pp.421-436.

Caraiani, C., C. I. Lungu, A. Bratu and C. Dascălu (2018) Exploring the Perspectives of Integrated Reporting for Future Research Opportunities, *Journal of Accounting and Management Information Systems*, Vol.17, No.4, pp.532-565.

Dumay, J., C. Bernardi, J. Guthrie and M. L. Torre (2017) Barriers to Implementing the International Integrated Reporting Framework: A Contemporary Academic Perspective, *Meditari Accountancy Research*, Vol.25, No.4, pp.461-480.

Eccles, R. G. and M. P. Krzus (2010) *One Report: Integrated Reporting for a Sustainable Strategy*, John Wiley & Sons (花堂靖仁監訳 (2012)『ワンレポート：統合報告が開く持続可能な社会と企業』東洋経済新報社).

Green, W. J. and M. M. Cheng (2019) Materiality Judgments in an Integrated Reporting Setting: The Effect of Strategic Relevance and Strategy Map, *Accounting, Organizations and Society*, Vol.73, pp.1-14.

IIRC (2013) *The International <IR> Framework*, International Integrated Reporting Council.

IIRC (2021) *International <IR> Framework*, International Integrated Reporting Council.

Ito, K. and M. Iijima (2018) The Paradigm Shift from Financial Reporting to Integrated Reporting, *Journal of Human Resource Management*, Vol.6, No.3, pp.85-94.

Kaplan, R. S. and D. P. Norton (2004) *Strategy Maps: Converting Intangible Assets into Tangible Outcomes*, Harvard Business School Press (櫻井通晴・伊藤和憲・長谷川惠一監訳 (2005)『戦略マップ：バランスト・スコアカードの新・戦略実行フレームワーク』ランダムハウス講談社).

Le Roux, C. and M. Pretorius (2019) Exploring the Nexus between Integrated Reporting and Sustainability Embeddedness, *Sustainability Accounting, Management and Policy Journal*, Vol.10, No.5, pp.822-843.

Massingham, R., P. R. Massingham and J. Dumay (2019) Improving Integrated Reporting: A New Learning and Growth Perspective for the Balanced Scorecard, *Journal of Intellectual Capital*, Vol.20, No.1, pp.60-82.

Moroney, R. and K. T. Trotman (2016) Differences in Auditors' Materiality Assessments when Auditing Financial Statements and Sustainability Reports, *Contemporary Accounting Research*, Vol.33, No.2, pp.551-575.

Pavlopoulos, A., C. Magnis and G. E. Iatridis (2019) Integrated Reporting: An Accounting Disclosure Tool for High Quality Financial Reporting, *Research in International Business and Finance*, Vol.49, pp.13-40.

Reimsbach, D., R. Hahn and A. Gürtürk (2018) Integrated Reporting and Assurance of Sustainability Information: An Experimental Study on Professional Investors' Information Processing, *European Accounting Review*, Vol.27, No.3, pp.559-581.

Rikhardsson, P., K. Singh and P. Best（2019）Exploring Continuous Auditing Solutions and Internal Auditing: A Research Note, *Journal of Accounting and Management Information Systems*, Vol.18, No.4, pp.614-639.

Shoaf, V., E. K. Jermakowicz and B. J. Epstein（2018）Toward Sustainability and Integrated Reporting, *Review of Business*, Vol.38, No.1, pp.1-15.

Smith, S. S.（2017）*Strategic Management Accounting: Delivering Value in a Changing Business Environment Through Integrated Reporting*, Business Expert Press, LLC（伊藤和憲・小西範幸監訳（2018）『戦略的管理会計と統合報告』同文舘出版）.

Tilt, C. A., M. Xydias-Lobo, F. Rodricks and G. Reynolds（2018）Integrated Reporting and Sustainability: A Note on Perceptions of the Accounting Profession, *Management Accounting Frontiers*, Vol.1, pp.45-64.

伊藤和憲（2014）「管理会計における統合報告の意義」『會計』Vol.185, No.2, pp.160-172。

伊藤和憲（2019）「統合報告における価値創造の文献サーベイ」『會計』Vol.196, No.2, pp.202-215。

伊藤和憲・西原利昭（2016）「エーザイのステークホルダー・エンゲージメント」『産業經理』Vol.76, No.2, pp.39-51。

上東正和（2014）「わが国製造業における管理会計実践の実態と展望」『富大経済論集』Vol.60, No.1, pp.73-112。

貝沼直之・浜田宰編著（2019）『統合報告で伝える価値創造ストーリー』商事法務。

川野克典（2014）「日本企業の管理会計・原価計算の現状と課題」『商学研究』No.30, pp.55-86。

企業予算制度研究会編集（2018）『日本企業の予算管理の実態』中央経済社, pp.193-207。

事項索引

【さ】

人名索引

〈著者紹介〉

伊藤 和憲（いとう・かずのり）

専修大学商学部教授，博士（経営学）
玉川大学工学部講師，助教授，教授を経て現職。
日本公認会計士協会学術賞（2015年），日本管理会計学会文献賞（2015年），日本原価計算学会著作賞（2015年）を受賞。

〈主要著書〉
『戦略的管理会計と統合報告』〔監訳〕，同文舘出版，2018年
『BSCによる戦略の策定と実行：事例で見るインタンジブルズのマネジメントと統合報告への管理会計の貢献』同文舘出版，2014年
『ケーススタディ戦略の管理会計』中央経済社，2007年
『グローバル管理会計』同文舘出版，2004年 ほか
〈主な論文〉
「情報の結合性を実現する価値創造プロセスの可視化」『日本知的資産経営学会誌』6, pp.8-27, 2020年
「統合報告における価値創造の文献サーベイ」『會計』196(2), pp.202-215, 2019年
Case Studies of Value Creation on Integrated Reporting in Japan, *Global Journal of Management and Business Research*, 20(8), pp.25-40, 2020
Integrated Reporting and Its Impact on Organizational Change, *International Journal of Human Resources Development and Management*, 17(1/2), pp.73-88, 2017 ほか

2021年7月30日　初版発行　　　　　略称：価値共創統合報告

価値共創のための統合報告
―情報開示から情報利用へ―

著　者　Ⓒ伊　藤　和　憲

発行者　　中　島　治　久

発行所　**同 文 舘 出 版 株 式 会 社**
東京都千代田区神田神保町1-41　　　　〒101-0051
営業(03)3294-1801　　　　　　　編集(03)3294-1803
振替 00100-8-42935　　　　　http://www.dobunkan.co.jp

Printed in Japan 2021　　　　　　　　　　製版：一企画
印刷・製本：三美印刷
カバーデザイン：㈱オセロ

ISBN978-4-495-21027-4

本書とともに

戦略的管理会計と
統合報告

Sean Stein Smith【著】

伊藤和憲・小西範幸【監訳】

A5判・240頁

税込価格 3,190円（本体2,900円＋税）

BSCによる
戦略の策定と実行

―事例で見る
　インタンジブルズのマネジメントと
　統合報告への管理会計の貢献―

伊藤和憲【著】

A5判・288頁

税込価格 3,080円（本体2,800円＋税）

同文舘出版株式会社